教育部人文社会科学研究青年基金项目：

"非京都规则"森林碳汇法律制度构建研究（10YJC820132）最终研究成果

上大法学文库

颜士鹏 著

应对气候变化的森林碳汇
法律保障制度研究

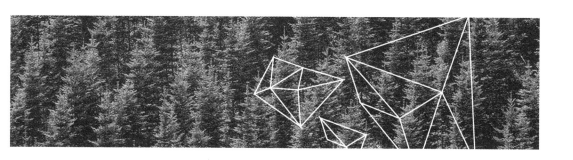

上海三联书店

内容摘要

　　气候变化是当代人类所关注的最为重要的环境问题,甚至可以说这一问题已经不再局限于环境问题本身,它已渗透到政治、经济和社会生活的方方面面。气候变化给人类带来的影响是空前的,不仅关乎人类赖以生存的生态系统,也关乎人类生活方式的调整;不仅关乎经济高度发达的西方国家,也关乎经济极度落后、生态环境极为脆弱的太平洋岛国,从北极冰川到热带雨林,从因纽特人到图瓦卢居民,全球没有一个角落、没有一个地球村村民不承受着气候变化带来的后果,其影响或强或弱、或大或小。自20世纪80年代起,人类开始直面气候变化问题,不断致力于制定应对气候变化的全球性框架措施,1992年《联合国气候变化框架公约》的通过标志着全球应对气候变化问题进入法律轨道,这在应对气候变化的进程中是具有里程牌意义的事件。1997年通过的《京都议定书》是第一个为发达国家制定减排指标和时间进度的具有强制力的国际法律文件,再次证明了人类应对气候变化的决心。直至2015年巴黎气候大会的成功召开,人类从未放慢过应对气候变化问题的脚步,《巴黎协定》是继《京都议定书》后人类应对气候变化问题的又一个里程碑。

　　全球变暖是导致当今气候变化的最主要因素,这从当今有关气候变化的最权威报告——IPCC第四次评估报告和第五次评估报告中所观测到的数据中已经可以得到证明。为此,当前全球应对气候变暖的措施包括两类:一类是减缓气候变化,另一类是适应气候变化。就减缓气候变化而言,其又包括两种手段:一种是减少碳源,主要通过能源有效利用和工业直接减排;另一种则是增加碳汇,主要是利用土壤、植被、海洋等自身的生理机制吸收大气中的二氧化碳,从而降低大气中温室气体的浓度。森林由于可以吸收二氧化碳同时释放氧气,因而具有极强的碳汇功能,是陆地生态系统中最大的碳库。从林学的角度讲,能够保障森林碳汇增加的林业活动包括造林再造林、减少毁林和森林退化的森林保护、森林可持续经营管理,而从法学的角度讲,对增加森林碳汇的法律保障制度进行设计亦应当围绕上述方面展开。

由于森林具有碳汇功能,因此森林在应对气候变化中占有非常重要的战略地位,这一点从应对气候变化的国际法律演变中可见一斑。《联合国气候变化框架公约》明确指出将"吸收汇"作为应对气候变化的一项重要措施来对待,森林碳汇减排在应对气候变化中的地位第一次在国际法中被确立下来。随后,《京都议定书》及其《波恩政治协议》和《马拉喀什协定》等一系列国际法律文件将"造林再造林"作为第一承诺期内清洁发展机制中唯一合格的森林碳汇项目,使得森林碳汇减排进入实质性实施阶段,但遗憾的是,京都第一承诺期虽然开启了国际森林碳汇的市场,但其并未将与森林碳汇有关的林业活动悉数视为合格的减排措施。2007 年的巴厘岛会议开始致力于后京都时代国际应对气候变化的谈判,《巴厘路线图》《哥本哈根协议》和《巴黎协定》扩大了森林碳汇减排的活动范围,将减少毁林和防止森林退化、森林保护、森林可持续管理等林业活动也确立为森林碳汇减排的手段,形成了REDD+机制,这进一步丰富了国际气候谈判中森林碳汇法律机制的内容。

我国尽管在京都承诺期不承担国际上的减排义务,但我们也已经开始重视森林碳汇在应对气候变化中的重要作用。2007 年的《应对气候变化国家方案》已经将林业列为减缓和适应气候变化的重要领域,2009 年的《应对气候变化林业行动计划》明确了我国林业应对气候变化的基本原则、阶段性目标和具体的行动计划,使得森林碳汇在我国应对气候变化中的地位得到进一步体现和提升。在这些宏观性的政策指导下,我国又发布了《关于开展碳汇造林试点工作的通知》等一系列开展碳汇造林的具体性指导政策,使得我国当前关于森林碳汇的政策体系基本建立起来。2011 年以后,我国碳排放权交易进入试点阶段,一系列政策与法律法规的出台为我国碳排放权交易市场的建立提供了重要保障,同时也促进了我国森林碳汇的交易。但反观我国现行的森林立法,大部分是 20 世纪 90 年代末颁布的,其立法思想中未能融入应对气候变化、增加森林碳汇功能的价值理念,这使得我国现行森林立法在保障森林碳汇方面表现出明显的不足。

在《京都议定书》生效后,我国京都规则清洁发展机制森林碳汇项目发展迅速,我国已成功在清洁发展机制执行理事会注册了森林碳汇项目,其中,广西珠江流域治理再造林项目是全球第一个清洁发展机制造林再造林项目。与此同时,在国家森林碳汇现有政策的支持下,我国非京都规则森林碳汇项目的发展也非常迅速,森林碳汇交易也逐渐活跃起来,但项目尚缺乏法律的规制,这也对我国构建森林碳汇法律保障机制提出了现实需求,即制定项目标准和建立森林碳汇交易规则。

森林碳汇国际法律机制的演进、我国森林立法对森林碳汇保障的不足,以及森林碳汇项目实践对森林法律制度的现实需求,这些都使得构建应对气候变化的森林碳汇法律保障机制成为我国当前森林立法在应对气候变化方面的当务之急。森林碳汇法律保障机制的构建应当在遵循森林生态学规律的基础上,体现森林碳汇项目的特点。据此,我国森林碳汇法律保障机制应当从以下四个方面入手:第一,基于造林再造林的森林碳汇法律保障,法律制度的选择包括植树造林制度、封山育林制度和退耕还林制度;第二,基于减少毁林和森林退化的森林碳汇法律保障,法律制度的选择包括森林防火制度、森林病虫害防治制度、林地保护制度以及人为毁林的预防和惩处制度;第三,基于森林可持续经营管理的森林碳汇法律保障,法律制度的选择包括森林分类经营制度、林业规划制度、森林采伐制度、森林保险制度和森林认证制度;第四,基于经济激励的森林碳汇法律保障,法律制度选择包括森林碳汇交易制度、森林生态效益补偿制度等。

关键词:气候变化;林业减缓;森林碳汇;森林立法;森林碳汇交易

Abstract

Climate change is one of the most important environmental problems, which contemporary human has been paid close attention to. We can even say that the problem is no longer limited to environmental problem, but it has penetrated into all aspects of the political, economic and social life. It is unprecedented that climate change brings impact to human. It is not only related to ecological system that human has been lived by, but also is related to adjustment of human life style. It is not only related to western countries whose economic is highly developed, but also is related to the Pacific island countries whose economic lag behind and ecological environment is fragile extremely. No a corner and no one earth villager on earth, from the Arctic ice to the tropical rain forests, from Inuit to TuWaLu residents, don't experience the consequences of climate change, which is strong or weak, big or small. In the 1980s, human began to face climate change and continuously devoted to drawing up global framework measures to deal with climate change. The United Nations Framework Convention on Climate Change in 1992 marked that the problem of dealing with climate change in the world have entered the legal orbit, which is a milestone event in the process of dealing with climate change. The Kyoto Protocol in 1997 was the first international legal document which was enforced and made reduce emissions and time schedule for developed countries. It proved human's determination in response to climate change once again. Up to 2015, the

Paris climate conference was held successfully, human had never slow down their steps to fight against climate change and Paris Agreement was another milestone of fighting climate change after the Kyoto Protocol.

Global warming is a main factor of climate change at present, which have been proved by the most authoritative report about climate change—the IPCC fourth and fifth assessment reports. Therefore the current measures to cope with global climate change include two kinds, one is climate change mitigation and another is climate change adaption. For climate change mitigation, it includes two means, one is to reduce carbon sources, that is, through effective use of energy and industrial direct reduction, and another is to increase the carbon source, namely using physiological mechanism of soil, vegetation and marine themselves to absorb carbon dioxide from the atmosphere, in order to reduce greenhouse gases concentrations of atmosphere. Because forest absorbs carbon dioxide and releases oxygen, it has the strong function of carbon sequestration and is the biggest carbon pool in continental ecosystem. From the perspective of forestry, forestry activities, which ensure the increase of forest carbon sequestration, include afforestation and reforestation, deforestation reduction and forest protection of forest degradation and sustainable forest management. But from the perspective of law, the design of legal guarantee systems to increase forest carbon sequestration should be made around the above.

With the carbon sequestration function, forest plays a very important strategic position in responding to the problem of climate change, which is evident from the evolution of the international legal on response to climate change. United Nations Framework Convention on Climate Change clearly points out that the carbon sequestration should be treated as an important measure in responding to the problem of climate change, which demonstrates that the position of carbon sequestration of forest in responding to the problem of climate change was established in international law for the first time. Subsequently, a series of international legal documents, such as the Kyoto Protocol, the Bonn Political

Agreement and the Marrakesh Accords, make the afforestation and reforestation as the only qualified project of forest carbon sequestration in the first commitment period of Clean Development Mechanism, and this measure boosted the forest carbon sequestration into a substantive phase. While regrettably, although the first commitment period from Kyoto Protocol opened the international market for forest carbon sequestration, it did not include the forestry activities relative to forest carbon sequestration in full as the qualified emission reduction measures. The Bali Conference in 2007 dedicated to the post-Kyoto negotiations on international responses to climate change. Bali Road Map, Copenhagen Agreement and Paris Agreement all extended the scope of forest carbon sequestration activities, which contains such forestry activities as reduction of deforestation, prevention of forest degradation, forest protection, and sustainable management of forest. These agreements realized the formation of REDD + (Reducing emissions from deforestation and forest degradation) regulation, and further enriched the contents of the legal mechanism of forest carbon sequestration in international climate negotiations.

Although our country does not bear on the international reduction obligations during the kyoto commitment period, she has begun to pay attention to the important role of forest carbon sequestration in response to climate change. 2007 "National Climate Change Programmer" has made forestry as an important area in mitigation and adaptation to climate change. 2009 "Coping with Climate Change Forestry Action Plan" defined the basic principles, milestones, and specific plan of action of forestry to climate change in China, which further reflected and enhanced forest carbon sequestration in China. With the guidance of policy, our country released "Carbon Sequestration Afforestation Circular" and a series of specific guidance, which made China's current policy system on forest carbon sequestration be set up. After 2011, the carbon emission permit trading was in a pilot phase in China, a series of policies and legislation provided an important guarantee for establishing carbon emission permit trading market in our country and promoted forest carbon trade in China. In contrast to the current forest legislation, mostly promulgated in the late 1990s, failed to integrate into its legislative thinking about addressing climate change, increasing the values of the forest carbon sequestration function, which made the current forest legislation in the protection of forest carbon sequestration demonstrate apparent deficiencies.

After the entry "Kyoto Protocol" into force, China Clean Development Mechanism of forest carbon sequestration projects of the Kyoto rules has developed rapidly, registered forest carbon sequestration in the Executive Board of the clean development mechanism successfully, in which Guangxi Pearl River Basin Management reforestation project is the world's first clean development mechanism CDM afforestation project. At the same time, with the existing policy support of forest carbon sequestration, the non-Kyoto-based forest carbon project grew quickly, and the forest carbon trade also began to gradually active. But as a result of the lack of legal regulations, this also puts forward realistic demand in our country to construct the forest carbon sequestration of legal safeguard mechanism, namely the development of standard of project and establishment of forest carbon trade rules.

Forest carbon sequestration in international legal system, the security deficiencies of our country forest legislation on forest carbon sequestration, and the practical needs of forest carbon sequestration project practice on forest law system, above all make the construction of legal protection for climate change on forest carbon sequestration mechanisms become urgent problem for our country's forest legislation on climate change issues. Legal construction of guarantee mechanism in forest carbon sequestration should follow the rule on the basis of forest ecology; reflect the characteristics of the forest carbon sequestration project. Accordingly, in our country the mechanisms for legal protection of forest carbon sequestration should begin from the following four aspects: first, based on the legal safeguard of afforestation and reforestation of forest carbon sequestrations, choices of legal system include afforestation system, closing hillsides to facilitate afforestation system, retreat land cultivated return forest system; second, based on the legal protection of reduction of deforestation and forest degradation of forest carbon sequestrations, options of legal system include prevention forest fire system, prevention forest pest system, protection forest land system, prevention anthropogenic deforestation and punishment system; third, based on the legal safeguard of forest sustainable management of the forest carbon sequestration, choice of legal system including the forest classification management system, forestry planning system, forest harvesting system, forest insurance system and forest certification system; fourth based on the legal protection of economic motivation of forest carbon sequestration, legal system including forest carbon trade system, compensation system of forest ecological benefit and so on.

Key words: climate change; forestry mitigation; forest carbon sequestration; forest legislation; forest carbon trade system

目　录 CONTENTS

绪 论

一、研究背景

1992 年《联合国气候变化框架公约》的通过开启了应对气候变化的国际治理。"吸收汇"是《联合国气候变化框架公约》确立的诸多应对气候变化的措施之一,在此基础上,《京都议定书》提出了森林碳汇减排的初步框架,自此,森林碳汇议题就一直是各次缔约方会议中的重要谈判内容。从京都第一承诺期清洁发展机制下的造林再造林森林碳汇项目,到后京都时代的 REDD+ 机制,森林碳汇的国际法律机制演变为各国开展森林碳汇减排提供了不同的机遇。2009 年,我国在哥本哈根会议上向世界承诺,中国将实行自主减排,2015 年通过的《巴黎协定》标志着 2020 年后,全球进入自下而上的自主承诺减排阶段。我国已批准《巴黎协定》,这意味着我国必须为 2020 年后的自主承诺减排做好准备。森林碳汇将是我国减排的重要举措,我国的森林资源基础也非常适合我国实施森林碳汇减排,我国拥有全球第一个清洁发展机制造林再造林森林碳汇项目——广西珠江流域治理再造林项目,同时,国内的碳汇造林试点工作也已经启动,非京都规则森林碳汇项目发展迅速。但目前我国所进行的森林碳汇减排都是以政策的形式推进的,由于我国现行以《森林法》为核心的森林立法基本都是在上世纪 90 年代颁布实施的,当时林业应对气候变化的战略地位并没有完全得以确立,因而我国森林立法在应对气候变化和保障森林碳汇功能方面表现出了先天不足。因此,一方面是国际森林碳汇法律机制对中国森林立法提出了客观要求,中国森林立法应当与之协调;另一方面则是森林碳汇项目的实践需求要求中国森林立法给予必要的法律保障。在这样的背景下,我国森林碳汇法律保障机制的构建在当下成为中国森林立法应对气候变化的重要工作。

二、国内外研究现状述评

(一)国内研究现状述评

国内森林碳汇的研究主要集中在经济学(以研究碳汇交易的成本、价格和碳汇市场的构建为主)、管理学(以研究清洁发展机制碳汇项目的审批、项目内部管理和运行为主)和林学(以从技术的角度研究碳汇项目的方法学、监测、核证和计量为主)领域,以法学视角特别是系统性的国内法律保障视角进行研究的成果相对较少,从现有的研究成果来看,关于森林碳汇法律问题的研究主要集中在以下几个方面:第一,从国际法视角对京都规则清洁发展机制造林再造林规则的研究。研究以评介清洁发展机制下的造林再造林碳汇项目的审批、注册、核证、监测、交易等国际法规则以及国际碳汇市场补偿标准和国际碳汇项目运行机制为主,并基于此提出我国开展森林碳汇项目的对策(章东升,2005;李怒云,2006;叶绍明,2006;杨为燕,2008;武曙红,2009;张小全,2010;高晓璐,2010;曾文革,2010;史玉成,2012;何桂梅,2015)。第二,京都规则清洁发展机制(CDM)造林再造林项目与我国法律应对对策的研究。认为碳汇林业政策是我国应对全球气候变化政策体系的重要内容,发挥森林的碳汇功能需要制定促进碳汇自然生产的政策措施,包括制定和完善相关的法律法规和林业部门的规章(李怒云,2007;邵珍,2007;孔凡斌,2010;周晴,2011;樊喜斌,2013;任洋,2014;刘先辉,2016;曹先磊,2018)。第三,对构建我国基于森林碳汇的碳排放权交易法律制度的研究。认为应当建立国内碳排放权许可交易制度,在国家法律之下,规定总的排碳量和各个部门的排碳量,明确森林碳汇是企业的合法减排方式,允许企业利用碳汇账户中的碳信用实现减排或进行市场交易(林德荣,2005;李怒云,2007;李建华,2008;王见,2008;曹开东,2008;周晴,2010;余光英,2010;邹丽梅,2012;诸江,2014;向桂梅,2015;张晓晴,2016;陈娟丽,2016;邵莉莉,2017)。第四,减少毁林和森林退化、增加森林碳储量的 REDD + 机制对我国森林法律制度的启示研究。认为防止毁林和森林退化将是后京都时代增加森林碳汇的主要手段,可以借鉴REDD+机制,完善防止毁林的法律规定,如严格保护各种类型的森林保护区域、对林地用途实施严格的管制、完善森林生态效益补偿基金、将森林固碳功能纳入补偿的范围、《巴黎协定》与REDD+机制的新发展等(唐双娥,2010;夏少敏,2010;荆珍,2012;邵莉莉,2017;陈熹,2017;郗希,2018)。第五,森林碳汇的其他相关法律问题研究。主要涉及与森林碳汇相关的绿色碳基金制度(李怒云,2007;夏少敏,2010)、森林保险制度对碳汇林业的保障(王跃先,2010)、森林碳汇生态补偿制度(戚道孟,2010;王蓉,2010;史玉成,2012;黄宰胜,2015;曹先磊,2018)、法定的植树义务及其碳汇购买(唐绍均,2010)、森林碳汇的林业产权制度(王紫零,2010;马存利,2010;邹丽梅,2012;任洋,2014;王宏巍,2015;王岩,2017)等。

国内研究现状可以总结为:第一,在研究的内容上,以评介性研究居多,尤其侧重对京都规则森林碳汇项目的评介,对制度构建的研究不足,尤其是缺乏系统性的法律制度保障研究。第二,在研究深度上,一些森林碳汇法律问题的研究观点散见于其他学科的论文和著作之中,森林碳汇法律问题研究缺乏深度和全面性。第三,在研究成果形式上,以期刊论文居多,从法学视角研究森林碳汇的专著较为少见。

(二)国外研究现状述评

国外森林碳汇的法律问题研究主要集中于从市场化的角度分析法律制度和政策如何刺激森林碳汇的供给和交易。第一,法律政策的稳定性对于森林碳汇交易影响的研究。认为法律政策的稳定性对于清洁发展机制下造林、再造林项目的到期信用的风险和价值有较大影响,如果有关气候的法律政策得到加强,长期可认证减排量可以获得更多的投资(Michael,Bernhard,2004)。第二,法律政策对于森林碳汇供给刺激的研究。认为在刺激碳汇供给的政策方面,当碳政策(碳补贴和碳税)有利于林地价值增加时,人们将用森林替代其他的土地利用方式,如农业和城市发展(Stainback G. A.,Janaki R. A.,2002)。第三,森林碳汇交易制度的法律规则的影响因素研究。认为执行成本、交易成本、基线以及额外性等都会对清洁发展机制的市场造成影响,其交易规则的政策制定应当考虑到这些问题(Frank Jotzo,Axel Miehaelowa,2002)。第四,森林碳汇交易的法定形式研究。认为森林碳汇交易有两类:一是通过政府向碳排放单位收取排放税,然后补偿给碳汇生产单位;二是政府确定排放物总量,由碳源、碳汇单位直接交易(Leigh R.,Gerald

S.，2008；Bruce L.，John P. G.，2008；Hugh B.，2009)。第五，对 REDD＋机制在发展中国家实施的问题研究。研究认为，REDD＋机制的实施将取决于国情、政策的优先次序和政治上的可行性，不同国家应当根据本国的资源和能力情况不同，灵活对待 REDD＋机制的实施，发展中国家应自行设计适当的和可接受的政策和措施。此外，还有研究认为，REDD＋机制的实施应在国家层面展开，实施国家必须通过制定相应的政策对通过减少毁林和森林退化所减少的排放量进行监测，这样才能保证其有效性(Charlotte Streck，2010，S. Atmadja，2011)。

国外研究现状可以总结为：在研究内容上，由于国外的研究主要基于清洁发展机制的框架，因此更注重森林碳汇交易制度的研究；在研究深度上，除了关注制度设计本身以外，还开始对制度实施的影响、效果等进行定量方面的研究。总体上，国外的研究更注重理论与实践的结合，更为深入和系统。

三、研究意义

第一，有助于为我国参与未来全球性减排奠定坚实的法律基础。2015 年在巴黎气候大会上通过的致力于 2020 年后全球减排的《巴黎协定》已于 2016 年 11 月 4 日生效，其提出的自主承诺减排框架将使更多的公约不参与其中，而并不局限于发达国家。我国是《巴黎协定》的批准国，2020 年后我国将以自主承诺减排的方式承担应对气候的国际义务。而林业碳汇机制一直是国际气候谈判中的重要议题，因此从国内立法的角度研究应对气候变化林业碳汇机制是顺应国际气候治理框架的需要。

第二，有助于推动我国应对气候变化发展战略的实现。我国《应对气候变化国家方案》《国民经济和社会发展"十二五"规划》《林业发展"十二五"规划》和《林业应对气候变化"十二五"行动要点》中都指出了林业在应对气候变化中的特殊地位，同时将碳汇与生态、经济、社会、文化并列为森林的五大功能。因此，从国内立法的角度研究林业碳汇将有助于推动我国气候变化发展战略的实现。

第三，有助于为应对气候变化的森林立法提供立法建议。我国现行森林立法并未在森林碳汇应对气候变化方面给予很好的法律保障，通过研究，能够为形成全面、科学、合理的森林立法提供建议。

第四，有助于拓宽和丰富我国森林碳汇研究的理论视角和内容。我国当前森林碳汇研究集中于经济学、管理学、林学的视角,本研究将从法学视角研究气候变化中森林碳汇的法律保障问题,可以使对森林碳汇的研究内容更具有系统性,提升森林碳汇的理论研究深度。

四、研究方法

1. 文献分析法。文献分析法是贯穿本课题研究始终的研究方法,对森林碳汇的国际法律文件和国内立法、政策以及相关的著作与论文进行文献的收集跟踪与分析。

2. 比较分析法。根据气候变化国际谈判中各国对森林碳汇的不同利益表达,比较不同国家森林碳汇的相关立法和政策,并总结对中国森林碳汇法律保障的启示与经验。

3. 价值分析法。在森林碳汇法律保障机制的法律制度选择上,各种制度在保障森林碳汇方面的价值取向不同,因而运用价值分析法对保障森林碳汇法律保障机制构建的合理性与科学性十分必要。

4. 实证分析法。分别对京都规则和非京都规则森林碳汇项目进行实证分析,通过实证分析提出森林碳汇实践对法律保障的现实需求。

五、研究的基本思路

本研究以气候变化为研究的切入点,分析应对气候变化的各种机制,从而引出研究的逻辑起点——森林碳汇与气候变化的辩证关系,并对森林碳汇内涵进行科学合理的界定,继而通过对森林碳汇的国际法演变和森林碳汇的国内政策和法律现状进行梳理,旨在为森林碳汇法律保障机制找寻国际法和国内政策依据,并提出国内森林立法保障森林碳汇的不足。接下来,本研究从实证角度分析京都规则与非京都规则森林碳汇项目实践,旨在指出京都规则与非京都规则森林碳汇对于法律保障的迫切需求,为森林碳汇法律保障机制的构建提供现实参考。最后,本着森林碳汇法律保障机制的构建应体现森林碳汇内涵的宗旨,从森林碳汇涉及的造林再造林、减少毁林与森林退化的森林保护、森林可持续经营管理以及森林碳汇的经济激励四个方面提出森林碳汇法律保障机制构建的基本框架。

六、创新之处

1. 从研究的框架而言,本研究突破了以京都规则清洁发展机制为主的国际法研究框架,通过对国际法、国内法、国内政策的梳理,以及对森林碳汇项目的实证分析,从森林生态学的理论出发,围绕森林碳汇涉及的造林再造林、防止毁林与森林退化、森林可持续管理以及森林碳汇的经济激励四个方面提出了与国际法接轨的国内法层面的森林碳汇法律保障机制的基本框架。

2. 从环境与资源保护法学的研究角度而言,自然资源法学的研究一直处于环境法学研究的薄弱领域,而部门自然资源法学又是自然资源法学的薄弱领域。研究气候变化视角下森林碳汇的法律保障机制,进而提出我国《森林法》的修改方向,这是对我国自然资源法学研究的补充。与此同时,我国从法学的视角研究森林碳汇的成果并不多见,因此对森林碳汇的法学研究将是我国环境法学未来的一个新的研究方向。

3. 从森林立法的角度而言,目前我国《森林法》的修改已经被提上议事日程,《森林法》的修改面临诸多的客观困境,如何在森林法律制度的设计上保障森林碳汇功能的发挥是我国《森林法》修改的挑战之一,从这一点来说,基于气候变化的森林碳汇法律保障机制是我国今后森林立法的重点关注方面之一。

4. 从研究方法而言,本研究将定性研究与定量研究有机地结合在一起。在对气候变化与森林碳汇的关系、森林碳汇的国际法演进上采用了定性研究中的文献分析、比较分析和价值分析等方法,同时对森林碳汇的国内法不足以及在京都规则与非京都规则森林碳汇项目的实践研究中又采用了定量研究中的实证分析方法,通过定性研究与定量研究的结合,满足了森林碳汇法律保障机制理论与实践的双重需要。

第一章　气候变化与森林碳汇的基本问题界定

全球气候变化是当前国际社会关注度最高的国际性环境问题,甚至可以说这一问题已经超越了环境领域。全球变暖是当前全球气候变化的最突出表征,其所带来的不利影响已经严重干扰和威胁到自然生态系统和人类生产生活。气候变化与森林生态系统之间的影响是相互的,一方面,气候变化会对森林生态系统的结构、生产力等产生负面影响;另一方面,森林生态系统则由于具有碳汇的功能而会减缓气候变化的进程。因此,森林碳汇是人类面对气候变化所采取的诸多积极应对策略中的一种,并且在应对气候变化中占有极其重要的战略地位。

一、气候变化:概念、归因及影响

(一)何谓气候变化

气候是指特定区域在一个给定的月份或者季节内的天气的平均状况,它通常以长期平均温度、降水量、风力、湿度和云量来描述。[1] 在地球漫长的演变过程中,气候也在不断发生变化,1.8万年前,地球曾长期被冰期控制,那时北美大部分地区、北欧和俄罗斯北部都被冰雪覆盖,而当今人类所处时代的气候属于暖的间冰期。从全球来看,每个区域版块所处的气候带是不同的,不同年份的气候也会有所不同,但气候对人类生存与生活的影响是无处不在的。正是由于气候具有与人类生存生活密不可分的属性,才使得气候变化受到人类密切的关注。

---

〔1〕戈登·B.伯南著:《生态气候学:概念与应用》,延晓冬等译,气象出版社2009年版,第17页。

关于气候变化的内涵,从不同的学科出发有着不同的解释,气象学上所定义的气候变化(Climate change)是指气候平均状态在统计学意义上的巨大改变或者持续较长一段时间(一般为 10 年或更长)的气候变动[2]。也有学者从气候学角度指出,气候变化是由太阳以及大气、海洋和陆地之间的内部物理、化学和生物反馈组成的气候系统受到外界强迫而发生变化的结果。[3] IPCC 使用的气候变化是指气候状态的变化,而这种变化可以通过其特征的平均值和/或变率的变化予以判别(如利用统计检验),气候变化具有一段延伸期,通常为几十年或更长时间。气候变化是指随时间发生的任何变化,无论是自然变率还是人类活动引起的变化。[4] 而目前国际社会所广泛采用的气候变化的概念是《联合国气候变化框架公约》(UNFCCC,下文简称《公约》)中对气候变化的界定,在《公约》中,"气候变化"指除在类似时期内所观测到的气候的自然变异之外,由于直接或间接的人类活动改变了地球大气的组成而造成的气候变化。

在上述三个概念中,气象与气候学上的概念与 IPCC 的概念在内涵上较为一致,其强调自然与人为两种原因导致的气候状态改变,而《公约》中的概念与前两者则有所不同,在引起气候变化的原因方面,其更强调由于人类活动所造成的气候变化。由于本书是在《公约》这一国际法的背景下探讨有关森林碳汇的国内法律应对问题,因此本书在气候变化的概念上采用了《公约》中关于气候变化的解释,主要侧重于人为活动所引起的气候变化。

(二) 气候变化的归因

从以上的概念分析中已经可以得出,气候变化的成因无外乎两种:自然因素和人为因素。其中,自然因素主要包括[5]板块构造,它能改变行星、海陆分布变化和造山运动;地球绕太阳轨道的参数变化,它能引起地球接收到的太阳辐射发生变化;大气化学成分,它能引起水汽、二氧化碳、氮氧化物和其他重要的恒量气体浓度的变化,通过温室效应使气候增暖;陆地水循环的变化,它能改变淡水向海洋的径

---

〔2〕中国绿化基金会、联合国环境规划署、大自然保护协会:《林业应对气候变化之公众参与:幸福家园·西部绿化行动》,中国轻工业出版社 2011 年版,第 1 页。
〔3〕戈登·B.伯南著:《生态气候学:概念与应用》,延晓冬等译,气象出版社 2009 年版,第 56 页。
〔4〕IPCC:气候变化 2007 综合报告,第 30 页,http://www.ipcc.ch/(2010 年 12 月 21 日访问)。
〔5〕戈登·B.伯南著:《生态气候学:概念与应用》,延晓冬等译,气象出版社 2009 年版,第 59 页。

流和海洋温盐环流;太阳变化,它是指与太阳黑子活动有关的太阳辐射量的变化;大气中气溶胶,它可以改变地球的辐射水平。人为因素则主要是指由于人类活动所排放的温室气体和气溶胶,以及土地利用和植被覆盖的变化对气候产生的影响。由于《公约》中的气候变化的概念将因人类活动而改变大气组成的气候变化与归因于自然原因的气候变化区分了开来,所以,下文将重点探讨由于人类活动所引起的气候变化。

当前由人类活动引起的气候变化的最突出标志是全球变暖,这一结论的科学依据源自目前对全球气候变化进行研究的最权威报告——IPCC(政府间气候变化专门委员会)关于气候变化的评估报告。IPCC 至今已经发布了五次评估报告,从五次评估报告的研究结论可以看出,对全球变暖的原因认识也经历了从最初认为是自然波动与人类活动共同作用造成到更加肯定人类活动是全球变暖的主要原因的过程(表 1 - 1)。

表 1 - 1 五次 IPCC 报告对气候变化的检测和归因[6]

IPCC 评估报告	全球气候变化的检测	全球气候变化的归因
第一次报告 (1990 年)	全球平均地表温度在过去 100a 中上升了 0.3℃—0.6℃,这个值大致与考虑温室气体含量增加时气候模式得到的结果一致,但是仍然不能确定观测到的增暖全部或其中一部分可能由增强的温室气体造成	近百年的气候变化可能是自然波动与人类活动共同作用造成的
第二次报告 (1995 年)	在监测人类活动对气候的影响方面取得了相当大的进展。首先,最显著的是气候模式包括了人类活动产生的气溶胶和平流层臭氧变化的作用。其次,通过几百年的模拟实验能够更好地确定气候系统的变率,即强迫因子不发生变化时的气候状态。再次,得到全球平均地表温度比过去上升了 0.3℃—0.6℃的结论,与第一次评估值相同	目前定量确定人类活动对全球气候产生的影响能力是有限的,并且在一些关键因子方面存在不确定性。尽管如此,越来越多的事实表明,人类活动的影响被觉察出来了

〔6〕IPCC: Summary for Policymakers of Climate Change 2007: The Physical Science Basis. 前四次报告转引自姜冬梅等主编:《应对气候变化》,中国环境科学出版社 2007 年版,第 17 页。第五次评估报告的监测和归因直引 IPCC:《气候变化 2013 自然科学基础: 决策者摘要》,http://www.ipcc.ch/home_languages_main_chinese.shtml(2015 年 12 月 20 日访问)。

IPCC 评估报告	全球气候变化的检测	全球气候变化的归因
第三次报告（2001 年）	首先,确认了 20 世纪的变暖是异常的,重建了过去 1000a 的变化序列,并有力地表明了过去 1000a 的温度变化不可能是自然变化造成的,模式的模拟也证明了这一点。其次,20 世纪后半叶的增暖与气候系统的自然外部强迫也不一致,因而不能用外部胁迫因子解释过去 40a 的气候变化。再次,全球平均地表温度在过去已被监测到上升了 0.4℃—0.8℃,比前两次评估值要高,同时也检测出 8km 以下的大气出现了类似的增温	根据新的和更强有力的事实,并考虑到存在的不确定性,过去 50a 大部分观测到的增暖可能由人类活动产生的温室气体浓度的增加造成
第四次报告（2007 年）	气候系统变暖,包括地表和自由大气温度,以及所产生的海平面上升均已被检测出来。近 100a(1906—2005 年)全球平均地表温度上升了 0.74℃。观测到的增温及其随时间的变化均已被包含人类活动的气候模式模拟出来了。耦合气候模式对六个大陆中每个大陆上观测到的温度变化的模拟能力提供了比第三次评估报告关于人类活动影响气候的更强有力的证据	观测到的 20 世纪中叶以来大部分全球气温的升高很可能是由于观测到的人为产生的温室气体浓度的变化所引起
第五次报告（2013 年）	已经在大气和海洋的变暖、全球水循环的变化、积雪和冰的减少、全球平均海平面的上升以及一些极端气候事件的变化中检测到人为的影响。	自第四次评估报告以来,有关人为影响的证据有所增加,极有可能的是,人为影响是造成观测到的 20 世纪中叶以来变暖的主要原因。

　　IPCC 在 2007 年公布的第四次评估报告中指出,根据全球地表温度器所测资料(自 1850 年以来),最近 12 年(1995—2006 年)中,有 11 年位列于最暖的 12 个年份之中。最近 100 年(1906—2005 年)的温度线性趋势为 0.74℃[0.56℃至 0.92℃],这一趋势大于第三次评估报告给出的 1901—2000 年 0.6℃[0.4℃至 0.8℃]的相应趋势。近 50 年(1956—2005 年)的线性变暖趋势(每十年)0.13℃[0.10℃至0.16℃]几乎是近 100 年(1906—2005 年)来的两倍。

　　IPCC 在 2013 年公布的第五次评估报告中进一步指出,气候系统的变暖是毋庸置疑的。自 20 世纪 50 年代以来,观测到的许多变化在几十年乃至上千年时间中都是前所未有的。大气和海洋已经变暖,积雪和冰量已减少,海平面上升,温室气体浓度增加。过去三个十年中,地表已经连续偏暖于 1850 年以来的任何一个十年。在北半球,1983 年至 2012 年可能是过去 1400 年中最暖的 30 年。[7]

　　温室气体[8]排放在全球变暖中占有主导地位。自工业化前时代以来,由于人类活动所产生的全球温室气体排放已经增加,在 1970 年至 2004 年间增加了 70%(图 1-1(a))。二氧化碳是最重要的人为温室气体,在 1970 年至 2004 年间,二氧化碳年排放量已经增加了大约 80%,从 210 亿吨增加到 380 亿吨,在 2004 年已占到人为温室气体排放总量的 77%(图 1-1(b))。在 1970 年至 2004 年间,温室气体排放增幅最大的是能源供应、交通运输和工业,而住宅建筑和商业建筑、林业(包括毁林)以及农业等行业的温室气体排放则以较低的速率增加(图1-1(c))。

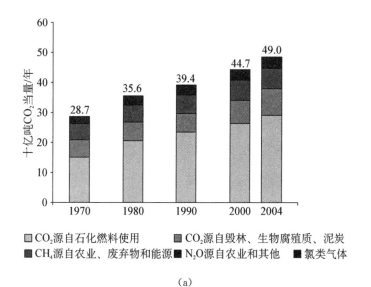

(a)

---

〔7〕IPCC:《气候变化 2013 自然科学基础:决策者摘要》,http://www.ipcc.ch/home_languages_main
　　_chinese.shtml(2015 年 12 月 20 日访问)。
〔8〕致全球变暖的温室气体主要是指《蒙特利尔议定书》未予管制的温室气体,《气候变化框架公约》并
　　没有对此列出清单,而根据《京都议定书》附件 A,这些温室气体包括二氧化碳、甲烷、氧化亚氮、氢
　　氟碳化物、全氟化碳、六氟化碳六种。

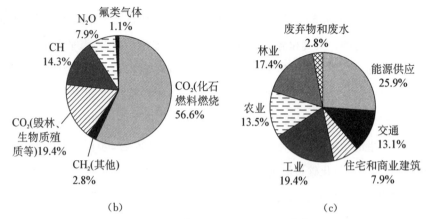

图1-1　全球人为温室气体排放量[9]

(a)1970年至2004年间全球人为温室气体年排放量;**(b)**按CO₂当量计算的不同温室气体占2004年总排放的份额;**(c)**按CO₂当量计算的不同行业排放量占2004年总人为温室气体排放的份额(林业包括毁林)。IPCC第五次评估报告进一步指出,自工业化以来,二氧化碳浓度已增加40%,这首先是由于化石燃料的排放,其次是由于土地利用变化导致的净排放。[10]

通过以上数据可以看出,IPCC将长生命期的温室气体排放归结为全球变暖的主要原因,而且这一归因已经成为国际社会的主流观点,但是也有反对全球变暖的观点[11]存在。从当前应对气候变化所进行的国际谈判来看,应对全球变暖已经成为全球应对气候变化的最主要方向,其所采取的措施也都是围绕着控制和减少人为温室气体排放所展开的。如果温室气体以当前的或高于当前的速率排放,将会在21世纪期间造成温度进一步升高,并会诱发全球气候系统中的许多变化,这些变化很可能大于20世纪所观测到的变化。

(三) 气候变化的全球影响

气候是地球系统不可或缺的组成部分,在地球系统中每一组成部分都处于相对稳定的状态,但其中每一组成部分的改变也都将导致其他组成部分或多或少地

---

〔9〕IPCC:《气候变化2007综合报告》,第5页,http://www.ipcc.ch/(2010年12月21日访问)。

〔10〕IPCC:《气候变化2013自然科学基础:决策者摘要》,http://www.ipcc.ch/home_languages_main _chinese.shtml(2015年12月20日访问)。

〔11〕在反对全球变暖的观点中,有美国学者的气候变暖不确定说、气候变暖不足虑说、太阳变化说、潮汐调温说,英国学者的气候骗局说,俄罗斯学者的变暖神话说、气球变冷说,前南斯拉夫学者的天文冰期理论,德国学者的变暖有益说,加拿大学者的全球严寒说,日本学者的太阳辐射能量变化说,丹麦学者的宇宙射线说,联合国粮农组织提出的动物废弃说,中国学者的气候突变说、海震调温说、不确定说等。参见陈鹤著:《气候危机与中国应对——全球暖化背景下的中国气候软战略》,人民出版社2010年版,第44—51页。

发生变化,人为的温室气体排放已经导致了气候的变暖,而这种变暖对地球系统产生了显著的改变,其不仅关涉到自然生态系统,也关涉到人类社会的生产生活,其产生的深远影响是整体性的而非个别性的,是全球性的而非区域性的。

1. 气候变化对自然生态系统的影响[12]

据 IPCC 报告显示,所有大陆和大部分海洋的观测证据表明,许多自然系统正在受到区域气候变化的影响,特别是温度升高的影响。

首先,受影响最明显的是海洋生态系统,海平面的逐渐上升与变暖趋势相一致。自 1961 年以来,全球海平面上升的平均速率为每年 1.8 毫米,而从 1993 年以来平均速率为每年 3.1 毫米,热膨胀、冰川、冰帽和极地冰盖的融化为海平面做出了贡献。已观测到的积雪和海冰面积减少也与变暖趋势相一致。从 1978 年以来的卫星资料显示,北极年平均海冰面积已经以每十年 2.7% 的速率退缩,夏季的海冰退缩率较大,为每十年 7.4%。南北半球的山地冰川和积雪平均面积已呈现退缩趋势。

其次,与积雪、冰和冻土(包括多年冻土层)相关的自然系统受到了影响。例如,冰川湖泊范围扩大,数量增加;在多年冻土区,土地的不稳定性增大,山区出现岩崩;北极和南极部分生态系统发生变化,包括那些海冰生物群落以及处于食物链高端的食肉类动物的变化。

再次,不断增多的证据显示,水文系统正在受到如下影响:在许多靠冰川和积雪供水的河流中,径流量增加且早春最大流量提前;许多区域的湖泊和河流变暖,同时对热力结构和水质产生影响。

又次,根据各类物种的更多证据表明,最近的变暖正在对陆地生物系统产生强烈的影响,包括如下的变化:春季特有现象的出现时间提前,如树木出叶、鸟类迁徙和产卵;动植物物种的地理分布朝两极和高海拔地区推移。根据 20 世纪 80 年代初以来的卫星观测,我们可以高度确信,许多区域在春季已出现植被"返青"提前的趋势,这与近期变暖而使生长季节延长有关。

---

[12] IPCC:《气候变化 2007 综合报告》,第 31—33 页,http://www.ipcc.ch/(2010 年 12 月 21 日访问)。

最后,大量新证据显示,已观测到的海洋和淡水生物系统的变化与不断升高的水温以及相关的冰盖、盐度、含氧量和环流变化有关。这些变化包括:范围推移以及高纬度海洋中藻类、浮游生物和鱼类的大量繁殖;高纬度和高山湖泊中藻类和浮游动物的大量繁殖;河流中鱼类的活动范围变化和提早洄游。

2. 气候变化对人类生产生活的影响[13]

对人类生产和生活产生的影响包括气候变化将对北半球较高纬度地区农业和林业管理产生影响,如农作物春播提前、由于林火和虫害而造成森林干扰体系变更、对北极地区某些人类活动(如冰雪上的狩猎和旅行)的影响,以及对低海拔高山地区的某些人类活动(如山地运动)的影响。

对某些人类健康方面的影响。如欧洲与热浪相关的死亡率、某些地区的传染病传播媒介的变化,以及北半球中高纬度地区引起的季节性花粉过敏提早开始并呈增加趋势。气候变化对未来人类健康仍将产生重大影响,预计数百万人的健康状况将受到影响,如营养不良增加;因极端天气事件导致死亡、疾病和伤害增加;腹泻疾病增加;由于与气候变化相关的地面臭氧浓度增加,心肺疾病的发病率上升,以及某些传染病的空间分布发生改变。预计气候变化在温带地区将带来某些效益,如因寒冷所造成的死亡减少。气候变化还会产生一些综合影响,如疟疾在非洲的传播范围和潜力的变化。总体上,这些效益预计将会被温度升高给健康带来的负面影响所抵消,特别是在发展中国家。

对粮食生产造成的影响。在中高纬度地区,如果局地平均温度增加 1℃—3℃,预计农作物生产力会略有提高,这取决于作物种类。而在某些区域,如果升温超过这一幅度,农作物生产力则会降低。在低纬度地区,特别是季节性干燥的区域和热带区域,即使局地温度有小幅增加(1℃—2℃),预计农作物生产力也会降低,这会增加饥荒的风险。在全球范围内,随着局地平均温度升高 1℃—3℃,预计粮食生产潜力会增加,但如果超过这一范围,预计粮食生产潜力会降低。

对工业、人居环境和社会的影响。最脆弱的工业、人居环境和社会一般是那些

---

[13] IPCC:《气候变化 2007 综合报告》,第 33 页、第 48 页,http://www.ipcc.ch/(2010 年 12 月 21 日访问)。

位于海岸带和江河泛洪平原的地区、经济与气候敏感资源关系密切的地区以及那些极端天气事件易发的地区,特别是那些快速城市化的地区,此外,那些集中在高风险地区的贫穷社区也极易受到气候变化的影响。

3. 气候变化对各个区域的未来影响[14]

对非洲而言,到 2020 年,预计有 7500 万到 2.5 亿人口会因为气候变化而面临加剧的缺水困境。到 2020 年,在某些国家,雨养农业会减产高达 50%。预计许多非洲国家的农业生产,包括粮食获取会受到严重影响,这会进而影响粮食安全,加剧营养不良。接近 21 世纪末,预计的海平面上升将影响人口众多的海岸带低洼地区。适应的成本总量至少可达到国内生产总值(GDP)的 5%—10%。根据一系列气候情景,预计到 2080 年,非洲地区干旱和半干旱土地会增加 5%—8%。

对亚洲而言,到 21 世纪 50 年代,预计在中亚、南亚、东亚和东南亚地区,特别是在大的江河流域,可用淡水会减少。由于来自海洋的洪水以及某些大三角洲地区来自河流的洪水的增加,海岸带地区,特别是在南亚、东亚和东南亚人口众多的大三角洲地区,将会面临最大的风险。预计气候变化会加重自然资源和环境的压力,这与快速的城市化、工业化和经济发展有关。由于水分循环变化,在东亚、南亚和东南亚,腹泻疾病主要与洪涝和干旱相关,预计地区发病率和死亡率会上升。

对澳大利亚和新西兰而言,到 2020 年,在某些生态资源丰富的地点,包括大堡礁和昆士兰湿热带地区,预计会发生生物多样性的显著损失。到 2030 年,在澳大利亚南部和东部地区、新西兰北部地区和某些东部地区,水安全问题可能会加剧。到 2030 年,由于干旱和火灾增多,在澳大利亚南部和东部大部分地区以及新西兰东部部分地区,农业和林业产量预计会下降。然而,在新西兰,预计最初会给其他地区带来效益。到 2050 年,在澳大利亚和新西兰的某些地区,由于海平面上升、风暴和海岸带洪水严重程度和频率的增加,预计该地区正在进行的海岸带发展和人口增长会面临更大的风险。

对欧洲而言,预计气候变化会扩大欧洲在自然资源与资产上的地区差异。负

---

[14] IPCC:《气候变化 2007 综合报告》,第 50—52 页,http://www.ipcc.ch/(2010 年 12 月 21 日访问)。

面影响将包括内陆山洪的风险增大,更加频繁的海岸带洪水以及海水侵蚀加重(由于风暴和海平面升高)。山区将面临冰川退缩、积雪和冬季旅游减少、大范围物种损失(在高排放情景下,到2080年,某些地区物种损失将高达60%)。在欧洲南部,预计气候变化会使那些已经因气候变率而变得脆弱的地区的条件更加恶劣(高温和干旱),使可用水量减少、水力发电潜力降低、夏季旅游减少以及农作物生产力普遍下降。由于热浪以及野火的发生频率增加,预计气候变化也会加大健康方面的风险。

对拉丁美洲而言,到本世纪中叶,预计在亚马逊东部地区,温度升高及相应的土壤水分降低会使热带雨林逐渐被热带稀树草原取代。半干旱植被将趋向于被干旱地区植被取代。许多热带拉丁美洲地区由于物种灭绝而面临生物多样性显著损失的风险。预计某些重要农作物生产力会下降,畜牧业生产力降低,对粮食安全带来不利的后果。预计温带地区的大豆产量会增加。总体而言,面临饥饿风险的人数会有所增加。预计降水型态的变化和冰川的消融会显著影响供人类消费、农业生产和能源生产的可用水量。

对北美洲而言,预计西部山区变暖会造成积雪减少,冬季洪水增加以及夏季径流减少,从而加剧过度分配的水资源竞争。本世纪最初几十年,小幅度气候变化预计会使雨养农业的累计产量增长5%—20%,但地区间存在显著差异。对于农作物,预计主要挑战是接近其温度适宜范围的变暖上限,或取决于对水资源的高效利用。预计当前遭受热浪的城市在本世纪期间会受到更多、更强及更长时间的热浪的袭击,可能对健康造成不利的影响。海岸带社区和居住环境将日益受到与发展和污染相互作用的气候变化影响的压力。

对极地地区而言,在极地地区,主要生物物理影响预计为冰川和冰盖及海冰厚度和面积的减少,自然生态系统的变化对包括迁徙鸟类、哺乳类动物和高等食肉类动物在内的许多生物产生不利影响。对于北极的人类社区,预计各种影响(特别是源于冰雪状况的变化)会交织在一起,包括对基础设施和传统的本土生活方式的不利影响。在两极地区,由于气候对物种入侵屏障的侵蚀,预计特殊的栖息地会更加脆弱。

对小岛屿而言,预计海平面上升会加剧洪水、风暴潮、侵蚀以及其他海岸带灾害,进而危及那些支撑小岛屿社区生计的至关重要的基础设施、人居环境和设施。预计海岸带环境退化(如海滩侵蚀和珊瑚白化)会影响当地的资源。到本世纪中叶,预计气候变化会减少许多小岛屿的水资源,如加勒比海和太平洋,因而在少雨期将不足以满足对水资源的需求。在较高温度条件下,预计会增加非本地物种入侵发生的可能性,特别是在中高纬度的岛屿。

4. 气候变化的事件

进入 21 世纪以来,越来越多的事实证明气候变暖的影响并不是耸人听闻,这些与气候变化相关的事件或许比观测到的数据更能使人们清醒地认识到气候变暖带来的影响。

2005 年,巴西亚马逊河流域遭遇了一场百年不遇的干旱,12000 公顷的湖全部干涸,成千上万条死鱼覆盖了地面,河水断流,整个河道看起来就像撒哈拉大沙漠。有研究认为,亚马逊发生百年不遇的大干旱的首要原因就是北部热带海洋变暖,平均气温上升了 2℃。

2006 年 12 月,加拿大北极地区内一块相当于 1.1 万个足球场大的巨型冰架在顷刻间完全断裂,整个过程惊天动地,250 千米之外的地震监测器都能感觉到它的威力,加拿大北部边境存在了几千年的壮观景象就这样消失了。谁能说这与北极海冰的消失没有关联?

近年来,由于北极海冰的融化,北极熊的生存环境越来越艰难,有更多的北极熊淹死在海里,同时由于在海上猎食越来越难,北极熊不得不将捕猎场所转移到陆地上,甚至有北极熊为了生存开始捕杀自己的同伴。在南极,正在崩裂的冰架对企鹅的繁殖带来不利影响。在温度较高的年份,大冰源提前崩裂,并且就发生在企鹅脚下,导致企鹅幼仔掉入海中溺水身亡。

根据图瓦卢气象局提供的数据显示,1993 年后的 16 年间,图瓦卢的海平面总共上升了 9.12 厘米,国土面积已经缩小了 2%。按照这个数字推算,50 年后,海平面将上升 37.6 厘米,这意味着图瓦卢将至少有 60% 的国土彻底沉入海中。这对图瓦卢意味着灭亡,因为涨潮时图瓦卢将不会有任何一块土地能露在海面上。

2009 年 10 月 17 日,马尔代夫总统召集 12 名内阁成员身穿潜水服,在首都马累的吉利岛海域一处 4 米深的海底召开了世界上首次水下内阁会议,以此呼吁各国减少温室气体,因为以当前的温室气体排放速率计算,平均海拔只有 1.5 米的马尔代夫将在 21 世纪消失。

2010年，俄罗斯境内发生严重森林火灾，当年累计发生森林火灾2.65万多起，过火面积超过81万公顷。2010年6月以后，俄罗斯中部和南部地区的森林火灾呈现出集中爆发的态势，在俄罗斯83个联邦主体中有20个出现了不同程度的火情，特别是在7月底8月初的高峰时段，俄罗斯境内每天的起火点多达数百个，高峰时的8月3日当天，全境共有813个森林着火点和24个泥炭火。这次俄罗斯森林大火的发生与极端气候条件密切相关。从天气情况看，俄罗斯在2010年遭遇了千年不遇的持续酷暑高温干旱天气，导致森林火险居高不下，火情点多面广。

2014年，极端天气事件频繁发生，对世界各国造成严重影响。巴西遭遇50年来最严重干旱，南美洲多国遭遇严重洪涝灾害，美国东部连遭罕见暴风雪袭击，澳大利亚持续高温天气引发多起森林火灾。2014年年初，澳大利亚经历罕见高温，打破150余项气候纪录；2014年年初，暴风雨频繁入侵欧洲多国，部分地区损失严重；同年，印度新德里47.8℃高温创62年来纪录；2014年8月20日，日本广岛突降历史最强暴雨，73人遇难；2014年11月，寒流席卷半个美国，多地降暴雪，积雪厚度最高超2米。

2015年5月15日，我国新疆自治区内的公格尔九别峰发生冰川移动，造成当地1.5万亩草场消失，70户牧民房屋受损。天山冰川观测试验站认为，在气候变暖后，冰的温度升高，流动性增强，冰川本身发生了一定变化，加上公格尔九别峰所处的区域近年降水量增多，冰川顶端变厚、压力增加，但冰川底部海拔相对较低、温度高，从而导致底部发生跃动、顶部冰崩。由此可见，新疆的冰川移动亦与气候变化有较大关联性。

气候变化给全球所带来的影响是全面的，越来越多气候变化事件正在地球村发生，而且其造成的灾难性后果越来越严重，这一切都使得人类必须要加快应对气候变化的步伐。

(四) 气候变化对中国的影响

1. 中国气候变化的观测事实[15]

有关中国气候变化的主要观测事实包括：一是近百年来，中国年平均气温升

---

〔15〕 资料来源于2007年《中国应对气候变化国家方案》。

高了 0.5℃—0.8℃,略高于同期全球增温平均值,近 50 年变暖尤其明显。从地域分布看,西北、华北和东北地区气候变暖明显,长江以南地区变暖趋势不显著;从季节分布看,冬季增温最明显。从 1986 年到 2005 年,中国连续出现了 20 个全国性暖冬。二是近百年来,中国年均降水量变化趋势不显著,但区域降水变化波动较大。中国年平均降水量在 20 世纪 50 年代以后开始逐渐减少,平均每 10 年减少 2.9 毫米,但 1991 年到 2000 年略有增加。从地域分布看,华北大部分地区、西北东部和东北地区降水量明显减少,平均每 10 年减少 20—40 毫米,其中华北地区最为明显;华南与西南地区降水明显增加,平均每 10 年增加 20—60 毫米。三是近 50 年来,中国主要极端天气与气候事件发生的频率和强度出现了明显变化。华北和东北地区干旱趋重,长江中下游地区和东南地区洪涝加重。1990 年以来,多数年份全国年降水量高于常年,出现南涝北旱的雨型,干旱和洪水灾害频繁发生。四是近 50 年来,中国沿海海平面年平均上升速率为 2.5 毫米,略高于全球平均水平。五是中国山地冰川快速退缩,并有加速趋势。

中国未来的气候变暖趋势将进一步加剧。中国科学家的预测结果表明:一是与 2000 年相比,2020 年中国年平均气温将升高 1.3℃—2.1℃,2050 年将升高 2.3℃—3.3℃。全国温度升高的幅度由南向北递增,西北和东北地区温度上升明显。预计到 2030 年,西北地区气温可能上升 1.9℃—2.3℃,西南可能上升 1.6℃—2.0℃,青藏高原可能上升 2.2℃—2.6℃。二是未来 50 年中国年平均降水量将呈增加趋势,预计到 2020 年,全国年平均降水量将增加 2%—3%,到 2050 年可能增加 5%—7%。其中东南沿海增幅最大。三是未来 100 年中国境内的极端天气与气候事件发生的可能性增大,这将对经济社会发展和人们的生活产生很大影响。四是中国干旱区范围可能扩大,荒漠化可能性增加。五是中国沿海海平面仍将继续上升。六是青藏高原和天山冰川将加速退缩,一些小型冰川将消失。

2. 气候变化对中国的影响

气候变化已经对中国的农牧业产生了一定的影响,主要表现为自 20 世纪 80 年代以来,中国的春季物候期提前了 2—4 天。未来气候变化对中国农牧业的影响主要表现在:一是农业生产的不稳定性增加,如果不采取适应性措施,那么小麦、水稻和玉米三大作物均将减产。二是农业生产布局和结构将出现变动,种植制度和作物品种将发生改变。三是农业生产条件发生变化,农业成本和投资需求将大幅度增加。四是潜在荒漠化趋势增大,草原面积减少。气候变暖后,草原区出现干旱的几率增大,持续时间加长,土壤肥力将进一步降低,初级生产力下降。五是气候变暖对畜牧业也将产生一定的影响,某些家畜疾病的发病率可能提高。

气候变化也已经对中国的森林和其他生态系统产生了一定的影响,主要表现为近 50 年中国西北冰川面积减少了 21%,西藏冻土层减薄了 4—5 米。未来气候变化将对中国森林和其他生态系统产生不同程度的影响:一是森林类型的分布北移。从南向北分布的各种森林类型向北推进,山地森林垂直带谱向上移动,主要造林树种将北移和上移,主要造林树种和一些珍稀树种分布区可能缩小。二是森林生产力和产量呈现不同程度的增加。森林生产力在热带和亚热带地区将增加 1%—2%,暖温带增加 2% 左右,温带增加 5%—6%,寒温带增加 10% 左右。三是森林火灾及病虫害发生的频率和强度可能增加。四是内陆湖泊和湿地加速萎缩。少数依赖冰川融水补给的高山和高原湖泊最终将缩小。五是冰川与冻土面积将加速减少。到 2050 年,预计西部冰川面积将减少 27% 左右,青藏高原多年的冻土空间分布格局将发生较大变化。六是积雪量可能出现较大幅度的减少,且年际变率显著增大。七是将对物种多样性造成威胁,可能对大熊猫、滇金丝猴、藏羚羊和秃杉等产生较大影响。

气候变化已经引起了中国水资源分布的变化,主要表现为近 40 年来中国海河、淮河、黄河、松花江、长江、珠江等六大江河的实测径流量多呈下降趋势,北方干旱、南方洪涝等极端水文事件频繁发生。中国水资源对气候变化最脆弱的地区为海河、滦河流域,其次为淮河、黄河流域,而整个内陆河地区由于干旱少雨而非常脆弱。未来气候变化将对中国水资源产生较大的影响:一是未来 50—100 年,全国多年平均径流量在北方的宁夏、甘肃等部分省(区)可能明显减少,在南方的湖北、湖南等部分省份可能显著增加,这表明气候变化将可能增加中国洪涝灾害和干旱发生的几率。二是未来 50—100 年,中国北方地区水资源短缺形势不容乐观,特别是宁夏、甘肃等省(区)的人均水资源短缺矛盾可能加剧。三是在水资源可持续开发利用的情况下,未来 50—100 年,全国大部分省份水资源供需基本平衡,但内蒙古、新疆、甘肃、宁夏等省（区）水资源供需矛盾可能进一步加大。

气候变化已经对中国海岸带环境和生态系统产生了一定的影响，主要表现为近50年来中国沿海海平面上升有加速趋势，并造成海岸侵蚀和海水入侵，使珊瑚礁生态系统发生退化。未来气候变化将对中国的海平面及海岸带生态系统产生较大的影响：一是中国沿岸海平面仍将继续上升；二是发生台风和风暴潮等自然灾害的几率增大，造成海岸侵蚀及致灾程度加重；三是滨海湿地、红树林和珊瑚礁等典型生态系统损害程度也将加大。

对其他领域的影响包括：气候变化可能引起热浪频率和强度的增加，由极端高温事件引起的死亡人数和严重疾病将增加。气候变化可能增加疾病的发生和传播机会，增加心血管病、疟疾、登革热和中暑等疾病发生的概率和范围，危害人类健康。同时，气候变化伴随的极端天气气候事件及其引发的气象灾害的增多，对大中型工程项目建设的影响加大，气候变化也可能对自然和人文旅游资源、对某些区域的旅游安全等产生重大影响。另外，全球变暖也将加剧空调制冷电力消费的增长趋势，对保障电力供应带来更大的压力。

二、减缓与适应：气候变化的应对机制

当今，人类应对气候变化的基本手段无外乎两种，一是提高对气候变化的适应能力，二是增强对气候变化的减缓能力。就减缓气候变暖的手段而言又包括两种，一是减少温室气体排放源（源），二是增加对温室气体的吸收（汇）。适应与减缓在应对气候变化中是相辅相成的，每一种手段在应对气候变化的不同时期所发挥的作用有所不同。在未来几十年内，即使做出最迫切的减缓努力，也不能避免气候变化的进一步影响，这使得适应成为主要的措施，特别是应对近期的影响。但从长远看，如果不采取减缓措施，气候变化可能会超出自然系统、人工管理的系统和人类系统的适应能力。[16] 这使得适应与减缓的混合策略变得至关重要，它是气候治理的可持续手段，因为应对气候变化将是一个长期的、复杂的过程。

---

〔16〕 IPCC：《气候变化2007：影响、适应和脆弱性》，第71页，http://www.ipcc.ch/（2010年12月21日访问）。

（一）应对气候变化的适应机制

适应并非是气候变化领域的专有名词，人类进化与发展的过程本身就是不断适应自然的过程，可以说适应能力是人类最根本的特征。纵观历史，人类和人类社会一直都在适应和应对气候、气候变率和极端事件，取得了不同程度的成功。[17]在应对气候变化中，适应有着特定的内涵，所谓适应，"是指对自然或人类系统的调节，以期缓解实际或预期要发生的气候变化产生的不利影响，利用其正面的影响"[18]。由于历史排放遗留下来的问题，全球变暖已不可避免，即便目前全球所有国家立即停止排放温室气体，全球变暖也仍将持续，因此关注减缓的同时也有必要采取适应措施，适应将会极大地降低未来全球变暖的任何不利影响。

人类适应了几千年来的不同气温，如今也正在适应世界各地变化多端的气温。从气候变化的角度分析，适应可以分为自发性适应、反应性适应和预期性适应。自发性适应是生态系统在气候变化及其所引起的环境改变的刺激下所做出的自我调整，它伴随着人类及其他生物延续和进化的整个自然过程。与自发性适应不同，反应性适应和预期性适应主要通过自觉行动实现，反应性适应是对已经显现的气候变化及其影响所作出的主动回应，从而更好地消除已经发生的不利影响，并阻止或者减少未来可能发生的此类不利影响，预期性适应是指为潜在的气候变化及其影响结果作好预期性准备，它是先于某种气候变化及其不确定风险或者尚不可察风险的适应。[19]应对气候变化的适应所关注的是人为主动干预的反应性适应和预期性适应，基于此，应对气候变化的适应机制，主要是将反应性适应和预期性适应所采取的措施通过政策和法律的方式将其规范化，从而降低气候变化的影响和后果。

在应对气候变化的适应机制中，脆弱性的概念是至关重要的，适应机制要切实可行、成功有效，首先就应系统地对气候变化影响的脆弱性进行科学评估。所谓脆弱性，是指生态系统易于受到，且不能适应气候变化（包括气候变率和极端气候事

---

[17] IPCC：《气候变化2014影响、适应和脆弱性：决策者摘要》，http://www.ipcc.ch/home_languages _main_chinese.shtml（2015年12月20日访问）。

[18] 中国绿化基金会、联合国环境规划署、大自然保护协会：《林业应对气候变化之公众参与：幸福家园·西部绿化行动》，中国轻工业出版社2011年版，第27页。

[19] N. H. Ravindranath and Jayanta Sathaye：Climate Change and Developing Countries，Kluwer Academic Publishers，2002，p. 86. 转引自张梓太等：《论中国对气候变化之适应性立法》，《环球法律评论》2008年第5期，第58页。

件)不利影响的程度。脆弱性与气候变化的特征、幅度和速率有关,并因生态系统的暴露程度、敏感性及其适应能力而异。[20] 因此,适应机制所采取的措施应当围绕降低脆弱性展开,"可供人类社会选择的潜在适应措施有很多,从纯技术(如海堤)到行为(如改变食物和娱乐选择),到管理(如改变耕作习惯),再到政策(如计划规范)"[21](具体措施可以参见表1-2)。虽然这些适应措施在降低脆弱性方面的作用效果及程度不同,但其本质都是提高适应能力,"降低自然或者人类系统的'脆弱性',即降低系统易受或者难以应对包括气候变动和极端气候在内的气候变化的负面影响的程度"[22]。由于采取这些措施所带来的适应的效益主要是地方性乃至区域性的,因此,"适应本质上是一件需要大量地方性的且切实可行的措施的事情,它的执行不需要国际条约或全球协议"[23]。

表1-2 按行业划分的有计划的适应措施选择实例[24]

行业	适应措施选择方案/战略	重点政策框架
水	扩大雨水收集;蓄水和保护技术;水的再利用;脱盐水;用水和灌溉效率	国家水政策和水资源综合管理;与水相关的灾害管理
农业	调整种植日期和作物品种;作物迁移;改善土地管理,例如通过植树控制水土流失和土壤保护	研发政策;体制的改革,如土地使用权和土地改革;培训;能力建设;作物保险和金融奖励措施,如补贴和税收优惠
基础设施/人居环境(包括海岸带)	搬迁;海堤及风暴潮屏障;沙丘加固;征用土地并建设沼泽地/湿地作为对海平面上升和洪水的缓冲带;保护现有天然屏障	要求将气候变化因素纳入设计的标准和法规;土地使用政策;建筑法规;保险

[20] 中国绿化基金会、联合国环境规划署、大自然保护协会:《林业应对气候变化之公众参与:幸福家园•西部绿化行动》,中国轻工业出版社2011年版,第28页。
[21] IPCC:《气候变化2007:影响、适应和脆弱性》,第19页,http://www.ipcc.ch/(2010年12月21日访问)。
[22] IPCC WGII: Climate Change 2001: Impacts, Adaptation and Vulnerability, Cambridge University Press, 2001, p.995. 转引自张梓太等:《论中国对气候变化之适应性立法》,《环球法律评论》2008年第5期,第58页。
[23] [英]奈杰尔•劳森著:《呼唤理性:全球变暖的冷思考》,戴季等译,社会科学文献出版社2011年版,第52页。
[24] IPCC:《气候变化2007:综合报告》,第15页,http://www.ipcc.ch/(2010年12月21日访问)。

行业	适应措施选择方案/战略	重点政策框架
人类健康	热相关的健康行动计划；医疗急诊服务；改善对气候敏感疾病的监测和控制；安全饮用水和改善卫生条件	认识到气候风险的公共卫生政策；加强卫生服务；区域和国际合作
旅游	旅游景点及收入的多样化；滑雪坡道移向更高的海拔高度和冰川；人造雪	综合规划（例如承载能力、与其他行业的联系）；财政奖励，例如补贴和税收优惠
交通运输	调整/搬迁；公路、铁路和其他基础设施的设计和规划以应对气候变暖和排水	气候变化方面的考虑纳入国家运输政策；针对特殊情况的研发投入，例如多年冻土区
能源	加强架空输配电基础设施；公用事业的地下电缆；能效；使用可再生能源；减少对单一能源的依赖	国家能源政策、法规、财政以及金融激励措施，以鼓励使用替代能源；将气候变化因素纳入设计标准

　　根据 IPCC 第四次评估报告，越来越多的证据表明，越来越多的国家正在实施有关气候变化的适应措施[25]。但从适应措施的实施层面而言，IPCC 第五次评估报告指出，适应正在融入某些规划过程，但在响应的实施层面受到的限制更多。目前，大多数对适应工作的评估一直局限于对影响、脆弱性和适应规划的评估，而几乎没有对实施过程或适应行动的效果进行评估。[26]

　　2014 年，IPCC 第五次报告还专门就有效适应的原则进行了阐述，其主要包括五个方面的内涵。[27] 第一，适应具有特定的地域和背景，降低风险没有普遍适用的单一方法。有效的降低风险和适应战略要考虑脆弱性和暴露度的动态变化及其与社会经济进程、可持续发展及气候变化的关系。第二，通过从个人到政府各个层

---

〔25〕 这些国家既包括发达国家也包括发展中国家，如马尔代夫和荷兰的海堤，加拿大的联邦大桥和密克罗尼西亚的沿海公路，英国泰晤士河水闸，孟加拉国家水计划，汤加防洪和抵御气旋的基础设施，以及很多国家正在实施的作物多样化、灾害风险管理和保险等都考虑了气候变化带来的风险。
〔26〕 IPCC：《气候变化 2014 影响、适应和脆弱性：决策者摘要》，http://www.ipcc.ch/home_languages _main_chinese.shtml（2015 年 12 月 20 日访问）。
〔27〕 参见 IPCC：《气候变化 2014 影响、适应和脆弱性：决策者摘要》，http://www.ipcc.ch/home_ languages_main_chinese.shtml（2015 年 12 月 20 日访问）。

面所开展的互补性行动可加强适应的规划和实施。国家政府可以协调地方政府和省州级政府的适应行动,例如保护脆弱群体;支持经济多样化;提供信息、政策和法律框架以及财务支持。鉴于地方政府和私营部门在促进社区和家庭以及民间团体适应方面的作用以及管理风险信息和融资方面的作用,其在推动适应上的至关重要的作用日益被认识到。第三,适应未来气候变化的第一步是降低对当前气候变率的脆弱性和暴露度。各项战略包括对其他目标具有协同效益的各项行动。现有的战略和行动可以提高对未来各种可能气候的适应能力,同时有助于促进人类健康、生计、社会和经济福祉以及提高环境质量。将适应与决策相结合可以促进与发展和降低灾害风险的协同作用。第四,各管理层面的适应规划和实施取决于社会价值观、目标和风险认知。识别不同利益、境况、社会文化背景和预期有助于决策过程的进行。本土、当地和传统知识体系和惯例(包括土著人对社区和环境的总体观点)是适应气候变化的主要资源,但他在现行的适应工作中并没有始终加以利用。此类知识形式与同等做法相结合可提高适应的效力。[28] 第五,减缓与适应之间,以及不同适应响应之间存在显著的协同效益、协同作用和权衡取舍,区域内和区域间存在相互影响。为减缓和适应气候变化付出更多努力意味着相互影响日益复杂,尤其体现在水、能源、土地利用和生物多样性之间的交叉点上,但是用于了解和管理这些相互影响的工具仍然有限。

在适应机制的执行方面,信息、资金和技术是适应机制得以有效执行的保障。与减缓相比,适应有一定的超前性,其是主动对未来情况采取的应对措施,这就意味着如果适应措施要具有高度的预见性和可靠性,首先要保证的是对气候变化有准确可靠的预测,尽管当今社会对气候变化的认识正变得清晰,但气候变化所带来的不确定性依然会困扰人们所采取的行动,因此,"指导适应行动的科学信息必须比推动人们主张减缓所需要的信息更加精确,或者说具有更高的清晰度"[29]。资

---

〔28〕影响到适应规划和实施的具体方面又包括当注重背景,且决策类型、决策过程和支持群体呈多样化时,决策支持是最为有效的;现有的和新兴的经济手段可以通过鼓励预判和降低影响,从而促进适应;各类限制条件会相互作用,妨碍适应规划和实施;计划不周、过分强调短期结果,或未能充分预见后果时可能会导致适应不良;有限的证据表明全球适应需求和可用于适应的基金之间存在差距。

〔29〕[英]尼古拉斯·斯特恩著:《地球安全愿景:治理气候变化,创造繁荣进步新时代》,武锡申译,社会科学文献出版社 2011 年版,第 76 页。

金与技术是支撑适应机制的另一关键环节,尤其对于发展中国家或者受气候变化影响的高脆弱性国家而言更是如此。采取更多的适应性措施是当前发展中国家在应对气候变化中应当承担的主要义务,因为适应主要发生在地方和地区层面上。与要求发展中国家减排相比,采取适应手段对其国内经济发展影响更小,甚至更有利于其达到可持续发展的目的,但发达国家在现阶段也必须为发展中国家提供采取适应手段所需的相应资金和技术,否则对于发展中国家而言,适应的成效将大打折扣。

在应对气候变化中,适应机制是不能被取代的,它"还可以被看作一种有意识的政策反应,可以和体现于习惯性思维中的、设法通过严格限制二氧化碳排放来控制全球气温的另一种反应媲美"[30]。大规模的适应是必需的,就短期的效果而言,由适应所产生的有利结果的显现速度要远远快于减缓措施,但减缓越有力,越及时,适应所面对的挑战就越小。IPCC 第五次评估报告中就适应和减缓的选择提出,"近期的适应和减缓选择将影响整个 21 世纪气候变化的风险状况","适应和减缓的效益会在不同的时间尺度出现,但存在交叉阶段"。应对气候变化的长期性决定了适应与减缓二者缺一不可。

(二) 应对气候变化的减缓机制

在应对气候变化中,减缓机制一般用来指那些旨在通过削减温室气体排放以稳定大气温室气体浓度,从而阻止全球气候进一步变暖的措施。应对气候变化的减缓机制包括两个方面:一是减少温室气体排放源(源);二是增加对温室气体的吸收(汇)。减少温室气体排放源主要是通过工业、能源、交通、建筑、农业、林业、废弃物等领域的技术改造和减少能耗、提高能效、使用清洁能源等手段实现,而增加温室气体吸收汇主要是通过森林、草地、海洋、土地等的生物学特性,吸收大气中的二氧化碳并将其贮存,从而降低大气中温室气体的浓度。而在减少碳源和增加碳汇中,前者是减缓机制重点关注的领域,因其带来的直接效果是实实在在地减少了温室气体排放,而后者因其存在技术核证上的不确定性以及可能由于外在原因导致碳泄漏,因此是被作为补充性减排措施对待的,但由于后者不影响一国的经济增

---

〔30〕〔英〕奈杰尔·劳森著:《呼唤理性:全球变暖的冷思考》,戴季等译,社会科学文献出版社 2011 年版,第 51 页。

长且会促进一国可持续发展的实现,其作用已经越来越受到重视,也受到越来越多国家的欢迎。

减缓事实上意味着对以二氧化碳为主的温室气体进行非常严厉的削减。而从当前各国的经济增长方式来看,碳排放与国家经济增长之间存在某种正比关系,这使得各国在减排问题上都秉持相当谨慎的态度,因为减排意味着对经济增长在一定程度上的限制,美国在 2001 年退出《京都议定书》的主要理由就是减少二氧化碳排放将会影响其本国的经济增长。

从全球角度来讲,减缓如要有效,就必须有一个可实施的全球协议,以《公约》和《京都议定书》为蓝本的国际气候治理框架就是致力于这样一项工作。《京都议定书》只是针对附件一中的国家所制定的减排承诺和时间进度表,在共同但有区别责任原则下,发展中国家在京都承诺期中并不承担减排义务,但从应对气候变化的长远合作机制来看,发展中国家承担减排义务也只是时间早晚的问题,而就当前国际谈判的进程来看,这一时间节点似乎正在临近。2015 年巴黎大会通过的《巴黎协定》已于 2016 年 11 月 4 日正式生效,通过自主承诺减排将是包括批准《巴黎协议》的发展中国家在内的《公约》缔约方 2020 年后的减排义务。

目前发达国家是应对气候变化减缓的急先锋,但发展中国家通过清洁发展机制也正在为全球减排做出贡献,尽管通过清洁发展机制所产生的减排信用将计入附件一中的国家的减排量。当前越来越多的发展中国家已经开始致力于自愿减排,中国、巴西、印度、南非都制定了自愿减排的目标。以中国为例,我国提出 2020 年单位 GDP 的二氧化碳排放要比 2005 年下降 40%至 45%,并将其作为约束性指标纳入国民经济和社会发展中长期规划。为达到这一指标,"十二五"期间,国务院发布了《"十二五"节能减排综合性工作方案》和《"十二五"控制温室气体排放工作方案》,同时我国也提出了在"十二五"期间要建立碳排放权交易制度,保证我国自主减排承诺的实现。

从减缓的具体措施角度讲,应对气候变化的减缓既需要从技术的角度对能源、交通、建筑、工业、农业、林业这些行业自身造成的温室气体排放进行调整,同时生活方式和行为方式的改变以及管理规范也能够为所有行业中的气候变化减缓做出贡献。目前能够被认定为规范行业自身减排的技术措施已经相当广泛(参见表 1-

3),而对于生活方式和行为方式的改变以及管理规范在减缓中的作用事实上并未得到真正认可。IPCC 报告认为生活方式和行为方式的改变以及管理规范减缓气候变化的作用表现为五个方面[31]:(1)生活方式的改变可减少温室气体的排放。强调资源节约的生活方式和消费方式的转变,促进低碳经济的发展,这样既有公平性,又有可持续性。(2)教育和培训计划能够有助于克服市场在接受能效方面的障碍,特别是与其他措施相结合。(3)居住者行为、文化形态、消费者的选择以及使用技术等方面的改变能够大幅度减少与建筑物能源使用有关的二氧化碳排放。(4)交通运输需求管理能够支持温室气体的减排,它包括城市规划(能够降低旅行需求)、提供信息和教育技术手段(能够减少汽车的使用,并有助于提倡高效的驾驶方式)。(5)在工业方面,管理工具包括了人员培训、回报制度、定期反馈、现有规范文件的编制,这些工具能够有助于克服工业组织面临的障碍,减少能源的使用和温室气体排放。在目前的国际气候减排框架以及各国的国内减排方案中,更多的是关注温室气体减排的技术层面,而较少涉及生活方式和行为方式以及管理规范的内容。而事实上每个人都在导致全球变暖的发生,阿尔·戈尔在其题为《难以忽视的真相》的演讲中曾说到,他"致力于清除人们思想中的顽疾",因此,IPCC 报告的结论为未来减排框架的制定指明了应关注的新的领域。

表 1-3　关键行业减缓技术、政策和措施[32]

行业	当前商业上可提供的关键技术和做法;预计 2030 年之前能够实现商业化的关键减缓技术和做法用斜体字表示	已证明在环境上有效的政策、措施和手段
能源供应	改进能源供应和配送效率;燃料转换,如煤改气;核电;可再生热和电(水电、太阳能、风能、地热和生物能);热电联产;尽早利用 CCS(如储存清除 CO_2 的天然气);碳捕获和封存(CCS)用于燃气、生物质或燃煤发电设施;先进的核电;先进的可再生能源,包括潮汐能和海浪能、聚光太阳能、和太阳光伏电池	减少对化石燃料的补贴;对化石燃料征收的碳税或碳费
		针对可再生能源技术的上网电价;可再生能源义务;生产商补贴

〔31〕 IPCC:《气候变化 2007:减缓气候变化》,第 12 页,http://www.ipcc.ch/(2010 年 12 月 21 日访问)。
〔32〕 IPCC:《气候变化 2007:综合报告》,第 17 页,http://www.ipcc.ch/(2010 年 12 月 21 日访问)。

		道路交通运输的强制性节约燃料、生物燃料混合物和 CO_2 排放标准
交通运输	更节约燃料的机动车;混合动力车;清洁柴油;生物燃料;方式转变;公路运输改为轨道和公交系统;非机动化交通运输(自行车,步行);土地使用和交通运输规划;第二代生物燃料;高效飞行器;先进的电动车,混合动力车,其电池储电能力更强,使用更可靠。	车辆购置税、注册税、使用税和机动车燃料税;道路和停车费用的定价
		通过土地利用规章和基础设施规划影响流动需求;为有吸引力的公共交通设施和非机动交通投资
建筑	高效照明和采光;高效电器和加热、制冷装置;改进炊事炉灶,改进隔热;被动式和主动式太阳能供热和供冷设计;替换型冷冻液;氟利昂气体的回收和回收利用;商用建筑的一体化设计,包括技术,诸如提供反馈和控制的智能仪表;太阳光伏电池一体化建筑	家电标准和标签
		建筑法规与认证
		需求方管理计划
		公共行业领导计划,包括采购
		针对能源服务公司(ESCO)的激励措施
工业	高效终端使用电气设备;热、电回收;材料回收利用和替代;控制非 CO_2 气体排放;各种大量流程类技术;提高能效;碳捕获和封存技术用于水泥、氨和铁的生产;惰性电极用于铝的生产	提供基准信息;绩效标准;补贴、税减免
		可交易许可证
		自愿协议
农业	改进作物用地和放牧用地管理,增加土壤碳储存;恢复耕作泥炭土壤和退化土地;改进水稻种植技术和牲畜及粪便管理,减少 CH_4 排放;改进氮肥施技术,减少 N_2O 排放;专用生物能作物,用以替代化石燃料使用;提高能效;提高作物产量	为改进土地管理、保持土壤中碳含量、有效使用化肥和灌溉的财政激励措施和规章制度
林业/森林	植树造林;再造林;森林管理;减少毁林;木材产品收获管理;使用林产品获取生物能,以便替代化石燃料的使用;改进树种,增加生物质产量和碳固化;改进遥感技术,用以分析植被/土壤的碳封存潜力,并绘制土地利用变化图	为扩大森林面积、减少毁林以及为维护并管理森林而采取的财政激励措施(国家和国际);土地利用规章及推行工作

废弃物	填埋甲烷回收;废弃物焚烧,回收能源;有机废弃物堆肥;控制性污水处理;回收利用和废弃物最少化;生物覆盖和生物过滤,优化CH4氧化流程	旨在改进废弃物和污水管理的财政激励措施
		可再生能源激励措施或义务
		有关废弃物管理的规章制度

虽然减缓气候变化的短期效果是不甚明显的,而且其对国家的经济发展会有一定影响,但应该清醒的认识到,正是由于过去无节制的温室气体排放才出现了今天全球变暖的结果,因此现在对于减缓措施的选择及其执行力度决定着未来气候变化的走向。与适应措施更多的是从地方和区域层面展开这一特点不同,减缓必须是全球性的,当前的《公约》和《京都议定书》对全球性的减缓力度是不足的,更多的发达国家退出了京都第二承诺期更说明了这一点,从长远来看,减缓气候变化的全球性协定必须是有效的、高效的和公平的,并且有强大的执行力。"如果全球协定无效,我们就是在给后代人颁发一个生活在高风险世界的惩处令;如果效率不高,我们就会浪费资源,并破坏人们对行动的支持;如果不公平,我们就不但是在不公正地对待较为贫穷的人,而且存在毁掉对于成功至关重要的国际合作的风险"[33];如果执行力减弱,有效、高效和公平都将大打折扣。与《京都议定书》确定的发达国家强制减排相比,《巴黎协定》则力主自主承诺减排,这给予了自主承诺减排国家更多的灵活性和自主性,从这一点上来讲,《巴黎协定》的执行力似乎更强。

就应对气候变化的两种机制而言,适应与减缓均与一个国家的社会和经济发展紧密联系在一起,或者说二者都对一个国家的社会能力有一定要求,"应对气候变化取决于气候风险的程度、社会的自然和人为资本资产、人力资本和机构以及收入"[34],这些因素的总和将确定一个社会的适应和减缓能力。适应与减缓对于应对气候变化都是至关重要的,是对气候变化做出的两种类型的政策响应,二者之间并不存在孰轻孰重的衡量,"如果你从气候变化科学中辨识出了关键信息,提出适

---

〔33〕[英]尼古拉斯·斯特恩著:《地球安全愿景:治理气候变化,创造繁荣进步新时代》,武锡申译,社会科学文献出版社2011年版,第123页。
〔34〕IPCC:《气候变化2007:减缓气候变化》,第35页,http://www.ipcc.ch/(2010年12月21日访问)。

应还是减缓的问题——也就是说非此即彼——就是毫无意义的"[35]。在应对气候变化中,我们要以同样的态度对待适应与减缓,它们能够互补,互为替代。

三、气候变化与森林碳汇之辩证关系

森林与气候变化的关系是相互作用和影响的,大气是森林生物体不可缺少的环境条件,气候变化会对森林生态系统产生严重影响,而森林生态系统也会反过来调节气候。气候变化将对森林生态系统的结构、组成、分布和生产力产生一定影响,这种影响更多的是不利方面的影响,而森林生态系统对气候变化也会产生影响,如果森林系统成为碳源则其对气候变化的影响是不利的,如果森林生态系统长期表现为碳汇,这种影响就是有利的,因此在应对气候变化中应更多地发挥森林系统的碳汇功能,帮助大气中的二氧化碳浓度维持在一个稳定的水平。

(一) 碳汇与森林碳汇

1. 碳源、碳汇与碳库

在应对气候变化减缓的两种手段中,减少温室气体的排放实质上就是减少碳源,增加清除温室气体的过程就是增汇,即碳汇。可见碳源与碳汇是相对应的一对概念。根据《公约》的定义,"源"指向大气排放温室气体、气溶胶或温室气体前体的任何过程或活动;"汇"指从大气中清除二氧化碳、气溶胶或温室气体前体的任何过程、活动和机制。而与此相关的另一个概念是碳库,"库"指气候系统内存储温室气体或其前体的一个或多个组成部分。

2. 森林碳汇的界定

森林碳汇是碳汇最主要的组成部分,根据《公约》中关于"汇"的定义,可以将森林碳汇界定为:森林生态系统吸收大气中的二氧化碳并将其固定在森林植被和土壤中,从而减少大气中二氧化碳浓度的过程、活动或机制。

也有学者从林业行业的角度对林业碳汇进行过界定,宋维明等认为,"林业碳汇是指通过实施造林、再造林和森林管理,减少毁林等活动,吸收固定大气中的二

---

〔35〕[英]尼古拉斯·斯特恩著:《地球安全愿景:治理气候变化,创造繁荣进步新时代》,武锡申译,社会科学文献出版社 2011 年版,第 74 页。

氧化碳以及与之相关的管理政策结合的过程、活动或机制"[36]。李怒云认为,"林业碳汇是指通过实施造林再造林和森林管理,减少毁林等活动,吸收大气中二氧化碳并与碳汇交易结合的过程"。这一表述中不仅涉及到林业碳汇的具体活动,还提出了碳汇交易应成为林业碳汇的一项重要内容。[37] 还有学者认为,林业碳汇是"在 CDM 框架下以森林碳汇交易为目的,符合国际林业碳汇交易规则及国家林业发展的基本政策,有助于维护当地生态系统的完整性、保护生物多样性和改善当地的生态环境,并能促进当地社会经济条件发展所造的森林即为碳汇林"。[38] 龙江英等认为,"林业碳汇是指利用森林的储碳功能,通过实施造林和加强森林经营管理、减少毁林、保护和恢复森林植被等活动,吸收和固定大气中二氧化碳,并按照相关规则与碳汇交易相结合的过程、活动或机制"。[39]

在森林碳汇和林业碳汇概念的基础上,还有学者用固碳林业和碳汇林业的概念来表述森林的减排增汇。如刘世荣认为,"通过采用一系列减排增汇措施,发展以固碳为主要目标的,以获取森林最大的固碳效益和其他多重效益的林业称为固碳林业"。[40] 李怒云认为,"所谓碳汇林业是以应对气候变化为主的林业活动,也就是要遵循各国应对气候变化国家战略和可持续发展原则,以增加森林碳汇功能、减缓全球气候变暖为目标,综合运用市场、法律和行政手段,促进森林培育、森林保护和可持续经营的林业活动,提高森林生态系统整体固碳能力;同时鼓励企业、公民积极参与造林增汇活动,履行社会责任,提高公民应对气候变化和保护气候的意识;充分发挥林业在应对气候变化中的功能和作用,促进经济、社会和环境的可持续发展。"[41]

从上述学者的表述来看,林业碳汇、固碳林业、碳汇林业这些概念与森林碳汇的概念在内涵本质上是一致的,森林碳汇的概念更加注重碳汇机理的表述,而林业碳汇、固碳林业、碳汇林业更加强调林业活动与碳汇之间的关系,几个概念之间并

---

[36] 宋维明等:《低碳经济与林业发展概论》,中国林业出版社 2010 年版,第 4 页。
[37] 李怒云编著:《中国林业碳汇》,中国林业出版社 2007 年版,第 7 页。
[38] 李建华:《碳汇林的交易机制、监测及成本价格研究》,南京林业大学学位论文 2008 年
[39] 龙江英,吴乔明:《气候变化下的林业碳汇与石漠化治理——贵州清洁发展机制碳汇造林项目的实践与探索》,西南交通大学出版社 2011 年版,第 77 页。
[40] 刘世荣:《固碳林业与碳贸易》,www.chinai-esc.org.cn(2010 年 9 月 17 日访问)。
[41] 李怒云等:《气候变化与碳汇林业概述》,《开发研究》2009 年第 3 期。

不矛盾。

对于气候变化而言,森林生态系统既可以是碳源也可以是碳汇,例如由于毁林和森林退化造成碳排放,此时的森林生态系统就表现为碳源,森林就成为导致全球变暖的一个方面。近年来,由于毁林造成的二氧化碳排放占到全球温室气体排放的17.4%,但另一方面,通过造林和森林保护、森林管理等措施增加森林碳储量时就表现为碳汇,此时的森林功能就表现为减缓气候变化。从全球角度来讲,热带毁林、温带和北方地带部分地区的森林再生仍是决定二氧化碳排放和清除的主要因素,这表明森林的碳源与碳汇之间是此消彼长的,因而减少森林碳源本身也是增加森林碳汇的一个方面。

目前,全球有三大碳库,分别是海洋、大气和陆地生态系统。陆地生态系统是人类赖以生存与可持续发展的生命支持系统,也是受人类活动影响最大的区域。森林是陆地生态系统的主体,与陆地其他生态系统相比,它具有复杂的层次结构、很长的生命周期,拥有最高的生物量和生产量,是陆地生物光合产量的主体,也是陆地生态系统的最大碳库,约80%的地上碳储量和40%的地下碳储量发生在森林生态系统。[42]

作为减缓气候变化的一个重要方面,碳汇与实质性的减排比较而言,其受欢迎的程度远远高于节能减排,而且其是更为有效的措施,也是人为可控的最重要举措之一,其发展的空间是巨大的,这一点从目前国际气候谈判关于森林碳汇机制发展的内容中中就可见一斑,本书将在第二章对此问题进行详细论述。

(二)气候变化对森林生态系统的影响

气候变化已经对森林生态系统产生重要影响,主要表现在对森林物候、森林结构和组成、森林生产力、森林火灾、森林病虫害的影响以及极端气候事件带来的影响等方面。

1. 气候变化对森林物候的影响

物候是指生物长期适应气候和环境条件的周期性变化而形成的以年为周期的生长发育节律,包括动植物的生长、发育、活动规律以及非生物现象的周期性变

---

〔42〕李海奎,雷渊才主编:《中国森林植被生物量和碳储量评估》,中国林业出版社2010年版,第1页。

化。[43] 森林植物的活动周期与气候温度有密切关系,春季温度每增加 1℃,物候平均提前 2.5—6 天。随着全球气候的变化,各种植物的发芽、展叶、开花、过时成熟、叶变色、落叶等生物学特性,以及初霜、终霜、结冰、消融、初雪、终雪等水文现象也发生改变。过去 30 年,气候变暖导致春季平均每 10 年提前了 2.3—5.2 天。20世纪后半叶以来,中高纬度北部地区的春季提前到来,而秋季则延迟到来,植物的生长期延长了 2 个星期。[44]

2. 气候变化对森林结构、组成和分布的影响

随着气候变暖,越来越多的观测数据显示,数十年来,许多植被类型的分布都有向极地和高海拔区域扩展的现象,原来的森林植物群落结构正在悄然发生着改变。例如,一些极地和苔原植被被树木和低矮灌丛所取代。[45] 森林向极地和高海拔地区迁移,其适宜的生境范围会逐渐缩小,最后极有可能导致某些物种的灭绝,对全球生物多样性带来巨大危机。

气候变化引起的海平面上升已经威胁到海岸带红树林。由于海平面上升和人类活动的共同作用,过去 20 年,世界红树林面积至少减少了 35%。[46]

未来气候变化将使从南向北分布的各种类型的森林带向北推进,水平分布范围扩展,山地森林垂直带谱向上移动。气候变化导致北方森林林火增加,这将促进先锋树种和灌木种向冻土地带扩展,从而加速未来北方森林向北迁移进入冻土带。据预测,二氧化碳浓度加倍的条件下,10%—50% 的冻土带将最终为森林所替代。当全球变暖超过 2℃—3℃时,陆地生态系统的结构和功能将很可能发生显著变化,这将对非洲和南半球产生正面影响,而位于中高纬度和热带的广阔森林将发生

〔43〕中国绿化基金会、联合国环境规划署、大自然保护协会:《林业应对气候变化之公众参与:幸福家园・西部绿化行动》,中国轻工业出版社 2011 年版,第 13 页。

〔44〕张小全等:《林业碳汇项目理论与实践》,中国林业出版社 2010 年版,第 10 页。

〔45〕Kullman L. 2002. Rapid recent range-margin rise of tree and shrub species in the Swedish Scandes. Journal of Ecology, 90(1): 68. 转引自中国绿化基金会、联合国环境规划署、大自然保护协会:《林业应对气候变化之公众参与:幸福家园・西部绿化行动》,中国轻工业出版社 2011 年版,第 15 页。

〔46〕Rosenzweig C, Casassa G, Karoly D J, et al. 2007. Assessment of observed changes and responses in natural and managed systems. Climate Change 2007: Impacts, Adaptation and Vulnerability. Contribution of Working Group II to the fourth Assessment Report of the Intergovernmental Panel on Climate Change, Parry M L, Canziani O F, Palutikof J P, et al, Eds, Cambridge, UK, Cambridge University Press. 转引自中国绿化基金会、联合国环境规划署、大自然保护协会:《林业应对气候变化之公众参与:幸福家园・西部绿化行动》,中国轻工业出版社 2011 年版,第 15 页。

退化,特别是易受林火和病虫害的影响。[47] 未来我国的森林生态系统也将受到不同程度的影响,我国森林植被类型和树种的分布格局也将有所改变,中国东部整个森林植被带可能发生北移,一些森林类型将消失。

森林碳汇的功能与森林的立地条件、树种、温度等有直接关系,而气候变化对森林结构、组成和分布的影响将使原有树种的立地条件发生改变,进而影响森林碳汇功能的发挥。一般来讲,极地和寒温带的森林碳汇功能要低于温带和热带的森林,这将使得未来处于寒温带的森林碳储量有可能得到增加,但由于变暖所带来的林火、病虫害以及温带和热带森林产生的退化又会影响森林碳储量。

3. 气候变化对森林生产力的影响

气候变暖导致的森林植物生长期延长会影响到森林生态系统的各项生产力指标,致使森林生态系统的生产力增加。大量研究表明,气候变化将增加森林生产力,主要有三方面的原因:(1)二氧化碳浓度增加和氮沉降引起的"施肥效应";(2)寒冷地区增温,并伴随着降水增加;(3)缺水地区降水的增加。[48] 但由于各地区应对气候变化的能力不同,气候变化也可能对森林生产力带来负面影响,特别是在气候变化导致干旱严重的地区。干旱对森林生产力的影响主要是其可导致树木生长衰弱甚至死亡,从而使森林的更新能力降低。森林生产力的增加将使森林面积和蓄积都得到一定程度的增强,而森林面积和蓄积对于提高森林的碳汇功能而言都是积极的因素,从这一点上来讲,其对森林碳汇是有利的。相反,森林生产力的降低可能会带来森林的退化,进而导致碳的二次排放,而这将极大地降低森林碳汇的功能。

4. 气候变化对林火的影响

在有火源的情况下,气候因素是控制林火发生规模的主要因子。气候变化引

[47] Rosenzweig C. , Casassa G. , Karoly D. J. , et al. 2007. Assessment of observed changes and responses in natural and managed systems. Climate Change 2007; Impacts, Adaptation and Vulnerability. Contribution of Working Group II to the fourth Assessment Report of the Intergovernmental Panel on Climate Change, Parry M. L. ,Canziani O. F. , Palutikof J. P. , et al, Eds, Cambridge, UK, Cambridge University Press. 转引自中国绿化基金会、联合国环境规划署、大自然保护协会:《林业应对气候变化之公众参与:幸福家园·西部绿化行动》,中国轻工业出版社 2011 年版,第 15 页。

[48] 中国绿化基金会、联合国环境规划署、大自然保护协会:《林业应对气候变化之公众参与:幸福家园·西部绿化行动》,中国轻工业出版社 2011 年版,第 16 页。

起的干旱会增加森林可燃物的可燃性,从而增加林火风险。近年来在世界各地发生的森林大火都与干旱有一定的关系。同时,气候变化引起的植被组成或树种分布区域的变化对森林可燃物也有显著影响,从而影响林火发生频率和火烧强度。林火动态的变化又会促进动植物种群改变。火烧对植物群落结构的影响取决于火烧频率和强度,严重火烧能引起灌木或草地替代树木群落,引起生态系统结构和功能的显著变化。频繁火烧将有利于耐火植物的生存,增加耐火植物的丰度,这反过来又增强了植物群落的可燃性和火风险。[49]

在我国,气候变化引起干旱天气的强度和频率增加,森林可燃物积累多,防火期明显延长,早春火和夏季森林火灾多发,林火发生的地理分布区扩大,加剧了我国森林火灾发生的频率和强度。气候变化对我国林火的影响已经初步显现出来。例如,1987年黑龙江大兴安岭的"5·6"特大森林火灾发生前,大兴安岭北部林区连续两年少雨,在大兴安岭北部地区形成了一个少雨干旱中心,在这种高温寡湿的气候条件下,森林可燃物的含水率极低,森林火险等级居高不下,特大火灾就是在这样的气候背景和天气形势下发生的。[50] 2006年,川渝地区百年一遇的大旱使往年几乎没有林火的重庆市发生了158起林火,为历史罕见。此外,2008年初我国南方雪灾造成南方林区大量树木树枝或树冠折断,森林中地表易燃可燃物增加了2—10倍,导致当年南方林区森林火灾远远多于常年,其中湖南2008年3月的火灾次数超过1999年至2007年3月火灾次数的总和。[51]

森林火灾是除人为毁林之外林业碳排放的第二大排放源,减少森林火灾是减少林业碳排放的重要举措,而从另外一个角度讲,森林防火是森林保护中的一项重要内容,森林保护正是增加森林碳储量的重要途径之一。

5. 气候变化对森林病虫害的影响

气候变暖会扩大有害生物的分布范围,加重森林病虫灾害。原来不适合某些病虫害繁衍的高纬度和高海拔地区由于受低温和霜冻的限制,所以病虫害较少发

〔49〕张小全等:《林业碳汇项目理论与实践》,中国林业出版社2010年版,第13页。
〔50〕田晓瑞等:《全球变化背景下的我国林火发生趋势及预防对策》,《森林防火》2003年第3期,第33页。
〔51〕赵凤君等:《气候变化对林火影响的研究进展》,《气候变化研究进展》2009年第1期,第51页。

生,但随着温度的升高,可爆发新的病虫害。例如,在巴黎附近,松异舟蛾每 10 年向北扩展 27 公里,在意大利山地南坡每 10 年向高海拔扩展 70 米,北坡 30 米。[52] 同时,由气候变暖引起的干旱也会进一步加重病虫害的发生,事实证明,干暖条件导致的病虫害是引起部分地区森林退化的主要原因。

气候变暖使我国森林病虫害分布区系向北扩大,森林病虫害发生期提前,世代数增加,发生周期变短,发生范围和危害程度加大,并促进了外来入侵病虫害的扩展和危害。20 世纪 90 年代以来,我国森林病虫害每年平均发生面积都在 1.2 亿亩左右,其中中度以上的受害面积达 6400 多万亩,相当于人工造林面积的 80%。[53] 森林病虫害的发生有可能导致森林不同程度的退化,而森林退化的后果就是森林碳储量的泄漏,因此与森林防火一样,预防森林病虫害将有助于森林碳汇功能的发挥。

6. 极端气候事件对森林系统的综合影响

高温、干旱、冰雪、飓风等极端气候事件对森林生态的影响也是非常明显的,不但会引起森林火险动态变化和森林病虫害的改变,还会对森林生态系统产生直接影响。例如,2008 年初发生在我国南方的特大低温雨雪冰冻灾害,经初步评估,19 个省(区、市)林地受灾面积达 3.13 亿亩,森林资源的直接损失达到 582 万元。2009 年发生在我国西南地区的高温干旱天气是该地区 60 年来最为严重的特大干旱,大量森林包括原生森林植被死亡。森林生态系统虽然具有一定的稳定性,但一旦受到损害,其恢复的过程是相当漫长的,而且这种损害往往不是单一性质的,而是全面性的,这将极大降低森林在应对气候变化中的作用。

(三)森林碳汇与减缓气候变化

1. 森林碳汇减缓气候变化的基本原理

森林碳汇的原理是利用森林生态系统中的生物学机理吸收大气中的温室气体。森林植物通过光合作用吸收大气中的二氧化碳,放出氧气,通过呼吸作用放出

---

〔52〕Battisti A, Statsmy M, Schopf A, et al. 2005. Expansion of geographical range in the pine processionary month caused by increased winter temperature. Ecological Application, 15: 2084 - 2094. 转引自张小全等:《林业碳汇项目理论与实践》,中国林业出版社 2010 年版,第 14 页。

〔53〕张小全等:《林业碳汇项目理论与实践》,中国林业出版社 2010 年版,第 15 页。

二氧化碳,吸收氧气,一昼夜中吸收与放出的二氧化碳之比为 3∶2,因而使二氧化碳中所含碳素在植物体内聚集而形成生物量的积累。[54] 森林正是通过森林植物的光合作用和吸收作用之后形成的二氧化碳的净吸收达到碳汇的功能。森林植物的碳汇作用可影响大气中的氧气和二氧化碳的循环和平衡,对大气中的二氧化碳和氧气的数量有着重要影响。正是由于森林的存在,人类通过各种生产活动向大气中排放的部分二氧化碳能被森林吸收利用,才使地球温室效应减缓,对地球气候变暖起到一定的遏制作用。

全球森林覆盖面积为 39.52 亿公顷,约占全球陆地面积的 30%。据 IPCC 测算,目前全球陆地生态系统中约储存了 2.48 万亿吨碳,其中植被碳储量约占 20%,土壤碳储量约占 80%。占全球土地面积约 30% 的森林,其植被的碳储量约占全球植被的 77%,森林土壤的碳储量约占全球土壤的 39%。单位森林面积生态系统碳储量是农地的 1.9—5 倍。科学研究表明,森林每生长一立方米木材,大约可以吸收 1.83 吨二氧化碳,释放氧气 1.62 吨,但这只是一个平均的测算数据,森林吸收的二氧化碳会因树种、立地条件和管理措施不同而有较大的差异。从全球来看,寒温带森林每年每公顷约吸收 2.9—8.6 吨二氧化碳;温带森林每年每公顷约吸收 2.5—27 吨二氧化碳;热带森林每年每公顷约吸收 11.5—36 吨二氧化碳。

在自然状态下,随着森林的生长和成熟,森林吸收二氧化碳的能力逐渐下降,同时森林的自养和异养呼吸增加,使森林生态系统与大气的净碳交换逐渐减小,系统趋于碳平衡状态,或生态系统碳储量趋于饱和,如一些热带和寒温带的原始林。但达到饱和状态无疑是一个十分漫长的过程,可能需要上百年甚至更长的时间。一些研究测定发现原始林仍有碳的净吸收。一般而言,大多数未成熟的森林生态系统表现为碳吸收汇,而老龄林多数处于平衡状态,或仅其死有机质和土壤碳仍有缓慢积累。自然或人为引起的森林破坏(包括采伐)是大气中二氧化碳的重要排放源。森林被自然或人为扰动后,除其转化而成的耐用木制品可长时间保存外,大部分生物量通过异养呼吸或燃烧而被迅速排放到大气中。[55] 森林碳汇通常是长期而缓慢的

---

〔54〕贺庆棠主编:《中国森林气象学》,中国林业出版社 2001 年版,第 16 页。
〔55〕张小全等:《林业碳汇项目理论与实践》,中国林业出版社 2010 年版,第 26 页。

过程,而干扰和森林采伐碳排放则是短时而快速的过程,为此,更大程度地发挥森林碳汇在减缓气候变化方面的作用,就必须采取现实有效的增加森林碳储量的措施。

2. 森林碳汇减缓气候变化的措施框架

森林碳汇是森林自身所具备的调节气候的功能,属于森林生态效益的体现,但森林同时还具有经济效益和社会效益,因此人们在利用森林的过程中必然会出现经济效益与生态效益的冲突,为使森林碳汇这种生态效益能够更好地得到发挥,采取必要的增汇措施就显得尤为重要。

根据 IPCC 第四次评估,林业减少源的排放和提高汇的清除的已有方案可分为四大类[56]:保持或扩大森林面积、保持或增加林地层面的碳密度、保持或增加景观层面的碳密度,以及提高林产品的异地碳储量和促进产品和燃料的替代。也有学者从林业活动的具体角度提出与上述四类方案对应的林业减排增汇活动,主要包括[57]:(1)通过减少毁林和森林退化以及造林再造林,保持或增加森林面积;(2)通过降低森林退化以及植树、树木遗传改良、施肥、异龄林或其他恰当的营林技术,保持或提高林分水平碳密度(单位面积碳储量);(3)通过森林保护、延长轮伐期、林火管理和森林病虫害控制,提高或保持景观水平碳密度;(4)用森林生物质材料替代化石燃料密集型产品,或用林业生物质燃料替代化石燃料,增加异地木制品碳储量,增强产品和燃料替代。由于森林既可以成为碳源又可以表现为碳汇,碳汇向碳源的转化可以是瞬间发生的,因此减少森林碳源本身也是增加碳汇的一个方面,但上述方案和活动中的第四类在事实上属于一种纯粹的林业减排活动或者说是与其他行业交叉的减排活动[58],并不符合碳汇的作用机理,因此从森林碳汇的角度讲,林产品和燃料替代不应列入增加森林碳汇的林业活动。这样与森林碳汇有关的活动就应该包括造林与再造林、减少毁林和森林退化,以及森林可持续管理活动,而这些林业活动也正与目前应对气候变化国际谈判框架中所提出的清洁发

---

〔56〕 IPCC:《气候变化 2007:减缓气候变化》,第 68 页,http://www.ipcc.ch/(2010 年 12 月 21 日访问)。

〔57〕 Nabuurs, G J, Masera O, Andrasko K, et al. 2007. Forestry. In Climate Change2007: Mitigation. Contribution of Working Group III to the Fourth Assessment Report of the Intergovernmental Panel on Climate Change [Metz B, Daviidson O R, Bosch P R, et al (eds)], Cambridge University Press, Cambridge, United Kingdom and New York, Ny, USA. 转引自张小全等:《林业碳汇项目理论与实践》,中国林业出版社 2010 年版,第 34 页。

〔58〕 目前,生物能源的减排潜力已被计入电力供应、交通运输、工业和建筑行业领域。

展机制(CDM)造林与再造林项目以及减少毁林和森林退化、森林保护、森林可持续管理增加碳储量的 REDD + 机制相吻合。

首先,对于增加森林碳汇的碳储量来说,造林与再造林是最基本的措施保障。森林碳汇功能与森林覆盖率和森林蓄积量有直接关系,造林与再造林活动对于增加森林面积和蓄积来说都是最基本的保证,因此也是增强森林碳汇功能的最基本措施。造林和再造林不仅可以大幅增加森林生态系统的碳储量,还可以在一定程度上提高土壤中的碳储量,目前通过造林与再造林增加森林碳汇已经得到国际社会的一致认可,而且这一措施还被列为京都第一承诺期唯一合格的清洁发展机制项目。

其次,为减少毁林和森林退化而采取的森林保护措施,其对森林碳储量增加的影响不可忽视。与造林再造林活动不同,毁林与森林退化本身是一种碳源,但积极性的森林保护手段可以使现有的森林在面积、蓄积和质量方面都得到不同程度的增加,而这些因素决定着森林碳汇的功能发挥。因此,通过预防性的森林保护措施将碳源转化为碳汇是当前国际社会对林业领域关注的新方向。

再次,森林的可持续管理活动也是增加森林碳汇储量的重要保证。森林可持续管理将综合考量森林的生态效益、经济效益和社会效益,对于森林的经营利用是至关重要的。从森林碳汇的角度出发,森林的可持续管理既包括制定合理的与碳汇相关的森林经营规划,也包括对森林采伐的管理;既包括对森林碳汇交易的管理,也包括对森林碳汇补偿的管理,其对森林碳汇功能的实现是更深层面的关注。

(四) 中国实施森林碳汇减排的森林资源基础

中国并不属于森林覆盖率高的国家,但近年来,中国森林的覆盖率一直处于上升的趋势,中国的人工林面积一直处于世界第一位,而且中国的毁林得到了遏制,近年来所进行的林权改革从更深层次保证了中国林业的良好发展。20 世纪 90 年代以来,科学家对中国森林碳吸收情况进行了比较精确的计算,结果表明,中国森林表现为大气碳的净吸收汇。[59] 联合国粮农组织(FAO)发布的全球森林评估报告指出,在全球森林资源继续呈减少趋势的情况下,亚太地区森林面积出现了净增

---

〔59〕GEF,中国林业温室气体清单课题组:《土地利用变化和林业温室气体计量方法》,载《造林绿化与气候变化:碳汇问题研究》,中国林业出版社 2003 年版,第 123 页。

长,其中,中国森林资源增长在很大程度上抵消了其他地区的森林高采伐率。

根据第七次(2004—2008年)全国森林资源清查结果显示,全国森林面积共1.95亿公顷,森林覆盖率20.36%,活立木总蓄积149.13亿立方米,森林蓄积137.21亿立方米;天然林面积1.2亿公顷,天然林蓄积114.02亿立方米;人工林保存面积0.62亿公顷,蓄积19.61亿立方米,人工林面积继续保持世界首位。与第六次清查相比,我国森林资源变化呈现以下几个主要特点:[60]一是森林面积蓄积持续增长,全国森林覆盖率稳步提高;二是天然林面积蓄积明显增加,天然林保护工程区增幅明显;三是人工林面积蓄积快速增长,后备森林资源呈增加趋势;四是林木蓄积生长量增幅较大,森林采伐逐步向人工林转移;五是森林质量有所提高,森林生态功能不断增强;六是个体经营面积比例明显上升。

依据第七次全国森林资源调查结果显示,中国森林植被碳储量总量为78.11万万吨,其中乔木林66.62万万吨,占85.29%;疏林地、散生木和四旁树5.92万万吨,占7.59%;灌木林3.57万万吨,占4.58%;竹林1.98万万吨,占2.54%。从地理分布上看,中国森林植被碳储量主要集中在东北和西南两大区,分别占全国的20%和40%。从省份来讲,西藏、黑龙江、云南、四川、内蒙古和吉林等六个省份的森林碳储量最大,均占全国的5%以上,六个省份合计占全国森林碳储量的60%以上;而上海、天津、宁夏、北京、青海、江苏、河北、河南、山东和山西等十个省份碳储量最小,均不到全国的1%,十个省份合计在全国森林碳储量中的占比不足4%。

森林碳汇功能的提高取决于森林面积和蓄积的提高,同时也取决于森林质量和森林管理水平的提高。中国于1998年开始实施的天然林保护工程、退耕还林工程、"三北"和长江中下游地区等重点防护林建设工程、京津风沙源治理工程、野生动植物保护和自然保护区建设工程、重点地区速生丰产用材林基地建设工程等六大林业重点工程对于增加森林碳汇功能是至关重要的,"中国目前实施的六大林业工程生态活动主要是人工造林、封山育林和飞播造林,这三种活动对大气碳储量的贡献最大"[61]。总体上看,我国目前的森林资源状况正处于森林面积、蓄积、质量

---

〔60〕参见《第七次全国森林资源清查结果》,资料来源于国家林业局网站。
〔61〕魏殿生:《加快新时期林业发展,应对全球变暖的挑战,载造林绿化与气候变化:碳汇问题研究》,中国林业出版社2003年版,第2页。

都稳步提升的发展时期,这些因素为我国开展实施森林碳汇减排奠定了坚实的客观基础,目前应该紧要关注的是从法律制度层面保证森林碳汇减排的实施。

本章小结

以全球变暖为主要表征的气候变化及其所带来的不利影响是当前人类最为关心的问题。根据 IPCC 第四次评估报告和第五次评估报告显示,导致全球变暖的原因来自于人类活动所产生的温室气体排放。目前,IPCC 报告被认为是研究全球气候变化的最权威报告,其已经成为国际上各国在采取应对气候变化行动方面的主要科学依据之一。气候变化所带来的不利影响是全方位的,既包括对自然生态系统的影响,也包括对人类社会生产生活的影响;既包括对发达国家的影响,也包括对发展中国家的影响,中国亦是受到气候变化影响较为严重的国家。

在气候变化所带来的不利影响和不断出现的极端气候事件面前,人类采取了积极的应对措施,其中包括减缓与适应两个方面,而减缓气候变化又可分为两个方面:一是减少碳源,即减少温室气体的排放;二是增加碳汇,即增加对温室气体的吸收与清除。从减缓与适应所带来的应对气候变化的效果来看,适应措施的实施将会在短期内呈现较为明显的效果,而减缓相对来说是一个长期的措施,短期的效果并不明显,但如果忽视减缓,气候变化将会呈不可逆转的趋势,人类将承担灾难性的后果。因此,减缓与适应对于应对气候变化而言缺一不可,二者没有孰轻孰重。

对于森林生态系统而言,气候变化所带来的不利影响涉及到森林物候、森林结构和组成、森林生产力、森林火灾、森林病虫害等诸多方面,尤其是火灾和病虫害将导致毁林的发生,从而增加碳的排放。但是与之相反的是,森林对气候变化的影响是积极的,其在减缓气候方面的作用不可忽视,这种减缓主要表现在森林所具有的碳汇功能。森林是陆地生态系统中最大的碳库,其所具有的碳汇功能是全球减缓气候变化中的重要组成部分,因此这也使得森林在应对气候变化方面具有特殊的战略地位。

第二章　应对气候变化森林碳汇国际法律机制的演进

　　从 20 世纪 70 年代末开始,人类就认识到气候变化是全球性的问题,并不断在探索应对气候变化的法律对策。直到《联合国气候变化框架公约》通过与生效后,应对气候变化的国际法律框架才初步确立下来,《京都议定书》的通过与生效又将附件一国家的减排纳入了强制程序,开启了应对气候变化的新篇章,而后续的历次《公约》缔约方会议不断巩固了《公约》和《京都议定书》所取得的成果。2007 年,巴厘岛会议开始关注后京都时代的国际减排框架问题,并在德班会议上通过了实施京都第二承诺期减排的决定,同时决定在 2015 年以前达成 2020 年后适用于所有《公约》缔约方的法律成果。2015 年通过的《巴黎协定》是继《京都议定书》后人类在应对气候变化的国际法律进程中取得的又一座里程碑,它开启了全球自主承诺减排的模式。

　　在应对气候变化的国际法进程中,森林碳汇一直是备受关注的重要议题之一,从《公约》到《京都议定书》,再到《巴黎协议》,森林碳汇作为国际法上的合法减排措施,其地位已经不可替代。京都第一承诺期以造林、再造林为核心的森林碳汇机制在减排方面的成效已经被越来越多的国家所接受,而目前各国更为关心的问题是,后京都时代以减少毁林和森林退化、森林保护、森林可持续管理为核心的 REDD＋森林碳汇机制将以何种规则呈现在世人面前。森林碳汇国际法律机制的演进表现出国际上对森林碳汇减排认识的成熟,也从一个侧面反映了国际应对气候变化法律机制的多元化趋势。

一、应对气候变化国际法律框架的发展历程

1979 年,第一次世界气候变化大会召开,标志着气候变化问题正式从学术研究领域进入国际谈判议程。二十世纪八十年代后,国际社会愈发意识到气候变化问题的严重性,要求对气候变化进行深入研究并制订相应对策的呼声越来越高。

(一)《联合国气候变化框架公约》的谈判、通过及生效

1988 年,世界气象组织(WMO)和联合国环境规划署(UNEP)共同建立了政府间气候变化专门委员会(IPCC),并于同年 11 月召开了第一次大会,即成立大会。IPCC 的主要任务是对与气候变化有关的各种问题展开定期的科学、技术和社会经济评估,提供科学和技术咨询意见。IPCC 的成立及其工作为气候变化谈判提供了一定的科学基础。

1989 年 11 月,国际大气污染和气候变化部长级会议在荷兰诺德韦克举行。大会通过了《关于防止大气污染与气候变化的诺德韦克宣言》,提出人类正面临人为所致的全球气候变化的威胁,决定召开世界环境问题会议,讨论制定防止全球气候变暖公约的问题。此前,尽管诸多宣言、公报或其他文件也多次提及气候变化问题,但这些文件在启动气候变化公约谈判上的作用远不及《诺德韦克宣言》。

1990 年 12 月 21 日,联合国第 45 届大会通过决议,决定设立《公约》政府间谈判委员会(INC)。政府间谈判委员会于 1991 年 2 月至 1992 年 5 月间共举行了六次会议(第一次会议至第五次会议续会),谈判各方在公约的关键条款上各执己见,互不相让,发达国家与发展中国家之间、西北欧(现欧盟)与美国之间立场迥异。但在里约环发大会召开在即的大背景下,各方最终妥协,于 1992 年 5 月 9 日在纽约通过了《公约》。其后,在 1992 年的里约环发大会期间,155 个与会国家签署了《公约》,时任中国国务院总理的李鹏在 1992 年 6 月 11 日代表中国签署了《公约》。《公约》于 1994 年 3 月 21 日在获得 50 个国家批准后正式生效,标志着气候变化问题正式纳入国际法的调整范围。目前,《公约》共有 192 个缔约方。

(二)《联合国气候变化框架公约》历次缔约方会议

依据《公约》规定,《公约》生效后每年召开一次缔约方会议(COP),以评估应对气候变化的进展,并磋商《公约》在履约中的具体问题。从 1995 年第一次缔约方会

议开始至 2016 年末的德班会议,共召开了 22 次缔约方会议(见表 2 - 1)。

表 2 - 1 《气候变化框架公约》历次缔约方会议

时间	地点	主要成就
第一次会议 1995 年 3 月— 4 月	德国 柏林	通过了《柏林授权》,各方同意立即就 2000 年后应该采取何种适当的行动来保护气候进行谈判,以期最早于 1997 年签订一项议定书,明确规定在一定期限内发达国家所应限制和减少的温室气体排放量。
第二次会议 1996 年 7 月	瑞士 日内瓦	就《柏林授权》所涉及的"议定书"起草问题进行讨论,未获一致意见。
第三次会议 1997 年 12 月	日本 京都	通过了《京都议定书》,规定 2008 年至 2012 年期间,《公约》附件一国家的温室气体排放量要在 1990 年的基础上平均减少 5.2%,并分配了附件一国家的具体减排指标。
第四次会议 1998 年 11 月	阿根廷 布宜诺斯 艾利斯	一直以整体出现的发展中国家分化为三个集团:一是环境脆弱、易受气候变化影响,自身排放量很小的小岛国联盟(AOSIS),他们自愿承担减排目标;二是期待通过清洁发展机制(CDM)获取收入的国家,如墨西哥、巴西和最不发达的非洲国家;三是中国和印度,坚持本国发展权利,不承诺减排义务。
第五次会议 1999 年 10 月—11 月	德国 波恩	通过了《公约》附件一所列缔约方国家信息通报编制指南、温室气体清单技术审查指南、全球气候观测系统报告编写指南,并就技术开发与转让、发展中国家及经济转型期国家的能力建设问题进行了协商。
第六次会议 2000 年 11 月	荷兰海牙	谈判形成欧盟、美国等发达国家、发展中大国(中、印)的三足鼎立之势,美国强制要求减少其减排额度,会议僵持不下被迫休会,改于 2001 年 7 月继续进行。
第六次会议 续会 2001 年 7 月	德国波恩	2001 年 3 月,美国退出《京都议定书》,《京都议定书》前途未卜,日本与欧盟等联合通过了"没有美国参加的妥协方案",即《波恩政治协议》。
第七次会议 2001 年 10 月	摩洛哥 马拉喀什	通过了《马拉喀什协定》。该协定文件的目的是落实《波恩政治协议》的一揽子措施,为《京都议定书》生效铺平了道路。
第八次会议 2002 年 10 月	印度 德里	通过《德里宣言》,强调抑制气候变化必须在可持续发展的框架内进行,这表明减少温室气体的排放与可持续发展仍然是各缔约国今后履约的重要任务。宣言敦促工业化国家在 2012 年年底前把温室气体的排放量在 1990 年的基础上减少 5%。

时间	地点	主要成就
第九次会议 2003 年 12 月	意大利 米兰	俄罗斯拒绝批准《京都议定书》,致使该议定书不能生效;为了抑制气候变化,会议通过了约 20 条具有法律约束力的环保决议。
第十次会议 2004 年 12 月	阿根廷 布宜诺斯 艾利斯	与会代表围绕《公约》生效 10 年来取得的成就和未来面临的挑战、气候变化带来的影响、温室气体减排政策以及在《公约》框架下的技术转让、资金机制、能力建设等重要问题进行了讨论。
第十一次会议 2005 年 11 月	加拿大 蒙特利尔	《京都议定书》生效后的第一次《公约》缔约方会议,最终达成了 40 多项重要决定。其中包括启动《京都议定书》第二阶段温室气体减排谈判,以进一步推动和强化各国的共同行动,切实遏制全球气候变暖的势头。
第十二次会议 2006 年 11 月	肯尼亚 内罗毕	达成《内罗毕工作计划》等决定,以帮助发展中国家提高应对气候变化的能力;在管理"适应基金"的问题上取得一致,基金将用于支持发展中国家具体的适应气候变化活动。
第十三次会议 2007 年 12 月	印度尼西亚 巴厘岛	会议着重讨论"后京都"如何进一步降低温室气体的排放。通过了《巴厘路线图》,致力于在 2009 年年底前完成后京都时期全球应对气候变化新安排的谈判并签署有关协议。
第十四次会议 2008 年 12 月	波兰 波兹南	八国集团领导人就温室气体长期减排目标达成一致。声明八国寻求与《公约》其他缔约国共同实现到 2050 年将全球温室气体排放量减少至一半的长期目标,并在《公约》相关谈判中与这些国家讨论并通过这一目标。
第十五次会议 2009 年 12 月	丹麦 哥本哈根	会议并未如预期达成有法律约束力的后京都时期减排协议,与会各国达成无法律约束力的《哥本哈根协议》,维护了各国应对气候问题共同但有区别责任原则,就发达国家实行强制减排和发展中国家采取自主减缓行动作出了安排。
第十六次会议 2010 年 12 月	墨西哥 坎昆	通过《坎昆协议》,在气候资金、技术转让、森林保护等问题上都取得了一定成果。在资金方面,除了协助发展中国家应对气候行动的 300 亿美元快速启动资金和之后的 1000 亿美元长期基金外,协议还同意建立"绿色气候资金"。

时间	地点	主要成就
第十七次会议 2011 年 12 月	南非 德班	会议通过决议,继续《京都议定书》第二承诺期,同时决定正式启动"绿色气候基金",成立基金管理框架。此外,会议决定建立德班增强行动平台特设工作组,主要负责制定一个适用于所有《公约》缔约方的法律工具或法律成果,不晚于 2015 年完成,探讨各缔约方自 2020 年起如何减排。
第十八次会议 2012 年 11 月	卡塔尔 多哈	会议通过了《京都议定书》第二承诺期修正案,为相关发达国家和经济转轨国家设定了 2013 年 1 月 1 日至 2020 年 12 月 31 日的温室气体量化减排指标。会议要求发达国家继续增加出资规模,帮助发展中国家提高应对气候变化的能力。会议还对德班平台谈判的工作安排进行了总体规划。
第十九次会议 2013 年 11 月	波兰 华沙	大会主要有三个成果:一是德班增强行动平台基本体现"共同但有区别的原则";二是发达国家再次承认应出资支持发展中国家应对气候变化;三是就损失损害补偿机制问题达成初步协议,同意开启有关谈判。然而,三个议题的实质性争议都没有解决。
第二十次会议 2014 年 12 月	秘鲁 利马	利马会议进一步细化了 2015 年协议的要素,为各方 2015 年进一步起草并提出协议草案奠定了坚实基础,向国际社会发出了确保多边谈判于 2015 年达成协议的强有力信号。
第二十一次会议 2015 年 12 月	法国 巴黎	全球 195 个缔约方国家通过了具有历史意义的全球气候变化新协议——《巴黎协定》,《巴黎协定》也成为历史上首个关于气候变化的全球性协定。根据协定,各方将以"自主贡献"的方式参与全球应对气候变化行动。发达国家将继续带头减排,并加强对发展中国家的资金、技术和能力建设支持,帮助后者减缓和适应气候变化。
第二十二次会议 2016 年 11 月	摩洛哥 马拉喀什	《巴黎协定》生效后的第一次缔约方会议,主要任务在于落实《巴黎协定》规定的各项任务,提出规划安排,同时督促各国落实 2020 年前应对气候变化承诺,会议通过了《马拉喀什行动宣言》。
第二十三次会议 2017 年 11 月	德国 波恩	《巴黎协定》生效后的第二次缔约方会议,是首次由小岛屿国家担任主席国的会议。各方围绕《巴黎协定》落实的具体细则问题展开,核心议题包括 2018 年促进性对话、国家自主贡献、全球盘点、适应和资金等。本届气候大会为过渡性质,为 2018 年达成最终细则奠定基础。

二、《气候变化框架公约》与"吸收汇"措施的确立

联合国《气候变化框架公约》是世界上第一个通过全面控制二氧化碳等温室气体排放,以应对全球气候变暖给人类经济和社会带来不利影响的国际公约,其是"创建气候控制的全球体制的第一步"[1],也是国际社会在治理全球气候变化问题上进行国际合作的一个基本框架。

(一)《气候变化框架公约》所取得的主要成果

《公约》内容正如其名称一样是框架性的,包括目标、原则、承诺、研究和系统观测、教育培训和公众意识、缔约方会议、资金机制等内容,26 个正式条文和两个附件[2]构成了《公约》的主要框架结构。

《公约》的目标旨在将大气中温室气体的浓度稳定在防止气候系统受到人为干扰的危险的水平上,这一水平应当在足以使生态系统能够自然地适应气候变化、确保粮食生产免受威胁并使经济发展能够可持续地进行的时间范围内实现。围绕这一目标,《公约》既根据共同但有区别的责任原则[3]从国家层面确立了发达国家与发展中国家的应对责任,也根据成本效益原则[4]从具体应对措施的角度确立了应对气候变化的减缓机制(减少排放和增加吸收汇)与适应机制。《公约》在共同但有区别责任原则下规定发达国家与发展中国家应当承担的不同义务。对于发达国家而言,基于其在历史上和当下都是全球温室气体排放的最重要主体,理应对历史和

---

[1] Greg Kahn, The Fate of the Kyoto Protocol Under the Bush Administration,see Berkeley Journal of International Law, Vol. 21:58,p549. 转引自杨兴:《〈气候变化框架公约〉研究》,中国法制出版社 2007 年版,第 7 页。

[2] 附件一所列出的是发达国家和正在朝市场经济过渡的国家,附件二所列的是发达国家。其中附件一包括的国家有:澳大利亚、奥地利、白俄罗斯、比利时、保加利亚、加拿大、克罗地亚、捷克共和国、丹麦、欧洲共同体、爱沙尼亚、芬兰、法国、德国、希腊、匈牙利、冰岛、爱尔兰、意大利、日本、拉脱维亚、列支敦士登、立陶宛、卢森堡、摩纳哥、荷兰、新西兰、挪威、波兰、葡萄牙、罗马尼亚、俄罗斯联邦、斯洛伐克、斯洛文尼亚、西班牙、瑞典、瑞士、土耳其、乌克兰、大不列颠及北爱尔兰联合王国、美利坚合众国。

[3]《公约》第三条原则第 1 款指出,各缔约方应当在公平的基础上,并根据它们共同但有区别的责任和各自的能力,为人类当代和后代的利益保护气候系统。因此,发达国家缔约方应当率先应对气候变化及其不利影响。

[4]《公约》第三条原则第 3 款指出,应对气候变化的政策和措施应当讲求成本效益,确保尽可能以最低的费用获得全球效益。这种政策和措施应当考虑到不同的社会经济情况,并且应当具有全面性,包括所有有关的温室气体源、汇和库及适应措施,并涵盖所有经济部门。

现实承担更多义务,其应率先采取应对气候变化的行动,将温室气体排放水平恢复到 1990 年的排放水平,并且向发展中国家提供技术和资金。对于发展中国家而言,发展经济和消除贫困是其首要任务,在应对气候变化方面,《公约》规定发展中国家的义务主要是编制国家信息通报,包括温室气体排放源和吸收汇的国家清单,制定并执行减缓和适应气候变化的国家计划,发展中国家应对气候变化的上述义务的履行将取决于发达国家资金和技术转让的情况。《公约》更多地体现了对各国的敦促性规定,而缺乏对承诺的强制约束力。

(二)《气候变化框架公约》中"吸收汇"的主要内容

"吸收汇"是《公约》所确立的与减少各种源的人为排放并列的一项减缓气候变化的主要措施,是从大气中清除温室气体、气溶胶或温室气体前体的任何过程、活动或机制。《公约》确立的吸收汇的最主要依据集中在第四条关于"承诺"的规定中。

《公约》第四条第 1 款是适用于所有缔约方国家的与吸收汇相关的规定,其中(a)项规定,所有缔约方应向缔约方会议提供关于《蒙特利尔议定书》中未予管制的所有温室气体的各种源的人为排放和各种汇的清除的国家清单;(b)项规定,所有缔约方应制订、执行、公布和经常性地更新国家的以及在适当情况下区域的计划,其中包含从《蒙特利尔议定书》中未予管制的所有温室气体的源的人为排放和汇的清除来着手减缓气候变化的措施,以及便利充分地适应气候变化的措施;(c)项规定,在所有有关部门,包括能源、运输、工业、农业、林业和废物管理部门,促进和合作发展,应用和传播(包括转让)各种用来控制、减少或防止《蒙特利尔议定书》中未予管制的温室气体的人为排放的技术、做法和过程;(d)项规定,促进可持续管理,并促进和共同酌情维护和加强《蒙特利尔议定书》中未予管制的所有温室气体的汇和库,包括生物质、森林和海洋以及其他陆地、沿海和海洋生态系统。其中(d)项的规定也被视为《公约》中关于"吸收汇"减排的直接依据。因此,从《公约》第四条第 1 款(d)项的内容可以看出,在吸收汇的诸多领域中,森林碳汇是一个重要的领域。

《公约》第四条第 2 款是对附件一所列缔约方承诺中与吸收汇相关的具体规定,其中(a)项规定,每一个此类缔约方应制定国家[5]政策和采取相应的措施,通

---

〔5〕包括区域经济一体化组织制定的政策和采取的措施。

过限制其人为的温室气体排放以及保护和增强其温室气体库和汇,减缓气候变化。这些政策和措施将表明,发达国家是在带头依循本公约的目标,改变人为排放的长期趋势,同时认识到至本十年期末,使二氧化碳和《蒙特利尔议定书》中未予管制的其他温室气体的人为排放回复到较早的水平将会有助于这种改变,并考虑到这些缔约方的起点和做法、经济结构和资源基础方面的差别、维持强有力和可持续经济增长的需要、可以采用的技术以及其他个别情况,又考虑到每一个此类缔约方都有必要对为了实现该目标而作的全球努力做出公平和适当的贡献。(b)项规定,在本公约对其生效后六个月内,并在其后定期就其上述(a)项所述的政策和措施,以及就其由此预测在(a)项所述期间内《蒙特利尔议定书》中未予管制的温室气体的源的人为排放和汇的清除,提供详细信息,目的在于个别地或共同地使二氧化碳和《蒙特利尔议定书》中未予管制的其他温室气体的人为排放回复到 1990 年的水平。(c)项规定,为了上述(b)项的目的而计算各种温室气体源的排放和汇的清除时,应该参考可以得到的最佳科学知识,包括关于各种汇的有效容量和每一种温室气体在引起气候变化方面的作用的知识。

(三)《气候变化框架公约》"吸收汇"内容的评析

《公约》的通过是全球应对气候变化历史上具有里程碑意义的事件,"它的全面实施对人类生活的影响将比任何其他国际文件都更加重大"[6]。《公约》对发达国家和发展中国家提出了不同的减缓与适应并举的框架性应对措施,但遗憾的是,其没有为附件一的发达国家确立具体的减排目标和时间,使发达国家不能立刻承担起应对气候变化的责任,进而使得《公约》的履约受到一定程度的限制。但《公约》所取得的成果和积极意义是不容质疑的。《公约》之于森林碳汇的积极意义在于将森林碳汇确立为吸收汇的重要领域,使森林碳汇成为国际法上一种合法的减排措施。国际上确认森林碳汇的一个重要原因在于,较之工业减排,森林碳汇是成本较低、效益多重且不影响经济发展的应对举措。但由于《公约》只是应对全球气候变化在国际法上迈出的第一步,而且其框架性的特点决定了其不能将各种应对气候变化的措施规则予以细化,因而《公约》只是原则性地指出了森林碳汇在全球性减

---

〔6〕[法]亚历山大·基斯著:《国际环境法》,张若思译,法律出版社 2000 年版,第 221 页。

排中的地位,而对于森林碳汇将以何种具体的形式和规则在国际和国内层面实施,《公约》则并没有论及,也正是因为缺少具体规则的规定,才使得《公约》第四条第 1 款(d)项这一森林碳汇的直接依据对于各缔约方的履约并没有直接的约束力。[7] 同《公约》中其他诸多未予明确具体规则的事项一样,森林碳汇实施的具体规制细则必定会成为后续各缔约方会议谈判的重要议题,因为"如果公约要产生实效,就必须充实这个非常宽泛笼统的框架"[8]。

三、京都规则框架下的"造林、再造林"森林碳汇机制[9]

(一)《京都议定书》的主要内容

《京都议定书》是根据《公约》第一次缔约方大会的《柏林授权》[10],经过近 3 年谈判,于 1997 年 12 月在日本京都签署的,其生效需要由 55 个签署国批准,并且在批准的国家中,附件一国家 1990 年二氧化碳排放量须占全体附件一国家 1990 年排放总量的 55%。由于美国在 2001 年单方宣布退出《京都议定书》,曾使《京都议定书》几近夭折,经过 7 年多的漫长等待,直到 2004 年 12 月收到俄罗斯姗姗来迟的批准,才使《京都议定书》于 2005 年 2 月 16 日正式生效。

《京都议定书》的重要成果是为《公约》附件一国家确定了第一承诺期(2008—2012 年)的减排指标,其将限制和减少排放的承诺予以量化,使减排具有法律约束力。《京都议定书》共有 27 个条文和 A、B 两个附件,附件 A 列出了《蒙特利尔议定书》中未予管制的温室气体种类及排放的经济部门,附件 B 为发达国家的减排指标。《京都议定书》第三条确立了附件一国家的总体减排指标,即 2008 年至 2012 年承诺期内温室气体的全部排放量在 1990 年的水平上至少减少 5%。根据这一

---

[7] 颜士鹏:《应对气候变化森林碳汇国际法律机制的演进及其发展趋势》,《法学评论》2011 年第 4 期,第 128 页。
[8] [法]亚历山大·基斯著:《国际环境法》,张若思译,法律出版社 2000 年版,第 223 页。
[9] "京都规则"框架下的"造林、再造林"森林碳汇机制以《京都议定书》为主要依据,其是后经《波恩政治协议》(缔约方第六次会议续会通过)、《马拉喀什协定》(缔约方第七次会议通过)等一系列国际法律文件确立下来的 CDM"土地利用、土地利用变化和林业活动"中唯一合格的森林碳汇机制。
[10] 《柏林授权》是 1995 年在德国柏林举行的第一次公约缔约方会议上通过的第 1 号决定,其中的一个主要内容就是,缔约方同意开始一个新的进程以制定一项旨在加强附件一缔约方的承诺和在 2000 年以后的时期采取适当行动的议定书或另一项法律文件。

总的减排指标，欧盟减排 8%[11]，美国减排 7%，日本和加拿大减排 6%，俄罗斯、乌克兰及新西兰为零减排，澳大利亚增排 8%，冰岛增排 10%。

同时，《京都议定书》确立了联合履约（JI，Joint Implementation）、排放贸易（ET，Emission Trading）和清洁发展机制（CDM，Clean development Mechanism）三种灵活的履约机制。[12] 三种灵活的履约机制是对国内减排措施的补充性机制，而非附件一国家减排的主要机制。其中，联合履约和清洁发展机制旨在以减少温室气体排放的投资项目为基础，投资方可以得到相应的减排信用以作为其实现《京都议定书》设定的减排指标的组成部分，而排放贸易机制则是附件一国家之间温室气体排放限额的交易。三种灵活机制的确立可以使附件一国家在境外取得减排信用，从而以较低的成本实现减排目标，一定程度上缓解了其国内减排的压力。

在"吸收汇"的问题上，《京都议定书》明确提出将森林碳汇作为一种独立的吸收汇形式，其可以用来折抵附件一国家的减排量，从而使森林碳汇议题进入实质性谈判阶段。

（二）《京都议定书》中森林碳汇减排的基本框架

《京都议定书》中与森林碳汇相关的规定集中在第二条、第三条和第六条。第二条第 1 款关于执行或进一步制订政策和措施中的第（二）项指出，保护和增强《蒙特利尔议定书》中未予管制的温室气体的汇和库，同时考虑到其依有关的国际环境协议作出的承诺；促进可持续森林管理的做法、造林和再造林。

第三条第 3 款规定，将自 1990 年以来直接由人引起的土地利用变化和林业活动——限于造林、重新造林和砍伐森林——产生的温室气体源的排放和汇的清除方面的净变化，作为每个承诺期碳贮存方面可核查的变化来衡量，应当用于实现附

---

[11] 欧盟通过内部谈判，将议定书规定的 8%减排指标分解到各成员国之中。如德国减排 21%，英国减排 12.5%，丹麦减排 21%，而希腊和葡萄牙允许增长排放量 25%和 27%，爱尔兰也被允许增长 13%。

[12] 联合履约机制是《京都议定书》第六条规定的，是指允许附件一国家之间投资温室气体减排项目，项目投资国可以获得该项目产生的减排单位或者转让此减排单位，以履行其所承担的《京都议定书》中的减排义务。排放贸易机制是《京都议定书》第十七条规定的，是指附件一国家可以将其超额完成的减排额度通过市场交易的方式将其转让给其他附件一国家。清洁发展机制是《京都议定书》第十二条规定的，是唯一与发展中国家相关的履约机制，指允许承担减排义务的附件一国家通过在非附件一国家投资温室气体减排项目，获得经核证的减排信用，来折抵附件一国家所应承担的减排指标。

件一所列每一缔约方依本条规定的承诺。与这些活动相关的温室气体源的排放和汇的清除,应以透明且可核查的方式作出报告,并依第七条和第八条予以审评。

第三条第 4 款规定,作为本议定书缔约方会议的《公约》缔约方会议,应在第一届会议或在其后一旦实际可行时,就涉及与农业土壤和土地利用变化和林业类各种温室气体源的排放和各种汇的清除方面变化有关的那些因人引起的其他活动,应如何加到附件一所列缔约方的分配数量中去或从中减去的方式、规则和指南作出决定,同时考虑到各种不确定性、报告的透明度、可核查性、政府间气候变化专门委员会方法学方面的工作、附属科技咨询机构根据第五条提供的咨询意见以及《公约》缔约方会议的决定。此项决定应适用于第二个和以后的承诺期。一缔约方可为其第一个承诺期这些额外的因人引起的活动选择适用此项决定,但这些活动须自 1990 年以来已经进行。

第三条第 7 款规定,对于土地利用变化和林业构成 1990 年温室气体排放净源的那些附件一所列缔约方,为计算其分配数量的目的,应在他们 1990 年排放基准年或基准期计入各种源的人为二氧化碳当量排放总量的基础上减去 1990 年土地利用变化产生的各种汇的清除。

第六条第 1 款规定,附件一所列任一缔约方可以向任何其他此类缔约方转让或从它们处获得由任何经济部门旨在减少温室气体的各种源的人为排放或增强各种汇的人为清除的项目所产生的减少排放单位。

从以上《京都议定书》中关于森林碳汇的相关规定中可以看出,《京都议定书》所承认的林业增汇活动包括促进可持续森林管理、造林和重新造林以及减少砍伐森林,但是可以用来折抵附件一国家的减排量的活动却只有第三条第 3 款中规定的造林、重新造林和减少砍伐森林,可持续森林管理增加的碳汇则被排除在外。同时,在第三条第 3 款的规定中,要求以透明且可核查的方式作出报告,并依程序进行审评,这为森林碳汇减排的实施提出了制度设计的基本框架。第三条第 4 款指出了森林碳汇在规则和指南方面应当考量的不确定性、透明度、可核查性以及方法学等问题,而且指明了碳汇活动的时间要求,即必须发生在 1990 年。尽管《京都议定书》是人类历史上第一个为发达国家单方面规定减少温室气体排放具体义务的法律文件,是对《公约》的重要补充,其达成具有非同寻常的意义,但《京都议定书》

没有明确森林碳汇的具体实施形式，[13]也没有明确其可以折抵减排量的上限，对于透明且可核查的方式亦没有进一步的细化。这些涉及具体操作层面的问题都留待后续的谈判予以解决，但《京都议定书》毕竟提出了森林碳汇减排的基本框架，这是于森林碳汇而言最积极的意义所在。

(三)《波恩政治协议》等确立的"造林、再造林"碳汇规则

在《京都议定书》生效的进程中，2001年7月和2001年10月分别召开的缔约方第六次会议续会和缔约方第七次会议起到了至关重要的作用，两次会议分别通过的《波恩政治协议》和《马拉喀什协定》不仅维护了《京都议定书》的基本框架，也在诸多细节问题上达成了一致性的意见，其中包括森林碳汇减排的规则。

波恩会议是第六次缔约方海牙会议的续会，其争议的焦点之一就是森林和生态型的农业用地对二氧化碳的吸收作用是否可以计入减排指标。在森林碳汇减排的问题上，欧盟认为通过森林碳汇减排将大大降低实质性的减排量，而以俄、日、加为代表的伞形国家则力主将森林碳汇减排纳入第一承诺期。为了达成协议，欧盟放弃了原先的立场，同意将森林碳汇等纳入减排指标的计算当中。《波恩政治协议》中关于碳汇的内容主要表现在以下方面：第一，允许发达国家在第一承诺期（2008—2012年）以"森林管理""农田管理""牧场管理"和"植被重建"活动作为其履行减排义务的方式；第二，规定了上述碳吸收活动的核算计量方法，并根据各国具体情况规定了各国在"森林管理"活动方面（含联合履约活动）碳汇使用总量的上限；第三，允许将碳汇项目作为清洁发展机制项目，但限于造林和再造林活动，其使用总量不能超过相应发达国家基准年排放量的百分之一乘以五。

《公约》第七次缔约方大会于波恩会议后的2001年10月在摩洛哥马拉喀什开幕，主要任务是完成《波恩政治协议》遗留问题的技术性谈判。会议就清洁发展机制、信息通报、技术转让、能力建设等专题分小组进行技术性谈判和协商，达成了一揽子协议，统称为《马拉喀什协定》。《马拉喀什协定》中通过的《京都议定书》第十

---

[13] 有学者认为，《京都议定书》将联合履约和清洁发展机制作为森林碳汇实施的具体形式。但事实上，尽管《京都议定书》第六条允许附件一国家通过森林碳汇的形式联合履约，但实际上森林碳汇减排在附件一国家之间并未有实质性的展开。而附件一国家与发展中国家合作的森林碳汇项目虽然确实是通过清洁发展机制框架下的项目形式进行的，但就《京都议定书》本身而言，其第十二条提出的清洁发展机制的相关内容中并未直接体现森林碳汇减排的内容。

二条确定的清洁发展机制的方式和程序》的决定中,第七条再次明确了清洁发展机制框架下森林碳汇减排的基本规则,具体包括:第一,根据清洁发展机制开展的土地使用、土地使用的变化和林业项目活动的资格限于植树造林和再造林;第二,在第一承诺期内,缔约方因根据清洁发展机制开展土地使用、土地使用变化和林业项目活动而增加的配量总数不应大于缔约方基准年排放量的百分之一乘以五;第三,根据清洁发展机制开展的土地使用、土地使用的变化和林业项目活动在未来承诺期的待遇,应通过有关第二承诺期的谈判加以决定。

根据《波恩政治协议》和《马拉喀什协定》确立的造林、再造林森林碳汇规则,在2003 年米兰缔约方第九次会议上通过了《第一个承诺期清洁发展机制之下的造林和再造林项目活动的模式和程序》的决定。第一承诺期内的造林再造林项目中的"造林"是指在 50 年以上的无林地进行造林;"再造林"是指在曾经为有林地而之后退化为无林地的地点进行造林,并且这些地点在 1989 年 12 月 31 日必须是无林地。同时,《第一个承诺期清洁发展机制之下的造林和再造林项目活动的模式和程序》中确立的造林和再造林森林碳汇项目的实施规则极为严格复杂,具体可以概括为以下五个环节:第一,项目设计。项目的设计必须明确项目选择的林地基本资料,包括项目的目标、基线的选择、额外性、方法学等内容。第二,项目审定。是指必须由联合国清洁发展机制执行理事会指定的经营实体根据清洁发展机制之下的造林或再造林项目的活动要求对拟议项目进行独立评估的过程。第三,项目登记。是指执行理事会正式认可一个经审定的项目,将其视为清洁发展机制之下的一项造林或再造林项目活动。第四,项目审批。项目要经过参与国政府和主管机构批准才能进入实施阶段。第五,监测和核证。项目产生的减排量需由联合国清洁发展机制执行理事会指定的审核机构进行监测和核证,最后由联合国清洁发展机制执行理事会批准才可进行真正的交易。由此可见森林碳汇项目实施规则的严格性。2004 年,阿根廷缔约方第十次会议上又通过了《清洁发展机制之下小规模造林和再造林项目活动的简化模式和程序》的决定。至此,京都规则下的造林和再造林森林碳汇减排得以正式启动,并进入了实质性项目试点和操作阶段。

(四)京都规则框架下"造林、再造林"森林碳汇机制评析

从《京都议定书》确立的森林碳汇减排的基本框架,到《波恩政治协议》和《马拉喀什协定》将造林和再造林项目确立为第一承诺期清洁发展机制唯一合格的林业项目,再到米兰第九次缔约方会议通过的《第一个承诺期清洁发展机制之下的造林和再造林项目活动的模式和程序》,京都框架下的造林、再造林森林碳汇减排实施规则已经相对完善。从上文阐述中可以看出,京都规则框架下造林和再造林森林碳汇减排体现出如下几个特点:[14]

第一,森林碳汇项目范围的特定性。从林学的角度而言,增加森林碳汇的活动可以包括造林、再造林、森林保护、森林可持续管理等诸多方面。虽然《京都议定书》中提到的森林碳汇减排形式也包括造林和再造林、森林可持续管理以及砍伐森林等活动,但是《波恩政治协议》和《马拉喀什协定》仅仅将造林和再造林作为第一承诺期清洁发展机制中唯一合格的林业项目,而将减少毁林和森林退化、森林可持续管理、加强森林保护等林业活动排除在合格的项目之外,使得第一承诺期森林碳汇项目的范围具有极强的特定性。

第二,森林碳汇项目规则的严格性。考虑到清洁发展机制之下有关造林和再造林项目活动的无成效问题、额外性、渗漏、不确定性和社会经济影响及环境影响等诸多方面的因素,对于第一承诺期内的造林和再造林森林碳汇项目从立地条件到项目的设计、审定、登记、审批、监测和核证的实施规则方面都进行了严格的限制,规则的严格性实质上为造林再造林碳汇项目进入国际碳交易市场进行了准入限定,这注定了在第一承诺期京都规则森林碳汇项目的交易量是有限的。

第三,森林碳汇减排数量的有限性。第一承诺期森林碳汇项目不仅在实施规则上是极其严格的,同时也为《公约》附件一国家利用森林碳汇项目获取减排量设定了上限,即在第一承诺期内,附件一国家每年从清洁发展机制森林碳汇项目中获得的减排抵消额不得超过其基准年(1990年)排放量的1%。虽然森林碳汇折抵的减排量只有1%,但是《京都议定书》中规定的第一承诺期附件一国家的减排目标比基准年减少5%,因此,森林碳汇减排1%的上限已是不小的突破。

第一承诺期森林碳汇能够成为合法的减排方式是气候谈判中各方利益不断博

---

〔14〕颜士鹏:《应对气候变化森林碳汇国际法律机制的演进及其发展趋势》,《法学评论》2011年第4期,第130页。

弈的结果,而项目范围的特定性、规则的严格性以及减排数量的有限性,又从另一方面表现出了对初期尝试森林减排在技术操作层面的不确定性所持有的谨慎态度。尽管普遍认为森林碳汇减排将大大降低实质减排的数量,但是不得不承认,当初美国退出《京都议定书》,主要发达国家态度不甚明朗,在《京都议定书》生死未卜的状态下,正是各方在森林碳汇减排争议问题上的妥协才避免了《京都议定书》谈判的破裂,使气候变化问题重新回到全球化的解决轨道,这或许是森林碳汇成为第一承诺期合法减排方式的最大意义所在。[15]

四、后京都时代的 REDD＋森林碳汇机制

从 2007 年 12 月缔约方第 13 次巴厘岛会议开始,气候谈判着重讨论"后京都"问题,即《京都议定书》第一承诺期在 2012 年到期后如何进一步降低温室气体的排放。从森林碳汇的角度而言,减排方式开始逐渐从造林和再造林向减少毁林和森林退化、森林保护、森林可持续管理转变,REDD＋机制也应运而生。

(一)《巴厘路线图》与 REDD 机制的确立

《巴厘路线图》是《公约》缔约方第 13 次会议所取得的重要成果,在启动旨在加强《公约》事实的谈判进程,讨论减缓、适应、技术和资金问题以及 2012 年后的减排谈判时间等问题上取得进展。首先,会议再一次强调了《公约》各国共同但有区别责任原则,考虑各国社会、经济条件以及其他相关因素来制定减排计划。其次,对美国在不批准《京都议定书》的情况下,将其纳入全球减排进程中,规定《公约》的所有发达国家缔约方都要履行可测量、可报告、可核实的温室气体减排责任。第三,除减缓气候变化问题外,还强调了另外三个在以前国际谈判中曾不同程度受到忽视的问题:适应气候变化问题、技术开发和转让问题以及资金问题。第四,为下一步落实《公约》设定了时间表,即要求于 2009 年完成已批准《京都议定书》的发达国家在 2012 年后的减排指标的谈判。

在森林碳汇的问题上,巴厘岛会议第一次将 REDD 机制正式列入国际气候谈

---

[15] 颜士鹏:《应对气候变化森林碳汇国际法律机制的演进及其发展趋势》,《法学评论》2011 年第 4 期,第 130 页。

判日程。REDD 是"减少森林砍伐和退化导致的温室气体排放"的英文缩写。在联合国《公约》的《京都议定书》框架中,出于森林碳汇的泄漏和非持久性的考虑,仅有造林和再造林被列入了清洁发展机制中的合格项目,但是毁林和森林退化日益成为重要的碳排放源。IPCC 第四次评估报告的数据表明,毁林占到全球二氧化碳排放的 17.4%,为此,IPCC 第四次评估报告指出,"目前更为关注的是减少毁林造成的碳排放,其作为一项低成本的减缓方案,该方案将具有显著的积极影响"[16]。2005 年 12 月,在加拿大蒙特利尔举行的第 11 次缔约方大会上,以哥斯达黎加与巴布亚新几内亚为首的雨林国家联盟提出了降低发展中国家因森林砍伐和退化所产生排放(REDD)的碳补偿建议,REDD 机制第一次进入国际气候谈判的领域。

针对减少发展中国家毁林和森林退化而设计的 REDD 机制被正式列入减缓温室气体排放的重要应对措施是在《巴厘路线图》的《巴厘岛行动计划》中。《巴厘岛行动计划》第一条(b)项加强缓解气候变化的国家/国际行动中的第(二)款指出,考虑发展中国家缔约方在可持续发展方面可衡量、可报告的适当国家缓解行动,它们应得到可以衡量、可报告和可核实的方式提供的技术、资金和能力建设的支持和扶持;第(三)款指出,考虑与减少发展中国家缔约方毁林和森林退化所致排放量有关问题的政策方针和积极激励办法。由此可见,第(二)款中指出的"发展中国家缔约方在可持续发展方面可衡量、可报告的适当国家缓解行动"包含了第(三)款中"发展中国家缔约方毁林和森林退化所致排放量有关问题",而这一问题可以得到第(二)款中"技术、资金和能力建设的支持和扶持"。自此,REDD 机制在国际法律文件中被正式确立起来。

为保证 REDD 机制的执行及促进发展中国家在减少毁林方面的切实效果,巴厘岛第 13 次缔约方大会还通过了《减少发展中国家毁林所致排放量:激励行动的方针》,其中承认毁林导致的排放增加了全球人为温室气体的排放量,同时承认森林退化也会导致排放,对此须在减少毁林所致排放量的同时予以处理。《减少发展中国家毁林所致排放量:激励行动的方针》的具体激励措施可以概括为 5 个方面:(1)加强和支持目前正在自愿进行的减少毁林及森林退化所致排放量的努力;

---

〔16〕 IPCC. Climate Change 2007: Mitigation of Climate Change. http://www.ipcc.ch/index.htm.

（2）支持能力建设，提供技术援助，促进技术转让，并解决发展中国家在估计和减少毁林及森林退化所致排放量方面的体制需要；（3）探索一系列行动、找出备选办法，包括开展示范活动，处理本国国情的毁林驱动因素；（4）就一系列政策方针和积极鼓励措施，开展有关方法学问题的工作；（5）《公约》秘书处在具备补充资金的前提下，支持所有缔约方，特别是发展中国家在减少毁林和森林退化方面所开展的活动，建立一个网上平台，公布各缔约方、有关组织和利害关系方所提交的信息。

（二）《哥本哈根协议》与 REDD＋机制的确立

2009 年 12 月，在丹麦哥本哈根召开的缔约方第 15 次会议上，有超过 85 个国家元首或政府首脑以及 192 个国家的环境部长出席，这是气候变化谈判以来规模最大、规格最高的一次会议。为了完成《巴厘路线图》的时间安排和在哥本哈根会议上达成 2012 年后的减排协定框架，各缔约方已自 2009 年 3 月起，在曼谷、波恩、巴塞罗那等地分别举行了五次工作层面的谈判。根据《巴厘路线图》，哥本哈根会议需就以下四个方面达成共识[17]：（1）发达国家采纳雄心勃勃的中期减排目标；（2）明确发展中国家的减排行动；（3）形成短期和中期的应对气候变化的资金安排协议；（4）建立各方认同的履约管理体系。但会议并没有如预期一样取得令人满意的成果，正如吉登斯所指出的，不要憋足劲期待"后巴厘岛谈判"的成功，它们对控制全球变暖不会有太大的帮助，这项事业的规模确实会动人心魄，因为有这么高比例的世界各国参与其中，然而，这一近乎全球参与的事实却意味着协议很容易坠入最小公分母——产生出不痛不痒的结果。[18] 对于哥本哈根会议而言，这种不痛不痒的结果是通过了无法律约束力的《哥本哈根协议》，虽然《哥本哈根协议》未能完成《巴厘路线图》授权的全部任务，但其维护了《公约》和《京都议定书》"双轨制"的谈判进程，就发达国家实行强制减排和发展中国家采取自主减缓行动作出了安排，并就全球长期目标、资金和技术支持、透明度等问题达成广泛共识，为未来的全球气候合作奠定了良好基础。

在森林碳汇的问题上，REDD＋ 机制的地位在《哥本哈根协议》中得以体现。

---

〔17〕曾少军著：《碳减排：中国经验——基于清洁发展机制的考察》，社会科学文献出版社 2010 年版，第 23 页。

〔18〕［英〕安东尼·吉登斯：《气候变化的政治》，曹荣湘译，社会科学文献出版社 2009 年版，第 225 页。

鉴于 REDD 机制的适用性和公平性所受到的质疑,在哥本哈根会议上,经过谈判,REDD 机制加进了通过森林保护和森林可持续管理增加森林碳汇储量的活动,形成了目前的 REDD＋机制,使该机制更具有合理性。REDD＋机制在《哥本哈根协议》中的体现主要表现在以下方面:第六条指出,确认减少毁林和森林退化所致排放量的关键作用,并确认加强森林对温室气体排放的清除量的必要性,一致认为需要立即设立一个包含 REDD＋的机制,以此为这类行动提供积极的激励措施,以期能够调动来自发达国家的资金;第八条指出,应按照《公约》的有关规定,为发展中国家提供额度增加的、新的和额外的、可预测的和适足的资金,并改善获取途径,以扶持和资助加强的缓解行动,包括为减少毁林和森林退化所致排放量(REDD＋)提供大量资金,扶持和资助适应、技术开发和转让以及能力建设,从而加强《公约》的执行。发达国家集体承诺,在 2010 年至 2012 年期间由国际机构提供金额接近 300 亿美元的新的和额外的资源,包括林业和投资,这种资源将在适应和缓解之间均衡分配;第十条指出,决定设立哥本哈根绿色气候基金,作为《公约》资金机制的一个经营实体,以资助发展中国家实施与包括 REDD＋在内的缓解、适应、能力建设、技术开发和转让有关的项目、方案、政策和其他活动。

(三)《坎昆协议》与 REDD＋机制资金框架

由于对哥本哈根会议预期过高,国际社会各方对于 2010 年底在墨西哥坎昆召开的《公约》缔约方第 16 次会议的认识更为清醒,坎昆会议是京都第一承诺期结束前的一次过渡性会议,国际社会将更多的预期放在了 2011 年的德班会议上。坎昆会议正如预期一样,并未解决第二承诺期的时间表问题,只采用了较为模糊的措辞,说"及时确保第一承诺期与第二承诺期之间不会出现空当"。但会议通过的《坎昆协议》在气候资金、技术转让、森林保护等问题上都达成了一定共识。在森林碳汇减排的问题上,《坎昆协议》并没有在 REDD＋机制的具体实施规则上取得进展,但其最大的成就在于对有关 REDD＋机制实施资金的落实。《坎昆协议》指出,由于关注到发达国家集体承诺提供新的和额外的资金,在 2010 年至 2012 年间将启动 300 亿美元的快速启动资金,该资金将优先用于生态最脆弱的发展中国家。在长期资金问题上,决定"按比例增加的、新的、额外的、可预期的,以及足够的资金应该提供给发展中国家",并承认发达国家应在 2020 年联合募集 1000 亿美元用于发展中国家。除了协助发展中国家应对气候行动的 300 亿美元快速启动资金和之后的 1000 亿美元长期资金外,协议还同意建立"绿色气候资金",而这三种资金的使用范围都包括了 REDD＋机制的实施。

(四)《巴黎协定》与 REDD＋机制的新发展

由于 2009 年的哥本哈根会议没有如期通过在 2012 年后适用于所有缔约方的法律协议,因此,2011 年的德班会议启动了京都第二承诺期(2013—2020 年),并设立了德班加强行动平台以致力于在 2015 年通过一个在 2020 年后适用于《公约》所有缔约方的应对气候变化的法律成果。2015 年 11 月 30 日至 12 月 11 日,在法国巴黎召开的《公约》第二十一次缔约方会议如期通过了《巴黎协定》。[19]《巴黎协定》是继《京都议定书》后,《公约》所取得的第二个具有里程碑意义的法律成果。

《巴黎协定》与《京都议定书》的不同之处在于,《京都议定书》采取的是一种自上而下的强制发达国家进行减排的模式,从而为发达国家减排设定了明确的时间表和减排目标,而《巴黎协定》则是采取自下而上的国家自主贡献[20]减排的模式,要求缔约方采取国内减缓措施,以实现自主贡献的目标。《巴黎协定》已经不再仅仅是要求发达国家减排,发展中国家缔约方也要根据本国的国情完成本国的自主贡献。

在 2020 年后的国家自主贡献减排框架下,各方代表对森林碳汇活动在应对气候变化中的地位给予了充分的肯定,一致同意将森林碳汇活动纳入国家自主贡献减排框架中,这一点也在《巴黎协定》第五条中得到了充分的体现。《巴黎协定》第五条第 1 款规定:"缔约方应当采取行动酌情养护和加强《公约》第四条第 1 款 d 项所述的温室气体的汇和库,包括森林。"这一规定是对森林碳汇减缓气候变化战略地位的肯定,也表明森林碳汇活动应对气候变化的贡献应属于国家自主贡献中的

---

〔19〕 巴黎大会上只是通过了《巴黎协定》,《巴黎协定》开放签署的时间是 2016 年 4 月 22 日至 2017 年 4 月 21 日,其生效的条件是存在不少于 55 个《公约》缔约方,且在共占全球温室气体排放总量的至少 55％的《公约》缔约方交存其批准、接受、核准或加入的文书之日后第三十天起生效。《巴黎协定》已于 2016 年 11 月 4 日生效。

〔20〕 根据巴黎大会的决定,各缔约方应在《公约》缔约方会议第二十二届会议(2016 年 11 月)之前,向《公约》秘书处通报用以实现《公约》第二条所载目标的国家自主贡献。

重要组成部分。《巴黎协定》第五条第 2 款规定："鼓励缔约方采取行动,包括通过基于成果的支付,执行和支持《公约》下已经为减少毁林和森林退化造成的排放所涉活动而采取的政策方法和积极奖励措施而议定的有关指导和决定所述的现有框架,以及发展中国家养护、可持续管理森林和增强森林碳储量的作用;执行和支持替代政策方法,如关于综合和可持续森林管理的联合减缓和适应方法;同时重申酌情奖励与这种方法相关的非碳收益的重要性。"《巴黎协定》第五条第 2 款的规定进一步明确了森林碳汇活动的具体领域,包括减少毁林和森林退化、森林养护、森林可持续管理、增加森林碳储量,这与《哥本哈根协议》中确立的 REDD + 机制是完全吻合的,由此可以看出,2020 年后的森林碳汇活动仍将是以 REDD + 机制为主体,但《巴黎协定》也同时指出了应探索森林减缓与适应的综合机制。

《巴黎协定》重申了《公约》中森林吸收汇在应对气候变化中的重要战略地位,同时也进一步明确了后京都时期 REDD + 森林碳汇机制应当成为国家自主贡献减排框架下的重要组成部分。由此可见,无论是在《京都议定书》的发达国家强制减排框架下,还是在《巴黎协定》的国家自主贡献减排框架下,通过森林碳汇应对气候变化都是不可或缺的举措,尤其对于发展中国家来说,森林碳汇减排的低成本性和高非碳效益都将有助于其可持续发展的实现。

(五) REDD + 森林碳汇机制评析

REDD 机制的实质是一种基于市场机制的运作,减少毁林的国家可以获得碳信用,而这些信用可以在国际碳市场上出售,并用由发达国家建立的基金进行支付。但是,REDD 机制仅仅承认减少毁林和森林退化所导致的排放量,而且其主要的对象是热带雨林国家,这使得该机制的适用范围过于狭窄,也就是只有那些高毁林和森林退化严重的国家才能从这个机制中获得利益和补偿,"如果碳信用授予那些毁林和保护森林退化大国,而无视那些在森林保护上进行卓有成效的工作的国家的努力,无疑,REDD 将有可能成为负面激励"[21]。很显然,这与 REDD 机制最初提出的旨在解决部分国家毁林现象严重,森林碳排放太高,如果不尽快减少森林

---

〔21〕 杨万义:《市场化与森林保护:REDD》,http://www.eedu.org.cn/Article/es/envir/stratage/201012/54918.html。

碳排放将阻碍国际社会对减缓气候变化的努力这一目的是密切相关的。但是从更大范围来看,对于长期进行森林恢复和森林保护的国家而言,REDD 机制发挥作用的空间实在有限,但这些国家在为应对气候变化做出积极贡献的同时却没有任何奖励机制给予其回馈,这显然违反了公平性。[22] 因此,在国际气候谈判中,REDD 机制逐渐发展为 REDD＋机制。

与 REDD 机制相比,REDD＋机制虽然扩大了适用范围,但是其在本质上与 REDD 机制均是寻求经济补偿的一种机制,用以鼓励各国减少森林破坏和防止森林退化,鼓励各国实施森林保护、森林可持续管理以增加碳储量,允许这些国家将通过实施上述活动取得的森林碳信用放入碳市场进行交易,从而获得相应的资金来源。可见,在 REDD＋机制的运行过程中涉及两个关键性问题:一是可核查的森林碳信用,这一问题的解决需要从方法学上予以考虑;二是补偿资金,这一问题的解决则需要建立资金机制。[23] 为此,哥本哈根会议还通过了与 REDD＋机制相关的两个重要文件,一是《关于发展中国家减少毁林和森林退化所致排放量相关活动、森林保护和可持续管理的作用,以及提高森林碳储量的方法学指导意见》,二是《对全球环境基金的进一步指导意见》。后者旨在继续审议对全球环境基金的进一步指导意见,以期提出一项决定草案,供缔约方第 16 次会议通过。而令人欣慰的是,《坎昆协议》中对关于资金的问题已经取得一致意见,这为 REDD＋机制的实施奠定了基础,而《巴黎协定》中再次肯定了 REDD＋森林碳汇机制在应对气候变化中的重要地位,也为 REDD＋森林碳汇机制在国家自主贡献减排框架下发挥作用提供了重要的法律依据。

五、森林碳汇国际法律机制的发展趋势

在《公约》通过以来的 20 余年间,森林问题一直是气候变化谈判中的重要议题之一,也是谈判的亮点之一,相对于其他议题来说,其在气候变化的国际法发展中

---

[22] 颜士鹏:《应对气候变化森林碳汇国际法律机制的演进及其发展趋势》,《法学评论》2011 年第 4 期,第 132 页。

[23] 颜士鹏:《应对气候变化森林碳汇国际法律机制的演进及其发展趋势》,《法学评论》2011 年第 4 期,第 132 页。

取得了较大进展。在未来的气候变化国际法框架中,森林碳汇依旧将是重要的合法减排方式,而且其实施机制将进一步多元化。森林碳汇国际法律机制的未来发展趋势可以概括为以下方面:[24]

(一) 森林碳汇减排的法律地位将得到进一步提升

《公约》《京都议定书》以及《巴黎协定》都确立了森林碳汇合法减排方式的法律地位,但是,鉴于各利益集团在森林碳汇问题上所表现出来的不同立场,以及森林碳汇减排的诸多技术性因素等,京都第一承诺期对于森林碳汇的减排总体上表现出一种谨慎的态度,这种谨慎的最直接表征是造林、再造林森林碳汇项目是第一承诺期唯一合格的清洁发展机制项目。而森林议题在国际气候谈判中所不断取得的突破(其中尤以 REDD＋机制的形成为代表)表明了森林碳汇减排在后京都时代仍将是气候变化减缓领域重要的措施。正如 IPCC 报告所指出:"林业具有多种效益,兼具减缓和适应气候变化的双重功能,是未来 30 年到 50 年增加碳汇、减少排放中成本较低、经济可行的重要措施"[25]。从单一的造林、再造林的 CDM 机制到减少毁林与森林退化、森林保护和森林可持续经营管理的 REDD＋机制与 CDM 机制并行,气候变化的国际法发展使得森林碳汇减排已经开始从谨慎走向开放,而这无疑将大大提升森林碳汇减排的法律地位。后京都时代森林碳汇法律地位的提升将表现为三个方面:第一,能够作为合法减排方式的森林碳汇活动范围将扩大,不再局限于造林、再造林,而是包括所有与增加森林碳汇相关的林业活动;第二,通过森林碳汇所折抵的减排量上限将有所提高,不再受到目前基准年 1‰ 的上限限制,其原因在于后京都时代各国所承担的减排任务将更加艰巨,而工业减排将受到更多的障碍;第三,后京都时代森林碳汇将成为发展中国家国内减排的主要途径。需要特别指出的是,虽然 REDD＋机制已经由通过的一系列气候变化协议予以肯定,但由于这些协议并不具有法律约束力,所以还不能说其建立了 REDD＋机制真正的实施规则,尚需要具有法律约束力的国际法律文件将 REDD＋机制确认为合法

---

[24] 参见颜士鹏:《应对气候变化森林碳汇国际法律机制的演进及其发展趋势》,《法学评论》2011 年第 4 期,第 130 页。

[25] IPCC. Climate Change 2007: Mitigation of Climate Change. http://www.ipcc.ch/index.htm(2010 年 12 月 21 日访问)。

的减排方式,并制定 REDD＋机制具体的操作实施规则。

（二）REDD＋机制将成为后京都时代森林碳汇减排的主要机制

随着京都第一承诺期的结束,未来造林、再造林森林碳汇机制将不再是森林碳汇减排领域的主要机制,取而代之的则是 REDD＋机制。REDD＋机制虽然在国际气候谈判中也受到了各种障碍和质疑,但有一点是肯定的,即几乎所有的国家都想停止毁林和森林退化,而 REDD＋机制"真正的争议在于,如何对这种森林减缓气候变化的行动提供激励"[26]。通过第一承诺期造林再造林森林碳汇项目的实践可以看出,对于 REDD＋机制提供的激励,还需有大量的配套规则跟进。尽管《哥本哈根协议》体现了 REDD＋机制的内容,《坎昆协议》也对资金的落实达成了一致,但二者毕竟是没有法律约束力的框架协议,尤其是 REDD＋机制实施的具体规则和一些涉及到利益相关方的核心问题还需要类似于《京都议定书》性质的国际法文件予以确认。具体来说,REDD＋机制是作为一种独立的机制还是应该作为清洁发展机制的一部分;REDD＋机制是以国家尺度形式实施还是以项目尺度形式实施,或者采用混合尺度;资金的补偿是完全通过市场进行融资,还是通过发达国家的公共资金来提供;通过 REDD＋机制折抵减排量的上限等,这些问题还需进一步确认。从实践来看,2010 年 5 月在奥斯陆"气候变化和森林大会"期间所建立的临时性 REDD＋伙伴关系[27]对 2010 年至 2012 年间的 REDD＋筹资认捐额已达到45 亿美元,筹集的资金旨在用来帮助发展中国家实施 REDD＋行动。REDD＋伙伴关系的实践已经证明,其资金主要来源于发达国家所建立的公共资金,而并非是通过市场补偿的方式取得,而这之后的《坎昆协议》中所提出的三种资金也都属于

---

〔26〕 吴水荣:《REDD 将成为 2012 年后气候框架的重要组成部分》,http://www.lknet.ac.cn/。

〔27〕 2010 年 5 月 27 日,"气候变化和森林大会"在挪威奥斯陆召开,来自 50 多个国家及 20 多个国际组织和非政府组织的代表出席了大会。大会的主要目标是建立自愿的临时性伙伴关系,以减少发展中国家因毁林和森林退化而导致的温室气体排放以及通过森林保护和可持续管理等行动增加碳汇(REDD＋)。大会最终达成了关于减少毁林引起温室气体排放的协议,宣布正式建立自愿的、不具法律约束力的、临时的全球森林伙伴关系,并明确了伙伴关系的核心目标、原则、组织管理和伙伴成员责任。伙伴关系协议达成了以下几项主要原则:针对不同的国家状况,专门为其能力建设和项目执行给予资金支持;加强融资活动的协调并使其具有充分的透明度;重视利益相关者代表,包括土著人口和私人部门的参与。伙伴关系明确支持和促进联合国气候变化框架公约的进程,表示将充分增加已有的和新建立的 REDD＋国际资金使用的透明度。国家林业局祝列克副局长代表中国政府宣布加入该伙伴关系。

公共资金。因此,REDD+机制未来的运行模式应当主要是采用发达国家公共资金补偿的运行模式。从这一点上看,REDD+机制应当是独立于清洁发展机制的一种单独的森林碳汇机制,虽然其在最初提出的时候是以市场补偿机制为基础,但公共资金补偿与市场补偿从本质上都是寻求经济补偿,因此内涵仍是一致的。但无论REDD+机制具体实施规则如何制定,其成为后京都时代气候变化国际法中森林碳汇机制的趋势已然不可替代。

(三) 森林碳汇将是发展中国家自主贡献履约的重要方式

2020年以前,发展中国家并不承担任何减排义务,要求发展中国家减排是发达国家一直以来的主张。而现实情况是,近年来,发展中国家的温室气体排放总量在全球排放总量中所占据的份额呈现出逐年增长的趋势,中国已经超越美国成为全球温室气体排放量最大的国家,而印度、巴西、南非等发展中国家也都成为温室气体的排放大国。迫于发达国家和排放现实的压力,自愿承诺减排已经成为气候变化国际法发展中的一种趋势,中国也在2009年正式提出自愿减排的目标。自愿减排的模式也得到了国际社会较高的认可,《巴黎协定》的通过即是对自主减排的一种肯定。《巴黎协定》确定的自主贡献减排使发展中国家在2020年后也开始承担非强制性的减排义务。在未来应对气候变化的进程中,发展中国家将走一条从无减排义务到自主贡献减排的道路,而鉴于目前气候变化后果的不乐观性和全球温室气体的高增长性,发展中国家自主贡献减排的目标仍会有所增加。对于发展中国家来说,要完成自主贡献减排义务有如下两种方式:一是通过减少碳源,即通过工业减排实现;二是通过增加碳汇,即通过森林碳汇实现。发展中国家当前的主要任务仍是发展,通过工业减排会对其经济发展造成影响,故使其完全通过工业减排的方式承担自主贡献减排的义务显然不具有正当性。而较之工业减排,森林碳汇的低成本性和效益多重性不仅不会影响发展中国家的经济发展,反而有助于其可持续发展的实现,理应成为其承担自主贡献减排义务的主要减排方式。从京都第一承诺期的造林、再造林项目实践和REDD+机制的前景来看,其受发展中国家欢迎的程度已大大超出预期,从这一点上看,发展中国家通过CDM和REDD+森林碳汇机制完成自主贡献减排目标既符合其政治意愿又具有操作的可适性。

(四) 森林减缓与适应的综合和可持续森林管理机制地位将得到加强

森林碳汇最早主要是在减缓气候变化的领域中提出的,其是作为增加碳汇的主要方面而与减少碳源排放对应的一种减缓气候变化的形式。从国际气候谈判的进程来看,无论是《京都议定书》框架下的造林再造林森林碳汇机制,还是《哥本哈根协议》确立的 REDD+森林碳汇机制,都是从减缓气候变化的角度确立的森林碳汇机制。森林碳汇机制的实施通常是以具体森林碳汇项目的形式开展的,吸收温室气体是其主要的目的之一,但森林碳汇项目往往具有多重效益,其不仅具有减缓的效益,同时也兼具适应的效果,如为保护生物多样性而提供栖息地、调整树种的种植、建立适应性的保护区等。《巴黎协定》第五条中已经明确指出:"执行和支持替代政策方法,如关于综合和可持续森林管理的联合减缓和适应方法;同时重申酌情奖励与这种方法相关的非碳收益的重要性。"因此,未来的森林碳汇机制不应只关注减缓效应,而需要采取更多综合性的方法和可持续森林管理的措施发挥森林减缓与适应的双重效应。

本章小结

森林碳汇是国际法上确立的应对气候变化的重要措施之一,较之工业减排,森林碳汇具有成本低、效率高的特点,因而其在各次国际气候谈判中均受到高度关注。《公约》虽然并未对森林碳汇作出直接规定,但《公约》确立了"吸收汇"的法律地位,森林碳汇作为吸收汇的一种形式便自然具有了国际法上的合法减排地位。

国际法上的森林碳汇机制经历了从造林再造林森林碳汇机制到减少毁林和森林退化、森林保护、森林可持续管理等增加碳储量的 REDD+ 机制的演变。《京都议定书》《波恩政治协议》《马拉喀什协定》等将"造林、再造林"作为第一承诺期清洁发展机制唯一合格的森林碳汇项目,并制定了严格的项目规则和可以折抵减排的上限。虽然京都第一承诺期森林碳汇机制开启了国际森林碳汇的市场,但其并未将与森林碳汇有关的林业活动悉数作为合格的减排措施,这也表明了国际气候治理框架对森林碳汇所持有的谨慎态度。而从巴厘岛会议开始,后京都时代的减排被提上议事日程,《巴厘行动计划》和《哥本哈根协议》扩大了森林碳汇减排的活动范围,将减少毁林和防止森林退化、森林保护、森林可持续管理等林业活动也确立为森林碳汇减排的手段,形成了 REDD + 机制,《巴黎协定》中也再次肯定了 REDD + 森林碳汇机制的地位和作用,这进一步丰富了国际气候谈判中森林碳汇的内容,也表明在 2020 年后的国际减排框架中,森林碳汇减排的地位依然不容小觑。

第三章　中国森林碳汇政策与法律的实然检视

碳排放权交易与森林碳汇减排在我国的兴起不过是近几年的事情,对于碳排放权交易和碳汇这些词语,很多人仍然非常陌生。森林碳汇交易是碳交易体系的重要组成部分,我国的碳排放权交易试点是从 2011 年开始起步的,但我国最早的森林碳汇交易则可以追溯到 2006 年,是通过清洁发展机制完成的,不受国内碳交易规则的限制,因此,我国开展森林碳汇的时间要早于我国碳排放权交易的试点时间。我国对森林碳汇减排的推进是从政策起步的,2007 年《应对气候变化国家方案》的出台确立了林业在我国应对气候变化中的战略地位,随后的一系列森林碳汇相关政策的出台加速了我国碳汇造林进程的推进。当前,我国已经向国际社会承诺进行自主减排,森林碳汇减排作为一项低成本的减排措施,其对于我国这样一个发展中国家而言应该是最为经济的手段。但我国现行森林立法对增强森林碳汇功能的保障是严重不足的,从长远来说,这对我国发展森林碳汇减排是不利的,从政策推进向法律规制的转化将是我国森林碳汇减排未来的路径。

一、中国碳排放权交易的政策与法律现状

碳交易机制是《京都议定书》中确立的重要履约手段,《京都议定书》也将森林碳汇交易作为碳交易体系中的一种合法交易方式,虽然从保障森林碳汇持续发展的角度而言,仍需要其他重要的森林保护与经营手段进行配套保障,但核心问题在于实现森林碳汇的有序交易。因此,在探讨我国森林碳汇政策与立法之前,仍需要对我国碳排放权交易的政策与法律法规进行必要的梳理。

(一) 国家层面的碳排放权交易政策与法规现状

2007 年,国家应对气候变化办公室专门发布公告明确表明我国无计划建立气候交易所,这说明我国当时政策不支持建立碳交易市场,没有政策支持的市场显然是难以为继的。但在我国提出自愿承诺减排目标以后,我国气候变化政策有所转向,最早提出要建立碳排放交易制度的政策文件是 2010 年的《国务院关于加快培育和发展战略性新兴产业的决定》。进入 2011 年后,国家建立碳排放权交易制度的态度更加坚定。首先,《国民经济和社会发展第十二个五年规划纲要》明确提出"要建立完善温室气体排放统计核算制度,逐步建立碳排放交易市场";其次,《"十二五"节能减排综合性工作方案》也指出,"开展碳排放交易试点,建立自愿减排机制,推进碳排放权交易市场建设";再次,《"十二五"控制温室气体排放工作方案》中也明确将探索建立碳排放交易市场作为我国控制温室气体排放重点任务。[1] 进入"十三五"期间后,国家明确提出要建立全国性的碳排放权交易市场,《国民经济和社会发展第十三个五年规划纲要》指出,要"控制非二氧化碳温室气体排放。推动建设全国统一的碳排放交易市场,实行重点单位碳排放报告、核查、核证和配额管理制度,健全统计核算、评价考核和责任追究制度,完善碳排放标准体系"。《"十三五"节能减排综合工作方案》进一步提出,"要健全碳排放权交易机制,创新有偿使用、预算管理、投融资等机制,培育和发展交易市场,推进碳排放权交易,2017 年启动全国碳排放权交易市场"。从国家"十二五"规划到"十三五"规划的转变足以彰显国家层面政策对碳交易制度和碳交易市场的高度关注。

为推进国内碳排放权交易市场的发展,我国自 2011 年起陆续出台了一系列鼓励和支持碳排放权交易市场的相关法规及政策,主要包括:《关于开展碳排放权交易试点工作的通知》(2011 年 10 月 29 日,国家发改委);《温室气体自愿减排交易管理暂行办法》(2012 年 6 月 13 日,国家发改委);《碳排放权交易管理暂行办法》(2014 年 12 月 10 日,国家发改委);《关于落实全国碳排放权交易市场建设有关工作安排的通知》(2015 年 9 月 23 日,国家发改委);《关于切实做好全国碳排放权交

---

[1] 参见颜士鹏,邹丽梅:《基于森林碳汇的碳排放权交易法律制度之建构》,《郑州大学学报(社会科学版)》2014 年第 1 期。

易市场启动重点工作的通知》(2016 年 1 月 22 日,国家发改委);《碳排放权交易管理条例(送审稿)》(2016 年 3 月 30 日,国家发改委起草上报国务院);《全国碳排放权交易市场建设方案(发电行业)》(2017 年 12 月 18 日,国家发改委)。

为了贯彻国家"十二五"规划提出的逐步建立国内碳排放交易市场的要求,推动运用市场机制以较低成本实现 2020 年我国控制温室气体排放行动目标、加快经济发展方式转变和产业结构升级,2011 年 10 月,国家发改委下发《关于开展碳排放权交易试点工作的通知》,在综合考虑并结合有关地区申报情况和工作的基础上,确立"五市两省"为碳交易试点,包括北京、天津、上海、深圳、广东、湖北和重庆,并提出了 2013 年启动试点碳交易和 2015 年建立全国统一碳交易市场的目标。这标志着我国开始对总量控制下的强制性碳交易进行逐步探索和试验。

为了鼓励基于项目的温室气体资源减排交易并保障交易活动的有序开展,国家发改委于 2012 年 6 月 13 日制定了《温室气体自愿减排交易管理暂行办法》,旨在保障自愿减排交易活动的有序开展和调动全社会自觉参与碳减排活动的积极性,为逐步建立总量控制下的碳排放权交易市场积累经验,奠定技术和规则基础。该《暂行办法》共六章三十一条,就自愿减排项目管理、项目减排量管理、减排量交易、审定与核证管理等主要内容进行了规定。

为推动建立全国碳排放权交易市场,国家发改委于 2014 年 12 月 10 日发布《碳排放权交易管理暂行办法》,这是第一部国家碳市场法规,其对国家层面的碳市场建设给出了相关政策及思路。《办法》主要对碳排放交易中各主管部门的管理职能进行了相应的安排,在两级管理的框架下,分别对覆盖范围确定、配额总量确定和配额分配、碳排放权交易、注册登记系统、碳排放核算报告和核查、配额清缴的管理进行了部署,在至为重要的配额分配上,管理办法体现了"中央统一制定标准和方案、地方负责具体实施而拥有一定灵活性"的思路,为 2015 年至 2020 年的全国碳市场的全面启动及完善提供了重要支撑。

2015 年 5 月,国家发改委印发了《关于落实全国碳排放权交易市场建设有关工作安排的通知》,要求切实提升各地方主管部门对建立全国碳排放权交易市场紧迫感和重要性的认识,推动各地方主管部门将碳排放权交易市场建设纳入重要议事日程,按照统一部署和要求,扎实做好各项准备工作,确保全国碳排放权交易市场的顺利启动。

为了进一步保证在 2017 年建立全国碳排放权交易制度,2016 年 1 月,国家发改委下发了《关于切实做好全国碳排放权交易市场启动重点工作的通知》。通知要求,国家、地方和企业上下联动,协同推进全国碳排放权交易市场建设,确保在 2017 年启动全国碳排放权交易,实施碳排放权交易制度。全国碳排放权交易市场第一阶段将涵盖石化、化工、建材、钢铁、有色、造纸、电力、航空等重点排放行业,参与主体初步考虑为业务涉及上述重点行业,且 2013 年至 2015 年中任意一年综合能源消费总量达到 1 万吨标准煤以上(含)的企业法人单位或独立核算企业单位。对拟纳入企业的历史碳排放进行核算、报告与核查。培育和遴选第三方核查机构及人员,强化能力建设等工作任务。各地方应落实建立碳排放权交易市场所需的工作经费,争取安排专项资金并专门支持碳排放权交易相关工作。此外,还需积极开展对外合作,利用合作资金支持能力建设等基础工作。各央企集团应为本集团内企业加强碳排放管理工作提供经费支持,支持开展能力建设、数据报送等相关工作。

2017 年是我国全国性碳排放权交易市场的启动年,为了进一步对全国性的碳排放权交易市场进行有效的保障,由国家发改委负责起草的《碳排放权交易管理条例(送审稿)》已于 2016 年 3 月 30 日正式上报国务院进行审议,该送审稿包括总则、配额管理、市场交易、报告、核查与清缴、信息公开与监督管理、法律责任、附则共计七章三十七条。其中,配额管理与市场交易是碳排放权交易中的核心要素。在配额管理方面,该送审稿主要对重点排放单位的确定和调整、配额的总量控制、配额预留、配额分配、配额权属、地方剩余配额归属、配额分配收益、新能源汽车配额管理等进行了规定。在市场交易方面,该送审稿主要从交易产品、交易主体、交易机构、交易信息、市场调节五个方面对交易环节进行了规制。从配额管理与市场交易这两个核心内容来看,《碳排放权交易管理条例(送审稿)》较之 2014 年的《碳排放权交易管理暂行办法》规定得更加系统和明确,这将为国家碳排放权交易市场的建立提供更加有利的法制保障。

为确保 2017 年全国碳排放交易体系的顺利启动以及扎实推进全国碳排放权交易市场建设工作,国家发改委于 2017 年 12 月 18 日发布了《全国碳排放权交易市场建设方案（发电行业）》（下文简称《建设方案》），标志着我国全国碳排放权交易市场的正式启动。该《建设方案》明确指出，坚持将碳市场作为控制温室气体排放政策工具的工作定位，以发电行业为突破口率先启动全国碳排放交易体系，培育市场主体，完善市场监管，逐步扩大市场覆盖范围，丰富交易品种和交易方式，逐步建立起归属清晰、保护严格、流转顺畅、监管有效、公开透明、具有国际影响力的碳市场。

《建设方案》共分三个实施阶段：基础建设期，主要完成全国统一的数据报送系统、注册登记系统和交易系统建设，深入开展能力建设，提升各类主体的参与能力和管理水平，开展碳市场管理制度建设。模拟运行期，主要开展发电行业配额模拟交易，全面检验市场各要素环节的有效性和可靠性，强化市场风险预警与防控机制，完善碳市场管理制度和支撑体系。深化完善期，主要在发电行业交易主体间开展配额现货交易，交易仅以履约（履行减排义务）为目的，履约部分的配额予以注销，剩余配额可跨履约期转让和交易，在发电行业碳市场稳定运行的前提下，逐步扩大市场覆盖范围，丰富交易品种和交易方式，尽早将国家核证自愿减排量纳入全国碳市场。

《建设方案》确定的初期交易主体为发电行业重点排放单位，即发电行业中年度排放达到 2.6 万吨二氧化碳当量（综合能源消费量约 1 万吨标准煤）及以上的企业或者其他经济组织。年度排放达到 2.6 万吨二氧化碳当量及以上的其他行业自备电厂视同发电行业重点排放单位进行管理。在条件成熟后，主体将扩大至其他高耗能、高污染和资源性行业。从交易产品来看，《建设方案》确定的初期交易产品为配额现货，条件成熟后将增加符合交易规则的国家核证自愿减排量及其他交易产品。

《建设方案》在制度建设方面着重提出了三类制度建设。一是碳排放监测、报告与核查制度。由国务院发展改革部门会同相关行业主管部门制定企业排放报告管理办法、完善企业温室气体核算报告指南与技术规范。各省级、计划单列市应对气候变化主管部门组织开展数据审定和报送工作。重点排放单位应按规定及时报告碳排放数据。重点排放单位和核查机构须对数据的真实性、准确性和完整性负责。二是重点排放单位配额管理制度。由国务院发展改革部门负责制定配额分配标准和办法,各省级及计划单列市的应对气候变化主管部门按照标准和办法向辖区内的重点排放单位分配配额。重点排放单位应当采取有效措施控制碳排放,并按实际排放清缴配额。省级及计划单列市的应对气候变化主管部门负责监督清缴,对逾期或不足额清缴的重点排放单位依法依规予以处罚,并将相关信息纳入全国信用信息共享平台以实施联合惩戒。三是市场交易相关制度。由国务院发展改革部门会同相关部门制定碳排放权市场交易管理办法,对交易主体、交易方式、交易行为以及市场监管等进行规定,构建能够反映供需关系、减排成本等因素的价格形成机制,建立有效防范价格异常波动的调节机制和防止市场操纵的风险防控机制。

总体而言,我国当前已经生效的针对碳排放权交易的专门性立法只有国家发改委于 2012 年颁布的《温室气体自愿减排交易管理暂行办法》和 2014 年颁布的《碳排放权交易管理暂行办法》。这两个《办法》均是国家发改委颁布的行政规章,从法律效力等级上来说,行政规章的效力低于法律和行政法规。从碳排放权初期的试点阶段来看,以行政规章推动碳排放权交易的试点是可以维持的,但经过初期试点阶段,在国家正式在全国推行碳排放权交易制度后,行政规章的立法层级是不能保障碳排放权交易制度的有效运行的,因此必须提高碳排放权交易的立法层级,当前已经送审的《碳排放权交易管理条例》属于国务院的行政法规,这从一定程度上将暂时解决我国碳交易立法层级过低的困境。

(二)中国碳排放权交易的地方性立法与政策现状

伴随着 2013 年碳排放权交易试点工作的启动,各试点省市均结合本地方的实际情况颁布了一系列地方性法规和地方性规章,以弥补国家碳排放交易立法的不完善之处,进而通过地方性立法保障碳排放交易制度的顺利运行。

深圳市是首个启动试点的城市。2012 年 10 月 30 日,深圳市人大常委会第十八次会议审议通过了《深圳经济特区碳排放管理若干规定》;2013 年 6 月 18 日,深圳碳排放交易试点开始交易;2014 年 3 月 19 日,深圳市发布《深圳市碳排放权交易管理暂行办法》,该办法共八章八十六条;2015 年 6 月 2 日,深圳市发改委下发《深圳市碳排放权交易市场抵消信用管理规定(暂行)》,规定 CCER 的使用比例不得超出企业当年实际碳排放量的 10%。

北京市碳排放权交易的相关地方性立法和政策较为健全。《北京市碳排放权交易试点实施方案（2012—2015）》于 2012 年 10 月率先获得国家发改委批复。2013 年 11 月 22 日,北京市发改委发布了《关于开展碳排放权交易试点工作的通知》。2013 年 11 月 28 日,北京市碳排放交易市场正式开始交易。2013 年 12 月 27 日,北京市人民代表大会常务委员会发布了《关于北京市在严格控制碳排放总量前提下开展碳排放权交易试点工作的决定》,该决定共六条,主要包括明确了总量控制制度、碳排放配额管理和碳排放权交易制度、碳排放报告和第三方核查制度、法律责任制度等。北京市于 2014 年 5 月 28 日发布了《北京市碳排放权交易管理办法(试行)》,共六章二十六条,又于 2014 年颁布了《北京市碳排放权抵消管理办法》。2015 年初,北京市发改委发布了《关于进一步做好碳排放交易试点有关工作的通知》,对排放报告报送、配额核发、履约等方面做了更加严格的规定。3 月下旬,北京市发改委连续发布《关于责令重点排放单位限期报送碳排放核查报告的通知》及《关于开展 2015 年碳排放报告报送核查及履约情况专项监察的通知》。

上海市于 2013 年 11 月 26 日正式启动碳排放交易。2013 年 11 月 18 日,上海市人民政府颁布了《上海市碳排放管理试行办法》,自 2013 年 11 月 20 日起施行,该办法共七章四十五条。《上海市碳排放管理试行办法》是上海碳排放交易所依据的主要地方性法规。2013 年 11 月 22 日,上海发改委又发布了《上海市 2013—2015 年碳排放配额分配和管理方案》,并于 2015 年 1 月出台了《关于本市碳排放交易试点期间有关抵消机制使用规定的通知》,同年 4 月又增发了《关于本市碳排放交易试点期间进一步规范使用抵消机制有关规定的通知》。

广东省政府于 2012 年 9 月 7 日发布《广东省碳排放权交易试点工作实施方案》,对碳排放交易试点的框架性制度作了规定。2013 年 11 月 25 日,广东省政府发布《广东省碳排放权配额首次分配及工作方案(试行)》。2013 年 12 月 19 日,广东省碳排放交易市场开始交易。2013 年 12 月 17 日,广东省第十二届人民政府第 17 次常务会议通过《广东省碳排放管理试行办法》,自 2014 年 3 月 1 日起施行,共七章四十三条。在此基础上,广东省发改委于 2014 年 3 月中旬制定了《广东省碳排放配额管理实施细则(试行)》和《广东省企业碳排放信息报告与核查实施细则(试行)》,同时组织编制了《广东省企业碳排放核查规范(试行)》等文件,并于 2015 年修订了《广东省发展改革委关于碳排放配额管理的实施细则》和《广东省发展改革委关于企业碳排放信息报告与核查的实施细则》等政策文件。目前,广东省政策法规体系层次明确,形成了以《广东省碳排放管理试行办法》为总纲性文件,以《广东省碳排放配额管理实施细则》为统筹性文件,以《广东省年度碳排放配额分配实施方案》和《广东省企业碳排放报告指南》等为实施性文件的三级政策体系。

天津市政府于 2013 年 2 月 5 日印发《天津市碳排放权交易试点工作实施方案》,对天津市碳排放交易试点的制度框架作出了原则性规定。2013 年 12 月 20 日,天津市政府发布《天津市碳排放权交易管理暂行办法》,对天津碳排放交易制度作出了明确的规定,共七章四十条。2013 年 12 月 26 日,天津正式启动碳交易。2015 年,天津市发改委发布了《关于天津市碳排放权交易试点利用抵消机制有关事项的通知》。2016 年 3 月 21 日,天津市人民政府重新制定了《天津市碳排放权交易管理暂行办法》(自 2016 年 6 月 1 日起实施)。

湖北省政府于 2013 年 2 月 18 日印发《湖北省碳排放权交易试点工作实施方案》,对湖北省碳排放交易试点工作的总体部署作出了原则性的规定。2014 年 3 月 17 日,湖北省人民政府常务会议审议通过了《湖北省碳排放权管理和交易暂行办法》,自 2014 年 6 月 1 日起正式施行。《湖北省碳排放权管理和交易暂行办法》共七章五十六条,涵盖了碳交易活动各个环节,包括总则、碳排放权配额的分配与管理、碳排放权交易、碳排放权监测、报告与核查、激励和约束机制、法律责任以及附则。2015 年 4 月 16 日,湖北省发改委发布了《2015 年湖北省碳排放权抵消机制有关事项的通知》。

重庆市的碳排放权交易地方性立法和政策建设较为欠缺,目前重庆市只有 2013 年 3 月 27 日颁布的《重庆市碳排放权交易管理暂行办法》,共六章四十三条。

二、中国森林碳汇政策体系现状

目前,我国与森林碳汇相关的政策既包括《中国应对气候变化国家方案》和《中国应对气候变化的政策与行动》这一类的气候变化宏观指导性政策,也包括诸如《应对气候变化林业行动计划》和《林业应对气候变化"十二五"要点》这一类专门性的林业应对气候变化的政策,同时还包括《关于开展清洁发展机制下造林再造林碳汇项目的指导意见》《关于加强林业应对气候变化及碳汇管理工作的通知》《关于加强碳汇造林管理工作的通知》《关于开展碳汇造林试点工作的通知》等国家林业局关于森林碳汇的专门性文件。

(一)国家宏观层面应对气候变化政策中的林业应对措施

1. 《中国应对气候变化国家方案》中的林业应对措施

根据《气候变化框架公约》的规定,编制应对气候变化的有关国家方案和计划是每个缔约方应当承担的基本义务,为履行《公约》赋予的这一重要义务,中国政府于 2007 年 6 月 4 日公布了《中国应对气候变化国家方案》(下文简称《国家方案》),该方案包括前言、中国气候变化的现状和应对气候变化的努力、气候变化对中国的影响与挑战、中国应对气候变化的指导思想及原则目标、中国应对气候变化的相关政策和措施、中国对若干问题的基本立场及国际合作需求几个部分。这是我国第一部应对气候变化的政策性文件,而且也是全球发展中国家中第一个公布的国家方案,对我国开展应对气候变化的工作具有很强的指导性。

《国家方案》认为,林业在我国应对气候变化中具有重要的战略地位,同时其将林业和森林列为减缓气候变化的六个重点领域和适应气候变化的四个重要领域之一。《国家方案》中指出了气候变化对中国森林资源保护和发展提出的诸多挑战,也提出了我国森林到 2010 年应对气候变化的具体目标,同时还从减缓和适应两个方面提出了对林业和森林应当采取的具体措施。

在气候变化对中国森林资源保护和发展提出的挑战方面,《国家方案》指出,中国应对气候变化,一方面需要强化对森林的保护工作,提高森林适应气候变化的能力,另一方面也需要进一步加强植树造林工作,提高森林碳吸收汇的能力。中国森林资源总量不足,远远不能满足国民经济和社会发展的需求,随着工业化、城镇化进程的加快,保护林地的任务加重,压力加大。中国生态环境脆弱,干旱、荒漠化、水土流失、湿地退化等仍相当严重,现有可供植树造林的土地多集中在荒漠化、石漠化以及自然条件较差的地区,给植树造林和生态恢复带来巨大的挑战。

《国家方案》所确定的森林应对气候变化的具体目标是,通过继续实施植树造林、退耕还林还草、天然林资源保护、农田基本建设等政策措施和重点工程建设,到 2010 年,努力实现森林覆盖率达到 20%,力争实现碳汇数量比 2005 年增加约 0.5 亿吨二氧化碳。

同时,《国家方案》分别在减缓领域和适应领域确立了林业应当采取的措施。在减缓方面,林业应当采取的措施包括三方面:首先,加强法律法规的制定和实施。一方面应当加快林业法律法规的制定、修订和清理工作,制定《天然林保护条例》和《林木和林地使用权流转条例》等专项法规;另一方面应当加大执法力度,完善执法体制,加强执法检查,扩大社会监督,建立执法动态监督机制。其次,改革和完善现有产业政策。应当继续完善各级政府造林绿化目标管理责任制和部门绿化责任制,进一步探索市场经济条件下全民义务植树的多种形式,制定相关政策推动义务植树和部门绿化工作的深入发展。通过相关产业政策的调整,推动植树造林工作的进一步发展,增加森林资源和林业碳汇。再次,抓好林业重点生态建设工程。继续推进天然林资源保护、退耕还林还草、京津风沙源治理、防护林体系、野生动植物保护及自然保护区建设等林业重点生态建设工程,抓好生物质能源林基地建设,通过有效实施上述重点工程,进一步保护现有森林碳贮存,增加陆地碳贮存和吸收汇。

　　在林业适应气候变化措施方面,《国家方案》确定的内容也包括三方面:首先,制定和实施与适应气候变化相关的法律法规。加快《中华人民共和国森林法》和《中华人民共和国野生动物保护法》的修订,起草《中华人民共和国自然保护区法》,制定《湿地保护条例》等,并在有关法律法规中增加和强化与适应气候变化相关的条款,为提高森林和其他自然生态系统适应气候变化能力提供法制化保障。其次,强化对现有森林资源和其他自然生态系统的有效保护。对天然林禁伐区实施严格保护,使天然林生态系统由逆向退化向顺向演替转变。实施湿地保护工程,有效减少人为干扰和破坏,遏制湿地面积下滑趋势。扩大自然保护区面积,提高自然保护区质量,建立保护区走廊。加强森林防火,建立完善的森林火灾预测预报、监测、扑救助、林火阻隔及火灾评估体系。积极整合现有林业监测资源,建立健全国家森林资源与生态状况综合监测体系。加强森林病虫害控制,进一步建立健全森林病虫害监测预警、检疫御灾及防灾减灾体系,加强综合防治,扩大生物防治。再次,加大技术开发和推广应用力度。研究与开发森林病虫害防治和森林防火技术,研究选育耐寒、耐旱、抗病虫害能力强的树种,提高森林植物在气候适应和迁移过程中的竞争和适应能力。开发和利用生物多样性保护和恢复技术,特别是森林和野生动物类型自然保护区、湿地保护与修复、濒危野生动植物物种保护等相关技术,降低气候变化对生物多样性的影响。加强森林资源和森林生态系统定位观测与生态环境监测技术,包括森林环境、荒漠化、野生动植物、湿地、林火和森林病虫害等监测技术,完善生态环境监测网络和体系,提高预警和应急能力。

对于林业或是森林生态系统而言,减缓与适应的诸多手段都是融合在一起的,所以《国家方案》中所确立的林业减缓和适应气候变化的措施手段也是很紧密地结合在一起的。例如,法律法规的建设本身就包括减缓与适应的内容,再比如,天然林保护的问题、森林病虫害和森林防火的问题皆是如此。《国家方案》所确立的林业应对气候变化的地位是与《公约》的思想一脉相承的,但从其所确立的具体措施而言,其较之于《公约》更具可操作性,是我国应对气候变化的一部全方位的战略性指导文件,其出台的意义是深远的。

2.《中国应对气候变化的政策与行动》中的林业政策与行动

《中国应对气候变化的政策与行动》白皮书是为了贯彻《国家方案》,根据中国每年所采取的应对气候变化的具体政策与行动而编制的年度报告,从 2008 年开始至今已经编制了八份《中国应对气候变化的政策与行动》报告。

2008 年的《中国应对气候变化的政策与行动》在增加森林碳汇方面指出,通过继续实施植树造林、退耕还林还草、天然林资源保护、农田基本建设等重点工程和政策措施,到 2010 年,力争森林覆盖率达到 20%,实现年碳汇数量比 2005 年增加约 0.5 亿吨二氧化碳。在林业采取的具体行动方面,该报告还指出,自上世纪 80 年代以来,中国政府通过持续不断地加大投资,平均每年植树造林 400 万公顷。同时,国家还积极动员适龄公民参加全民义务植树。截至 2007 年底,全国共有109.8亿人次参加义务植树,植树 515.4 亿株。近几年,通过集体林权制度改革等措施,调动了广大农民参与植树造林、保护森林的积极性。目前,全国人工林面积达到了 0.54 亿公顷,蓄积量 15.05 亿立方米,森林覆盖率由上世纪 80 年代初期的 12% 提高到目前的 18.21%。2006 年,中国城市园林绿地面积达到 132 万公顷,绿化覆盖率为 35.1%。据估算,1980 年至 2005 年,中国造林活动累计净吸收约 30.6 亿吨二氧化碳,森林管理累计净吸收 16.2 亿吨二氧化碳,减少毁林排放 4.3 亿吨二氧化碳,有效增强了温室气体吸收汇的能力。

2009 年的《中国应对气候变化的政策与行动》在减缓气候变化的政策与行动中指出,应推动植树种草,增强碳汇能力。在具体行动方面,该报告指出,2008 年全年共计完成造林任务 7157 万亩,比 2007 年增长 22.1％,完成义务植树 23.1 亿株。2009 年全国计划造林 8220 万亩,比 2008 年增加近 14％。截至 2009 年 6 月底,已完成造林 7639.5 万亩,完成植树 30.7 亿株。与此同时,为积极推进森林可持续经营,提高现有林的碳汇能力,全国启动了 128 个森林可持续经营示范点和中幼林抚育、珍稀树种培育及森林健康试点。

2010 年的《中国应对气候变化的政策与行动》将增加森林碳汇、节约能源与提高能效以及发展绿色低碳能源并列为减缓气候变化的三大举措。该报告列出了增加森林碳汇能力的四项政策与行动:一是继续实施国家重点造林工程,包括实施三北防护林与长江中下游地区等重点防护林工程、退耕还林工程、天然林保护工程、京津风沙源治理工程以及速生林基地建设工程等生态建设项目;二是积极实施碳汇造林项目,2010 年,国家林业局进一步加强碳汇造林管理工作,对现有的碳汇造林项目实施备案管理制度,对新开展的项目实施注册登记制度,进一步规范碳汇造林项目管理工作,促进碳汇林业健康有序发展;三是深入开展城市绿化造林;四是加强林业经营及可持续管理,包括实行征占用林地定额管理制度、出台森林经营和可持续管理政策、加强中幼林抚育经营和低产林改造。

2011 年的《中国应对气候变化的政策与行动》在增加森林碳汇方面所采取的具体行动包括继续实施"三北"重点防护林工程、长江中下游地区重点防护林工程、退耕还林工程、天然林保护工程、京津风沙源治理工程等生态建设项目,开展碳汇造林试点,加强林业经营及可持续管理,提高森林蓄积量,通过中央财政提高造林投入补助标准,建立了中国绿色碳汇基金会。

2012 年的《中国应对气候变化的政策与行动》将增加碳汇与调整产业结构、节约能源提高能效、优化能源结构并列为减缓气候变化的四大举措。国家林业局在增加森林碳汇方面的举措包括制定了《林业应对气候变化"十二五"行动要点》,提出加快推进造林绿化、全面开展森林抚育经营、加强森林资源管理、强化森林灾害防控、培育新兴林业产业等五项林业减缓气候变化主要行动;发布了《全国造林绿化规划纲要(2011—2020 年)》和《林业发展"十二五"规划》,明确了今后一个时期林业生态建设的目标任务;继续实施退耕还林、"三北"和长江重点防护林工程,推进京津风沙源治理工程和石漠化综合治理工程,开展珠江、太行山等防护林体系和平原绿化建设,启动天保二期工程;扩大森林抚育补贴规模,组织开展各类森林经营试点示范建设;印发了《森林抚育作业设计规定》《中央财政森林抚育补贴政策成效监测办法》和《森林经营方案编制与实施规范》等相关技术方案。2011 年,全国共完成造林面积 599.66 万公顷,中幼龄林抚育面积 733.45 万公顷,完成低产低效林改造面积 78.88 万公顷,义务植树 25.14 亿株,城市绿地面积达 224.29 万公顷,城市人均公园绿地面积、建成区绿地率和绿化覆盖率三项绿化指标分别达到 11.80 平方米、35.27％和 39.22％。

2013 年的《中国应对气候变化的政策与行动》在减缓气候变化的政策与行动中指出,应增加森林碳汇能力。在具体行动方面,该报告指出,国务院批准京津风沙源治理二期工程规划,建设范围已扩大到 6 省(自治区、直辖市)138 个县。国家林业局印发了《落实德班气候大会决定加强林业应对气候变化相关工作分工方案》,启动编制"三北"防护林五期工程规划,发布实施长江、珠江防护林体系和平原绿化、太行山绿化工程三期规划。进一步推进森林经营,中央财政森林抚育补贴从试点转向覆盖全国,全国森林经营中长期规划编制工作启动,确定并推进首批 15 个全国森林经营样板基地建设,印发了《森林抚育检查验收办法》和《森林抚育作业设计规定》。在全国 200 个县(林场)深入开展以森林采伐管理为核心的森林资源可持续经营管理试点。积极推进森林资源保护,印发了《进一步加强森林资源保护管理工作的通知》。全国林业碳汇计量监测体系建设扎实推进,2012 年在 17 个省(自治区、直辖市)开展了试点,2013 年已实现全国覆盖,初步建成了全国森林碳汇计量监测基础数据库和参数模型库。2012 年至 2013 年上半年,全国完成造林面积 1025 万公顷及义务植树 49.6 亿株,完成森林抚育经营面积 1068 万公顷,森林碳汇能力进一步增强。

2014 年的《中国应对气候变化的政策与行动》报告一方面强调进一步落实《林业应对气候变化工作方案》,启动实施了减少毁林和森林退化排放(REDD＋)行动年,出台了《国家林业局关于推进林业碳汇交易工作的指导意见》,明确了推进林业碳汇交易工作的指导思想、基本原则和政策措施。林业碳汇计量监测体系建设实现全国覆盖,为科学测算林业碳汇奠定了坚实基础。另一方面,报告也积极倡导努力增加森林碳汇。围绕实现到 2020 年森林面积比 2005 年净增 4000 万公顷的目标,国家林业局加紧组织实施《全国造林绿化规划纲要(2011—2020 年)》。2013年,全国完成造林面积 9150 万亩及义务植树 25.2 亿株,均超额完成全年计划。截至 2013 年,累计在 18 个省(自治区、直辖市)完成碳汇造林 30 多万亩。相关措施还包括积极推动森林抚育补贴试点转向全面开展森林经营,安排中央财政森林抚育补贴资金 58 亿元,完成森林抚育 1.18 亿亩,超额完成全年计划任务;实施了京津风沙源治理二期工程,扎实推进石漠化综合治理工程,严格实行禁止滥开垦、禁止滥放牧、禁止滥樵采的"三禁"制度;组织制定了森林增长指标监测评估实施方案和森林增长指标中期评估评分手册,开展了国家"十二五"规划纲要中确定的省级森林覆盖率和森林蓄积量两项约束性指标中期评估。结果表明,森林面积进一步扩大,森林碳汇能力进一步增强。

2015 年的《中国应对气候变化的政策与行动》列出了增加森林碳汇能力的五项政策与行动:一是加强京津冀蒙生态林业建设和旱区造林绿化。二是继续推进三北及长江流域等防护林体系建设工程,出台退化防护林改造指导意见,启动退化防护林更新改造试点。三是全面加强森林经营,修订颁布森林抚育规程、作业设计规定和检查验收办法,稳步推进全国森林经营样板基地建设,启动了新一轮森林可持续经营试点。四是正式启动新一轮退耕还林还草工程。五是积极推进国家储备林建设。2015 年上半年,全国共完成造林 5437 万亩,占全年计划的 57%;完成森林抚育 0.63 亿亩,占全年计划的 60%。可以看出,在我国所采取的应对气候变化的具体政策与行动方面,增加森林碳汇被列为减缓领域的重点政策与行动,其中既包括出台了与森林碳汇的具体政策,也包括采取的林业工程建设和碳汇造林试点等具体措施,这足见我国在森林碳汇方面的积极态度。

2016 年的《中国应对气候变化的政策与行动》报告关于增加森林碳汇方面的政策与行动主要包括:全面实施《全国造林绿化规划纲要(2011—2020 年)》,深入开展全民义务植树,着力推进旱区、京津冀等重点区域造林绿化,加快退耕还林、石漠化综合治理、京津风沙源治理、三北及长江流域等重点防护林体系建设、天然林资源保护等林业重点工程;全面加强森林经营,出台《全国森林经营规划(2016—

2050 年)》和《全国森林经营人才培训计划(2015—2020 年)》,修订颁布了森林抚育规程,稳步推进全国森林经营样板基地建设;着力推进全国林业碳汇计量监测体系建设,开展土地利用变化与林业碳汇计量监测工作。"十二五"期间全国共完成造林 4.5 亿亩和森林抚育 6 亿亩,分别比"十一五"增长 18%和 29%,森林覆盖率提高到 21.66%,森林蓄积量增加到 151.37 亿立方米,已提前实现到 2020 年应增加的森林蓄积量目标,成为同期全球森林资源增长最多的国家。全国森林植被总碳储量由第七次全国森林资源清查(2004—2008 年)时的 78.11 亿吨增加到第八次清查时的 84.27 亿吨。

2017 年的《中国应对气候变化的政策与行动》报告关于增加林业碳汇的政策与行动主要包括:修订印发《全国造林绿化规划纲要(2016—2020 年)》《全民义务植树尽责形式管理办法(试行)》及《旱区造林绿化技术模式选编》,颁布《造林技术规程》(修订版)和《旱区造林绿化技术指南》,出台《全国森林经营规划(2016—2050 年)》,完善了森林经营相关技术标准体系等政策文件;继续强化森林资源保护和林业灾害防控工作,努力减少林业领域碳排放;全面停止对天然林的商业性采伐,实现天然林保护全覆盖。

通过分析十个年度的《中国应对气候变化的政策与行动》白皮书,我们可以看出,在我国所采取的应对气候变化的具体政策与行动方面,增加森林碳汇都被列为减缓领域的重点政策与行动,其中既包括出台与森林碳汇的具体政策,也包括采取的林业工程建设和碳汇造林试点等具体措施,这足见我国在森林碳汇方面的积极态度。

除此之外,《国民经济和社会发展第十二个五年规划纲要》、《"十二五"节能减排综合性工作方案》、《"十三五"节能减排综合性工作方案》、《"十二五"控制温室气体排放工作方案》、《"十三五"控制温室气体排放工作方案》等国家政策性文件中也都指出了林业在应对气候变化中的战略地位,并提出应当通过增加森林碳汇减缓气候变化。从中也可以看出,通过森林碳汇减排将是我国未来控制温室气体排放的重点任务。

(二)专门性林业应对气候变化政策与森林碳汇

1.《应对气候变化林业行动计划》

2009 年 6 月,中国政府召开全国林业工作会议,这是 60 年来首次以中央政府名义召开的林业工作会议。会议明确指出,林业在应对气候变化中具有特殊地位,应对气候变化必须把发展林业作为战略选择。2009年7月,胡锦涛主席在联合国气候变化峰会上的讲话中提出,要大力增加森林碳汇,争取到2020年森林面积比2005年增加4000万公顷,森林蓄积量比2005年增加13亿立方米。为落实中央林业工作会议的精神和胡锦涛主席提出的林业发展目标,同时为了贯彻落实《国家方案》所赋予林业的任务,2009年11月,国家林业局发布《应对气候变化林业行动计划》,该行动计划是对《国家方案》相关林业应对气候变化措施的具体化,其中所确定的5项基本原则、3个阶段性目标和22项主要实施行动是我国林业应对气候变化最主要的政策指南。

《应对气候变化林业行动计划》确立的5项基本原则是:坚持林业发展目标和国家应对气候变化战略相结合、坚持扩大森林面积和提高森林质量相结合、坚持增加碳汇和控制排放相结合、坚持政府主导和社会参与相结合、坚持减缓与适应相结合。

《应对气候变化林业行动计划》规定的3个阶段性目标是:到2010年,年均造林育林面积400万公顷以上,全国森林覆盖率达到20%,森林蓄积量达到132亿立方米,全国森林碳汇能力得到较大增长;到2020年,年均造林育林面积500万公顷以上,全国森林覆盖率增加到23%,森林蓄积量达到140亿立方米,森林碳汇能力得到进一步提高;到2050年,比2020年净增森林面积4700万公顷,森林覆盖率达到并稳定在26%以上,森林碳汇能力保持相对稳定。

《应对气候变化林业行动计划》规定实施的22项主要行动,包括林业减缓气候变化的15项行动和林业适应气候变化的7项行动。

林业减缓气候变化的15项行动是:大力推进全民义务植树、实施重点工程造林、加快珍贵树种用材林培育、实施能源林培育和加工利用一体化项目、实施全国森林可持续经营、扩大封山育林面积、加强森林资源采伐管理、加强林地征占用管理、提高林业执法能力、提高森林火灾防控能力、提高森林病虫鼠兔危害的防控能力、合理开发和利用生物质材料、加强木材高效循环利用、开展重要湿地的抢救性保护与恢复、开展农牧渔业可持续利用示范。

林业适应气候变化的7项行动是:提高人工林生态系统的适应性、建立典型森林物种自然保护区、加大重点物种保护力度、提高野生动物疫源疫病监测预警能力、加强荒漠化地区的植被保护、加强湿地保护的基础工作、建立和完善湿地自然保护区网络。

国家林业局的《应对气候变化林业行动计划》是我国第一个林业应对气候变化的专项政策,这一政策的出台巩固了森林碳汇在减排中的地位,同时对建设生态文明和提高我国林业应对气候变化能力具有积极的推动作用。

2.《林业应对气候变化"十二五"行动要点》

为落实《应对气候变化林业行动计划》的总体要求,全面实施《林业发展"十二五"规划》,实现林业"双增"[2]目标,不断通过各种措施增加森林碳储量,进一步提高林业减缓和适应气候变化能力,国家林业局专门制定了《林业应对气候变化"十二五"行动要点》。

《林业应对气候变化"十二五"行动要点》重申了《应对气候变化林业行动计划》中确立的五项基本原则,并指出了我国林业应对气候变化"十二五"期间的主要目标,即在"十二五"期间,全国完成造林任务 3000 万公顷,完成森林抚育经营任务 3500 万公顷,到 2015 年森林覆盖率达 21.66%,森林蓄积量达 143 亿立方米以上,森林植被总碳储量达到 84 亿吨;新增沙化土地治理面积 1000 万公顷以上;湿地面积达到 4248 万公顷,自然湿地保护率达到 55%以上;林业自然保护区面积占国土面积比例稳定在 13%左右,90%以上国家重点保护野生动物和 80%以上极小种群野生植物种类得到有效保护;森林火灾受害率稳定控制在 1‰以下;林业有害生物成灾率控制在 4.5‰以下;初步建成全国林业碳汇计量监测体系。

围绕上述目标,《林业应对气候变化"十二五"行动要点》分别提出了在减缓领域和适应领域的主要行动计划,其中减缓领域的行动计划包括以下五个方面:一是加快推进造林绿化。主要是实施《全国造林绿化规划纲要(2011—2020 年)》,继续推进林业重点工程建设,加大荒山造林力度,大力开展全民义务植树,统筹城乡绿化,推动身边增绿,加快构建十大生态安全屏障。大力培育特色经济林、竹林、速

---

〔2〕林业双增目标是指森林面积和森林蓄积量的增长,是胡锦涛主席在 2009 年联合国气候变化峰会上的讲话中提出的。

生丰产用材林、珍贵树种用材林等,加快木材及其他原料林基地建设。努力扩大森林面积,增加森林碳储量。二是全面开展森林抚育经营。建立健全森林抚育经营调查规划、设计施工、技术标准、检查验收及成效评价管理体系,研究建立森林抚育经营管理新机制。完善森林抚育补贴制度,逐步扩大补贴规模,增加建设内容。积极推进低产林改造,提高森林质量,增强森林碳汇能力。三是加强森林资源管理。实施《全国林地保护利用规划纲要(2010—2020 年)》,分级编制省、县林地保护利用规划纲要。完善林地保护利用制度和政策,修订《林木和林地权属登记管理办法》和《占用征收征用林地审核审批管理办法》。严格执行"十二五"森林采伐限额制度。规范木材运输和经营加工管理,严厉打击木材非法采伐及相关贸易等违法犯罪行为。四是强化森林灾害防控。全面落实《全国森林防火中长期发展规划(2009—2015 年)》,强化森林火灾预防、扑救、保障体系建设。落实《森林防火条例》,加强法制建设,推进依法治火。落实《全国林业有害生物防治建设规划(2011—2020 年)》,加强林业有害生物检疫御灾、监测预警、应急防控和服务保障体系建设,加强松材线虫病、美国白蛾等重大林业有害生物灾害治理。大力推进实施以生物防治为主的林业有害生物无公害防治措施。依法开展林业执法专项整治行动,遏制毁林行为,加强森林火灾病虫害防控,减少森林碳排放。五是培育新兴林业产业。落实《林业产业政策要点》,加快林业产业结构调整,积极推进木材工业"节能、降耗、减排"和木材资源高效循环利用,开发木材防腐、改性等技术,延长木材使用寿命,增加木材及林产品储碳能力。编制实施《林业生物质能源发展规划》,加快能源林示范基地建设,推进林业剩余物能源化利用,开发林业生物质能高效转化技术,培育林油、林热、林电一体化产业,优化能源结构,提高林业生物质能源占可再生能源比例,实现对化石能源的部分替代。

　　而围绕减缓和适应领域的行动计划,《林业应对气候变化"十二五"行动要点》提出应从如下六个方面加强能力建设:一是加强机构和法制建设,尤其强调要加快推进《森林法》修改,积极配合有关部门推进国家应对气候变化立法进程,确立林业在应对气候变化中的特殊地位和重要作用,将林业应对气候变化管理工作纳入法制化轨道;二是建立碳汇计量监测体系;三是探索开展碳汇造林试点示范,并结合国家控制温室气体排放进行碳排放权交易试点;四是开展碳汇相关科学研究;五是推进国际气候林业议题的相关合作;六是加强宣传引导。

《林业应对气候变化"十二五"行动要点》也是《国民经济和社会发展第十二个五年规划纲要》《林业发展"十二五"规划》和《"十二五"控制温室气体排放工作方案》赋予林业的重大使命的体现,对于采取更加积极有效的措施,加强林业应对气候变化工作,对于建设现代林业、推动低碳发展、缓解减排压力、促进绿色增长以及进一步推进"十二五"期间林业应对气候变化工作都具有积极意义。

3.《林业应对气候变化"十三五"行动要点》

为落实国家应对气候变化相关行动目标和战略规划,统筹做好"十三五"林业应对气候变化工作,确保林业"双增"目标如期实现及林业增汇减排能力持续提升,充分发挥林业服务国家应对气候变化工作大局的作用,国家林业局专门制定了《林业应对气候变化"十三五"行动要点》。

《林业应对气候变化"十三五"行动要点》确立了我国林业应对气候变化"十三五"期间的主要目标,即在"十三五"期间,到 2020 年,林地保有量达到 31 230 万公顷,森林面积在 2005 年基础上增加 4 000 万公顷,森林覆盖率达到 23% 以上,森林蓄积量达到 165 亿立方米以上,湿地面积不低于 8 亿亩,50% 以上可治理沙化土地得到治理,森林植被总碳储量达到 95 亿吨左右,森林、湿地生态系统固碳能力不断提高;到 2020 年,林业应对气候变化组织管理体系、政策法规体系、技术标准体系和计量监测体系更加健全,基础能力和队伍建设有效夯实,林业服务于国家应对气候变化工作大局的能力明显增强。

围绕上述目标,《林业应对气候变化"十三五"行动要点》包括以下七个方面的内容:一是增加森林碳汇;二是减少林业排放;三是提升林业适应能力;四是强化科技支撑;五是加强碳汇计量监测;六是探索推进林业碳汇交易;七是增进国际交流与合作。

在这七个方面的行动中包括了三个与碳汇制度相关的内容:

一是增加林业碳汇。具体包括以下两个方面:首先要全面落实《全国造林绿化规划纲要(2011—2020 年)》,组织开展大规模国土绿化行动,扎实推进天然林资源保护、退耕还林、防护林体系建设等林业重点工程,突出旱区造林绿化,深入开展全民义务植树,统筹做好部门绿化和城乡绿化,积极开展碳汇造林,扩大森林面积,增加森林碳汇;其次是编制实施《全国森林经营规划(2015—2050年)》,推进森林经营方案编制,大力开展森林抚育,加强森林经营基础设施建设,全面提升森林经营管理水平,促进森林结构不断优化和质量不断提升,使固碳能力明显增强。

二是在加强碳汇计量监测方面有以下四项具体要求:一是着力加快推进全国林业碳汇计量监测体系建设,加强林业应对气候变化基础设施建设,积极协调推进碳卫星立项,进一步完善基础数据库和参数模型库,出台森林、湿地及采伐木质林产品固碳测算技术规范,建成全国统一的、符合国际规则和国内实际的林业碳汇计量监测体系,实现定期更新监测数据和计量报告结果。二是加强全国和区域林业碳汇计量监测中心能力建设,进一步规范林业碳汇计量监测单位的管理,培养造就一支作风过硬、业务精通的技术队伍,提升技术支撑能力。三是深化政府间气候变化专门委员会(IPCC)技术指南研究,组织做好第三次国家应对气候变化信息通报林业碳汇清单编制。四是抓好温室气体排放林业指标基础统计、森林增长及其增汇能力考核工作。

三是在探索推进林业碳汇交易方面有以下四项具体要求:一是积极参与国家碳交易相关顶层制度设计,探索建立林业碳汇交易制度,发挥林业碳汇抵减排放的作用。二是抓好《国家林业局关于推进林业碳汇交易工作的指导意见》的贯彻落实,组织开展林业碳排放配额制度研究,探索通过配额管理,推进林业融入国家碳排放权交易体系。三是积极探索推进各类林业增汇减排项目试点,鼓励通过中国核证自愿减排量机制开展林业碳汇项目交易。四是深入调查研究,总结推广林业碳汇交易经验。通过碳汇交易制度,不断完善森林、湿地生态补偿机制,为实现国家增汇减排目标做出贡献。

《林业应对气候变化"十三五"行动要点》是《国民经济和社会发展第十三个五年规划纲要》《中国应对气候变化政策与行动》和《"十三五"控制温室气体排放工作方案》赋予林业的重大使命,对于采取更加有效的措施积极应对气候变化问题具有重要意义,对于落实减排承诺、建设现代林业、推进低碳发展、增强适应气候变化能力、促进绿色增长以及进一步落实"十三五"期间林业应对气候变化工作都具有积极的促进作用。

(三) 森林碳汇的具体指导性政策

1. 国家林业局《关于开展清洁发展机制下造林再造林碳汇项目的指导意见》

《京都议定书》的生效为清洁发展机制下的森林碳汇项目带来了无限机遇,造林再造林森林碳汇项目是京都第一承诺期唯一合格的森林碳汇项目。就造林再造林碳汇项目而言,要求参与实施项目的发达国家和发展中国家都必须是《京都议定书》的签约国。为推进清洁发展机制造林再造林碳汇项目在我国的实施,2006年12月,国家林业局发布了《关于开展清洁发展机制下造林再造林碳汇项目的指导意见》。

该指导意见指出,造林再造林项目的实施,首先需要搞清适合开展此类项目的优先发展区域。自2005年以来,国家林业局开展了中国造林再造林碳汇项目优先发展区域选择与评价研究工作,通过研究表明,在《京都议定书》的第一个承诺期内,我国适宜开展CDM造林再造林碳汇项目的优先区域主要分布在我国中南亚热带常绿阔叶林带,南亚热带、热带季雨林、雨林带,青藏高山针叶林带及暖温带落叶阔叶林带。同时,该指导意见进一步指出,我国开展清洁发展机制造林再造林碳汇项目当前应当关注的重点内容有五个方面:第一,根据研究成果,除了要积极推进在优先区域内实施CDM造林再造林碳汇项目外,从全国林业生产力布局和六大工程实施情况考虑,特别是保障我国国土生态安全以及促进西部地区生态环境建设的需要,应积极引导发达国家投资者到我国西部生态脆弱地区实施这类项目,以加快这些地区植被的恢复进程。第二,根据我国林业建设现状,结合当前国际碳交易市场情况和国内气候变化相关政策,国家林业局碳汇管理部门将组织专家和地方林业部门遴选一批候选项目并纳入碳汇项目储备库,择机适时地向外国碳汇购买方推介。第三,作为碳汇项目的参与方,我方在与发达国家的企业或有关国际组织商谈共同实施碳汇项目时,应把握我方参与项目旨在帮助发达国家履行《京都议定书》义务的基本原则。在项目准备和实施过程中,我方不应承担《公约》和《京都议定书》为发展中国家所规定的义务以外的其他任何义务,尤其是不应承担包括项目准备和实施过程中的额外资金义务。即使双方商议先由我方承担项目的部分准备费用,也必须通过合法契约加以明确,并在碳汇项目正式实施后,通过碳汇交易对我方所投相关费用予以合理补偿。第四,各地在与发达国家企业及有关国际组织探讨开展 CDM 造林再造林碳汇项目时,必须遵循国家关于 CDM 项目管理的有关规定,并根据林业特点采取符合国家要求的项目实施形式。对项目涉及的可交易的碳汇额度和交易价格,需要获得国家气候变化主管部门的批准。各省(市、区)作为项目参与方可以就上述问题与发达国家企业及有关国际组织进行意向性探讨,但无权就项目实施形式、碳汇交易量、交易价格等作出最终决定。第五,实施 CDM 造林再造林碳汇项目具有很强的技术性和政策性。各地在开展此类项目合作时,包括向外发布项目信息及开展相关活动时,应将有关情况及时报国家林业局碳汇管理办公室审定或备案。国家林业局碳汇管理办公室将积极协助各地进行项目准备和申报,并提供咨询及相关服务。

2. 国家林业局《关于加强林业应对气候变化及碳汇管理工作的通知》

2007 年 9 月,胡锦涛主席在悉尼举行的亚太经合组织会议上提出了建立"亚太森林恢复和可持续管理网络"的倡议,为落实胡锦涛主席的倡议和 2007 年颁布的《应对气候变化国家方案》,2008 年 8 月,国家林业局植树造林司下发了《关于加强林业应对气候变化及碳汇管理工作的通知》。该通知指出,林业碳汇的产生和发展与《公约》谈判进程密切相关,政策性很强,各级林业部门应注意加强对气候变化国际动态和林业碳汇知识的了解和宣传,充分认识森林在应对气候变化中的独特作用,同时要结合当地实际,加强对林业应对气候变化和林业碳汇相关工作的管理。具体内容包括以下三个方面:

一是要发挥行业优势,努力增加碳汇。各级林业部门应通过进一步开展植树造林、加强森林可持续经营、提高森林质量等措施以增加碳汇;通过严格控制乱砍滥伐、非法征占用林地以及防控森林火灾和病虫害等措施以减少碳排放,并作为推进现代林业建设的重要内容落实到各项工作部署中,以最大限度地发挥林业在应对气候变化中的作用。

二是要准确把握形势,加强项目管理。该通知指出,目前我国实施的林业碳汇项目主要有两种:一是清洁发展机制下的造林再造林碳汇项目。在这类项目中,发达国家通常是购买在合格的土地上造林所产生的碳汇以履行《京都议定书》,一般不提供造林费用,且项目须履行较为复杂的国内和国际审批程序。因此,各地在和外方商讨开展此类项目活动时,应及时与国家林业局应对气候变化和节能减排工作领导小组办公室沟通和联系,以便帮助和指导项目开展。二是一些企业、组织、团体为积极参与应对气候变化行动,展示绿色形象,体现社会责任,自愿购买森林碳汇。由于碳汇指标本质上涉及国家碳排放空间,林业碳汇活动关系到当地林地、林木权和生态保护、农村发展以及农民利益等。因此,对这类活动须妥善管理。如有此类项目意向,在进行项目设计前,须将项目详细情况,包括投资方、项目区基本情况、受益群体、碳汇计量和核证单位等及时报国家林业局气候办批准后方可实施。

三是要加强宣传引导,提高责任意识。作为发展中国家,我国目前不承担《京都议定书》规定的减少温室气体排放的义务,国家对国内相关企业和单位也没有减排的强制性要求,因此,我国目前尚不具备建立森林碳汇交易市场的政策条件。但国家鼓励和支持社会各界自愿捐资植树造林,增加森林增汇,"参与碳补偿,消除碳足迹",展现企业社会责任,促进低碳经济和低碳生活,引导社会公众关注气候变化,提高全民保护气候的意识,为国家生态安全和减缓全球气候变暖做出贡献。

3. 国家林业局《关于加强碳汇造林管理工作的通知》

为进一步规范碳汇造林项目管理工作,促进碳汇林业健康有序发展,2009 年 8 月,国家林业局下发了《关于加强碳汇造林管理工作的通知》。《通知》指出,为获得真实的吸收二氧化碳的效果,碳汇造林要符合应对气候变化国际公约的相关规则和中国林业的实际情况。在技术上不仅涉及额外性、造林地基线选择、避免碳泄漏和保持稳定性,以及碳汇计量和监测等技术环节,还与林地林木产权、生态保护、农村发展以及农民切身利益息息相关。尤其是涉及交易的碳汇项目,其与我国应对气候变化政策及未来温室气候排放空间相关,必须慎重。为此,国家林业局提出了加强碳汇造林管理的三种主要制度:一是对现有碳汇造林项目实行备案制度。各地要对本地已经和正在开展的上述碳汇造林项目进行一次全面调查,并将项目投资方、项目区基本情况、项目进度计划、预期成效、受益群体、碳汇计量和核证单位、碳汇交易及其利益分配模式等情况,以书面形式报送国家林业局造林绿化管理司(气候办)登记备案。二是对新开展的项目实行注册登记制度。各地与国内外企业或组织等合作开展的碳汇造林项目都要进行登记注册。国家林业局将根据情况,组织有资质的单位对项目进行碳汇计量和监测。计量监测结果将统一纳入国家林业局林业碳汇登记系统。三是健全组织制度。各省(市、区)在相应建立的应对气候变化管理机构中要明确由专人负责林业应对气候变化的工作,切实加强碳汇造林等相关管理;有条件的或确有必要的,也可成立专门机构负责林业应对气候变化的相关工作。

4. 国家林业局《关于开展碳汇造林试点工作的通知》

近年来,我国开展碳汇造林的活动日益增多,针对这一现象,2010 年 7 月,国家林业局下发《关于开展碳汇造林试点工作的通知》,正式启动碳汇造林试点工作。开展碳汇造林试点,主要目的是探索与国际接轨并具中国特色的森林碳汇计量监测方法,为测算不同区域、不同模式、不同树种的营造林碳汇提供技术支撑和科学依据,为全国森林碳汇可测量、可报告、可核查奠定基础。同时,引导企业自愿捐资造林增汇,参与应对气候变化行动,体现企业社会责任,并探索社会资金参与公益造林的林业投融资机制改革。《通知》中提出,我国开展碳汇造林试点当前的主要任务包括如下四个方面:

一是碳汇造林资金的投入问题。该《通知》强调,碳汇造林试点阶段将采取社会捐资与林业重点工程国家补助相结合的投入方式。在国家林业重点工程规划区域范围内,按照自愿的原则,地方社会捐资到位后,由县(市)林业部门依据相关规定要求,向省(市、区)林业部门提出申请,审核通过后,报国家林业局批准,列为国家碳汇造林试点。

二是要规范项目管理。《通知》指出,碳汇造林试点项目须由国家林业局授权的林业碳汇计量监测专门机构实施碳汇计量与监测,费用计入碳汇造林成本。碳汇计量监测结果按投资比例记入国家林业局为捐资企业设立的专门碳汇帐户并进行注册登记,同时在中国碳汇网上予以公布。

三是碳汇造林林地的选择问题。《通知》指出,碳汇造林是指在确定了基线的土地上,以增加森林碳汇为主要目的,对造林及其林分(木)生长过程实施碳汇计量和监测而开展的有特殊要求的造林活动。相比于普通的造林,碳汇造林突出了森林的碳汇功能,增加了碳汇计量监测等内容,强调了森林的多重效益,并提出了相应的技术要求,只有按照碳汇造林技术要求的造林才称为碳汇林。

四是加强林业应对气候变化相关知识的培训。应当培养一批既熟悉常规营造林技术又了解碳汇造林特定要求以及碳汇计量监测的技术人员。

为了碳汇造林试点工作的顺利推进,国家林业局于2010年又先后下发了两个与碳汇造林相关的技术性政策文件《碳汇造林技术规定(试行)》与《碳汇造林检查验收办法(试行)》,使我国有关森林碳汇的相关政策得以完善和健全。

5. 国家林业局《关于推进林业碳汇交易工作的指导意见》

为指导各地规范有序推进林业碳汇交易工作,2014年4月,国家林业局下发了《关于推进林业碳汇交易工作的指导意见》。《意见》重点在于指导和规范各地完善清洁发展机制(CDM)林业碳汇项目交易,推进林业碳汇自愿交易,重点探索碳排放权交易下的林业碳汇交易。

该《意见》确立了当前我国开展林业碳汇交易的五项基本原则:坚持清洁发展机制(以下简称CDM)林业碳汇项目交易、林业碳汇自愿交易、碳排放权交易下的林业碳汇交易统筹推进,重点探索推进碳排放权交易下的林业碳汇交易的原则;坚持统筹兼顾、分类指导、试点先行、稳步推进的原则;坚持公开、公平、公正、诚信和林业碳汇的可测量、可报告、可核查的原则;坚持有助于保护和建设森林生态系统、管理和恢复湿地生态系统、改善和治理荒漠生态系统、维护和增加生物多样性的原则;坚持有助于实现2020年国家控制温室气体排放行动目标的原则。

在指导和规范清洁发展机制(CDM)林业碳汇项目交易方面,该《意见》共提出四个方面:一是CDM林业碳汇项目交易按照国家发改委、科技部、外交部、财政部联合制定的《清洁发展机制项目运行管理办法》执行。二是为确保CDM林业碳汇项目科学实施,在开展相关项目活动时,项目实施单位应就土地合格性、权属、项目组织实施等问题与林业主管部门沟通协商。项目申请按照《清洁发展机制项目运行管理办法》要求,报国家发改委批准。三是省级林业主管部门要为项目实施单位在本辖区内开展CDM林业碳汇项目相关活动提供相应业务指导,积极做好协调和服务工作。四是省级林业主管部门要及时掌握本辖区内所开展的CDM林业碳汇项目活动有关情况,主要包括资金来源、国内审批、国际注册、项目组织实施、碳汇计量与监测、碳汇审定与核证,以及碳汇量签发与转让等情况,及时报告国家林业局。

在指导和规范林业碳汇自愿交易方面,该《意见》共提出六个方面:第一,林业碳汇自愿交易按照国家发改委制定的《温室气体自愿减排交易管理暂行办法》开展。第二,在遵守我国相关法律法规和政策规定的前提下,国内外相关机构、企业、团体、个人均可参与林业碳汇自愿交易。第三,国家发改委依据《温室气体自愿减排交易管理暂行办法》,对林业碳汇自愿交易采取备案管理。申请备案的林业碳汇自愿交易项目应是 2005 年 2 月 16 日后开工建设的项目。第四,鼓励各地根据实际需求,积极组织开发林业碳汇项目方法学,为开展林业碳汇自愿交易提供必要的技术规范。林业碳汇项目方法学的开发主体在向国家发改委申请方法学备案前,应先征求国家林业局的意见。林业碳汇自愿交易项目产生的碳汇量须采用经备案的方法学进行科学测算。第五,林业碳汇自愿交易项目的有关审定与核证,依据国家发改委制定的《温室气体自愿减排项目审定与核证指南》,应由具备相应资格的单位开展。各有关单位要创造条件,组织林业系统符合条件的单位申请温室气体自愿减排项目审定与核证机构资格。第六,林业碳汇自愿交易项目产生的碳汇量经备案后,在国家登记簿中登记,并在经国家发改委备案的交易机构内交易。已用于抵消碳排放的碳汇量,应于交易完成后在国家登记簿中注销。

在指导和规范碳排放权交易下的林业碳汇交易方面,该《意见》指出,应重点从六个方面展开:第一,碳排放权交易下的林业碳汇交易原则上按照《国家"十二五"规划纲要》提出的"逐步建立碳排放交易市场"的部署、十八届三中全会明确的"推行碳排放权交易制度"的决定和《国家发展改革委办公厅关于开展碳排放权交易试点工作的通知》的要求,积极探索推进。第二,国家发改委已确定北京、天津、上海、重庆、湖北、广东、深圳为国家碳排放权交易试点地区,要求试点地区结合本地实际情况,研究考虑通过包括林业在内的相关措施,积极探索推进碳排放权交易试点,促进国家温室气体排放控制目标实现。第三,七省市林业主管部门要积极协调本级发展改革部门,主动参与本地区碳排放权交易制度设计及有关法律法规、实施方案、管理办法等的研究制定,体现林业碳汇的作用和内容。要抓住试点机遇,结合本地实际,用改革的精神和创新的思路,积极探索碳排放权交易下的林业碳汇交易模式,努力形成样板。第四,七省市林业主管部门在探索碳排放权交易下的林业碳汇交易模式的过程中,要积极研究林业碳汇交易与碳排放权交易的关系。一方面,要支持和鼓励林业碳汇自愿交易项目作为抵消项目,参与碳排放权交易;另一方面,要结合本地实际,加强森林管理,控制森林温室气体排放。针对森林温室气体排放,研究探索推进排放配额管理,参与碳排放权交易。第五,七省市林业主管部门要积极参与全国林业碳汇计量监测体系建设,依托体系建设,准确掌握本地区森林碳储量与森林碳汇量的现状、变化与潜力情况,查实摸清林业碳汇资源本底,为研究制定推进本地区碳排放权交易下的林业碳汇交易相关政策提供科学依据。第六,碳排放权交易下的林业碳汇交易是一项全新的工作,是利用市场机制拓展林业融资渠道的重要途径和促进实现国家控制温室气体排放目标的重要手段,是加强生态文明制度建设的内在要求。七省市之外的其他省(市、区)可结合自身实际,参照上述有关要求探索推进相关工作。

三、中国森林碳汇政策的评析

森林碳汇是伴随《京都议定书》的生效而逐渐被国际社会所关注的,京都规则下的清洁发展机制造林再造林规则已经由《京都议定书》等一系列国际法律文件所规定,但各国国内实施的森林碳汇减排并无成功的经验可循,这对每个欲实施森林碳汇减排的国家而言无疑是一个全新的挑战。我国在推动一项改革或者社会重大事项时,思维定势使我们习惯于以政策起步,这对于改革和社会重大事项在起步初期存在的一些不确定性而言是非常必要的,对于非京都规则森林碳汇项目也是一样,其发展需要政策的推进。[3]

(一)中国森林碳汇政策体系已初步形成

从上述我国森林碳汇政策体系的分析中可以看出,我国当前的森林碳汇政策包括三类:第一类是国家宏观气候变化政策中所确立的林业应对气候变化的措施。这一类的应对气候变化的宏观政策是对国家应对气候变化所实施的战略的确定。林业作为我国应对气候变化的一项战略性选择被列入我国应对气候变化的重点减缓领域和适应领域,但这一类政策由于更注重宏观层面的规定,因而不具有具体的可操作性,但其对林业应对气候变化地位的确定及对于后两类政策则具有纲领性的作用,是后两类政策出台的依据。第二类是专门性的林业应对气候变化政

---

〔3〕颜士鹏:《我国"非京都规则"森林碳汇项目的法律规制》,《江西社会科学》2011年第8期,第175页。

策。这一类的政策是林业领域应对气候变化的最基本政策,也是对第一类政策的细化和分解,这类政策中既有肯定林业在应对气候变化中的战略地位、基本原则、指导思想、目标这些宏观的内容,如《应对气候变化的林业行动计划》,也有涉及到林业在应对气候变化中的具体行动计划,如《林业应对气候变化"十二五"行动要点》。这类政策对于开展森林碳汇减排而言更具有切实的指导意义,同时也具有较强的可操作性。第三类是开展森林碳汇减排的具体指导性政策。目前这一类政策都是由国家林业局及其相关职能部门针对森林碳汇所发布的,共有五个项目管理性政策和两个技术性政策,其内容除涉及清洁发展机制下的造林再造林京都规则森林碳汇项目外,更多的则是涉及我国开展非京都规则碳汇造林的内容。这一类政策是当前指导我国碳汇造林实现森林碳汇减排的最具操作性的政策,是我国开展各类森林碳汇项目的直接依据。

从当前我国森林碳汇政策的制定主体来看,既包括国务院,如《应对气候变化国家方案》,也包括国家林业局,如《应对气候变化的林业行动计划》,还包括国家林业局的相关职能部门,如《国家林业局植树造林司关于加强林业应对气候变化及碳汇管理工作的通知》等。从制定主体来看,我国森林碳汇政策是有层次的,但由于我国森林碳汇的具体指导性政策大多数是以国家林业局及其职能部门的通知的形式下发的,因此其政策规范性受到一定影响,对于各类森林碳汇项目的约束性略显不足。从这一点上说,我国应该在碳汇造林试点一段时间后,以国务院或者国家林业局的名义颁布正式的开展森林碳汇项目的政策文件,保证我国森林碳汇减排的有序实施。总体而言,开展森林碳汇减排是一项新生事物,其政策性极强,针对这一特点,我国已经形成了由国家政策、部委(国家林业局)政策、部委内部政策(国家林业局相关职能部门)在内的当前的森林碳汇减排政策体系,内容上既包括宏观指导性政策和行动计划性政策,也包括直接指导性操作政策,因此,可以说我国森林碳汇减排的政策体系已经初步形成。

(二) 现有森林碳汇政策为应对气候变化的森林立法奠定了基础

以政策起步,待条件成熟后再制定相关的法律法规,这是我国法制化的习惯性路径。由于我国没有应对气候变化的专门性立法,相关的森林立法中也没有碳汇的相关规定,因此,森林碳汇的相关政策是我国实施森林碳汇减排的最主要依据。

然而,这些森林碳汇的政策已经为我国实施森林碳汇减排的法律框架奠定了良好基础。首先,森林碳汇政策对我国现有的森林立法体系提出了新的客观要求。如《应对气候变化国家方案》指出,应加快《森林法》的修订。事实上,我国《森林法》的修订工作正在进行之中,而这次修订是将林业应对气候变化的内容在《森林法》中确立下来的最好契机。但是对于森林碳汇这样一项复杂的新生事物而言,我国仅有《森林法》对其进行保障显然远远不够,除《森林法》之外,我国现有的森林立法也必须以应对气候变化为价值出发点,进行相应的修订。其次,当前森林碳汇政策明确了林业应对气候变化的新立法方向,如《应对气候变化国家方案》中指出,应当加快制定《天然林保护条例》及《林木和林地使用权流转条例》等专项法规。事实上,我国在林业应对气候变化方面的立法远不止于此,还应当制定有关森林碳汇交易、森林可持续经营管理、林地保护、森林保险等方面的法律法规,以适应林业应对气候变化的需要。再次,现有政策的相关内容为森林碳汇法律保障的相关法律制度完善确立了方向,如从林学的角度出发《应对气候变化林业行动计划》规定实施的15项主要减缓行动都是增加森林碳汇的主要技术性措施,但从法律的角度出发,对森林碳汇进行法律保障也应从这些林业技术措施出发,使其向法律制度进行转化,以此建立和完善与森林碳汇相关的法律制度,实现对森林碳汇的有效保障。

(三) 初步形成了我国非京都规则碳汇造林的基本规则

目前,我国存在两类森林碳汇项目,一类是京都规则下清洁发展机制造林再造林项目,另一类是非京都规则碳汇造林项目,而且后者在我国的数量居多。由于碳汇造林有着较为严格的要求,涉及到基线、额外性、方法学、监测和计量的诸多环节,因此必须对其进行规范性管理。我国目前的森林碳汇具体指导性政策大都是围绕非京都规则碳汇造林项目制定的,其基本规则框架已经初步形成。首先,碳汇造林必须在确定了基线的土地上进行;其次,碳汇造林试点阶段的资金来源将采取社会捐资与林业重点工程国家补助相结合的投入方式;再次,碳汇造林项目须将项目详细情况,包括投资方、项目区基本情况、受益群体、碳汇计量和核证单位等向省(市、区)林业部门提出申请,并在审核通过后,报国家林业局批准,列为国家碳汇造林试点;最后,碳汇造林试点项目须由国家林业局授权的林业碳汇计量监测专门机构实施碳汇计量与监测。此外,为对碳汇造林项目进行有效管理,国家林业局还实行了备案制度、注册登记制度和健全组织制度等保障措施。

从当前我国形成的非京都规则碳汇造林初步规则框架看,仍有很多不完善之处,如碳汇造林的主体资格、项目设计的标准、方法学标准、计量监测机构的资格认定、碳减排量的交易等问题还都没有予以明确,这也为碳汇造林项目的实施带来一定的不确定性。因此,对于上述问题,我国还需制定相关的政策,尤其是森林碳汇交易的相关政策,以保证我国非京都规则碳汇造林项目的实施。但对于当前初步形成的我国非京都规则碳汇造林的基本规则仍应肯定其积极意义,毕竟其为规范我国的碳汇造林起到了重要的指导和保证作用。

四、中国森林立法的现状

森林立法是我国自然资源法的一个分支,我国已经形成了由作为林业领域基本法的《森林法》以及其他有关森林资源保护与利用的行政法规和行政规章组成的森林立法体系。作为自然资源的单行法体系,森林立法体系已经初具规模,相对完备。但其与我国现行的森林立法与现代林业的发展要求仍有较大差距,对于林业应对气候变化而言,现行森林立法无论是在立法目的上还是在法律制度设计上都未能以应对气候变化为价值出发点来体现森林的碳汇功能。

(一) 综合性森林立法——《森林法》及其实施条例的立法演变

在我国的各部门立法中,森林立法的起步是较早的,我国早在 1979 年就颁布了试行的《森林法》。这是一部以森林资源开发和保护为主的法律,它对森林的保护功不可没。但它毕竟是当时计划经济的产物,在立法宗旨和技术上有许多尚待改进的地方。[4] 在经过五年的试行以后,我国于 1984 年对试行的《森林法》进行了全面修订并于当年颁布了正式的《森林法》。该法突出了对森林的保护和林业资源的合理利用,加大了制止滥伐盗伐森林资源的惩治力度。同时,它还对林地使用权、林木所有权等敏感问题作了突破性规定,强调对林地使用者和林木所有者权益的保护。为了配合《森林法》的实施,1986 年颁布了《森林法实施细则》。虽然 1984年的《森林法》对森林生态环境的保护起到了不可估量的作用,但是该法在实施过

---

〔4〕李可:《中国森林立法史与〈森林法〉之修改》,《浙江林学院学报》2005 年第 1 期,第 115 页。

程中也遇到了一些问题，"尤其是在社会主义市场经济体制确立以后，它所具有的一些计划经济色彩、单纯以资源利用与保护为目标等问题暴露出来"[5]。

20世纪80年代中后期，以可持续发展为代表的国际先进的环境保护思想和理念得到广泛传播，自《我们共同的未来》于1987年系统性地提出可持续发展的环境保护理念之后，仅仅用了五年时间，这一理念就被1992年的《环境与发展宣言》所确认并为各个国家所接受。可持续发展的提出对环境立法产生了巨大影响。与此同时，党的十四届三中全会将建立社会主义市场经济体制确立为我国经济改革的目标，计划经济的时代至此彻底宣告结束。基于国际社会环境保护理念的发展和国内经济基础的改变，自20世纪90年代中期开始至20世纪90年代末，我国迎来了第二次环境立法高潮[6]。这次环境立法高潮的一个重要内容是对第一次立法高潮时期颁布的环境法律进行了全面修订，1998年的《森林法》修订就是在这样一个大背景下进行的。

1998年修订后的《森林法》分为总则、森林经营管理、森林保护、植树造林、森林采伐、法律责任、附则等七章，总计四十九条。与1984年的《森林法》相比，修订后的《森林法》主要有以下几点突破：第一，森林的生态效益开始受到关注；第二，确立了森林生态效益补偿制度；第三，将市场机制引入林权流转之中，确立了林权流转制度的基本框架；第四，加强了对征占用林地的特别管理，对征占用林地实行森林植被恢复费制度。但由于可持续发展理念提出的时间不长，对于如何在立法中贯彻这一先进的发展理念，各国都无成熟的经验，我国1998年修订后的《森林法》中也并未真正体现出可持续发展理念，但仍应肯定的是，1998年修订的《森林法》对实现我国从传统林业向现代林业的跨越式转变起到了重要的推动作用。

---

[5] 李可：《〈森林法〉修改的方向、基调、任务、原则及具体内容》，《中国环境资源法学2004年年会论文集》，第143页。

[6] 从中国当代环境立法的发展来看，通过三次环境立法高潮形成了目前较为完善的环境立法体系。第一次环境立法高潮是20世纪80年代中后期，以1982年《海洋环境保护法》颁布开始到1989年《环境保护法》颁布为止；第二次环境立法高潮是20世纪90年代中后期，不仅对20世纪80年代颁布的环境法律进行了修订，而且颁布了大量新的环境法律法规；第三次环境立法高潮是21世纪初，以《环境影响评价法》《清洁生产促进法》及《循环经济促进法》为代表，环境立法质量得到全面提高。

为了配合《森林法》的有效实施,国务院于 2000 年颁布了《森林法实施条例》,《森林法实施条例》对《森林法》中未予明确的森林资源、森林、林木、林地等概念作出了规定,同时也对森林法中确立的主要法律制度进行了更为详细的规定,从执法的角度讲,《森林法实施条例》更具可操作性。

(二) 我国《森林法》及其实施条例确立的主要法律制度

1. 森林分类经营制度

森林分类经营是森林经营管理中的一项重要制度,我国《森林法》在森林分类经营方面将森林分为五类:防护林、用材林、经济林、薪炭林和特种用途林。其中,防护林和特种用途林属于公益林的范畴,而用材林、经济林、薪炭林属于商品林的范畴,但我国的《森林法》中并未采用公益林与商品林的划分方式,"是典型的按照森林对人类的使用价值划分的,这种按用途划分的方式没有充分考虑到不同种类森林的生态价值与经济价值"[7]。

2. 森林生态效益补偿制度

生态效益补偿制度的确立是我国《森林法》重视森林生态功能的重要制度体现。《森林法》第八条第(六)款第二项规定:"国家设立森林生态效益补偿基金,用于提供生态效益的防护林和特种用途林的森林资源、林木的营造、抚育、保护和管理。森林生态效益补偿基金必须专款专用,不得挪作他用。具体办法由国务院规定。"《森林法实施条例》第十五条又规定了森林生态效益补偿的对象,即防护林和特种用途林的经营者,有获得森林生态效益补偿的权利。《森林法》确立的森林生态效益补偿制度是我国第一次通过立法方式明确生态补偿,为其他领域的生态补偿提供了借鉴意义。

3. 林权流转制度

我国修订后的《森林法》首次将市场手段运用到对林权流转制度的规定之中。《森林法》第十五条规定:"下列森林、林木、林地使用权可以依法转让,也可以依法作价入股或者作为合资合作造林与经营林木的出资、合作条件,但不得将林地改为

---

〔7〕张红霄:《关于〈森林法〉修改的若干建议》,《中外〈森林法〉比较研讨会材料汇编》2006 年,第 43 页。

非林地：(一)用材林、经济林、薪炭林；(二)用材林、经济林、薪炭林的林地使用权；(三)用材林、经济林、薪炭林的采伐迹地、火烧迹地的林地使用权；(四)国务院规定的其他森林、林木和其他林地使用权。依照前款规定转让、作价入股或者作为合资合作造林与经营林木的出资、合作条件的，已经取得的林木采伐许可证可以同时转让，同时转让双方都必须遵守本法关于森林、林木采伐和更新造林的规定。除本条第一款规定的情形外，其他森林、林木和其他林地使用权不得转让。"《森林法》的这一规定是当前我国具体指导林权流转的最重要的法律依据，不仅规定了能够流转的森林、林木类型以及流转的林地使用权的类型，同时也规定了流转的方式和法律限制流转的情形。

4. 林业规划制度

林业规划是保证林业可持续发展的一项制度保证，对于森林经营、森林保护、植树造林、森林采伐等都具有指导作用。为此，我国《森林法》规定："各级人民政府应当制定林业长远规划，国有林业企业事业单位和自然保护区，应当根据林业长远规划，编制森林经营方案，报上级主管部门批准后实行。"此外还规定，林业主管部门应当指导农村集体经济组织和国有的农场、牧场、工矿企业等单位编制森林经营方案。根据我国《森林法实施条例》，林业长远规划应当包括下列内容：林业发展目标、林种比例、林地保护利用规划和植树造林规划。

5. 森林植被恢复费制度

现行《森林法》针对征用和占用林地的情况设置了森林植被恢复费制度。《森林法》第十八条规定："进行勘查、开采矿藏和各项建设工程，应当不占或者少占林地；必须占用或者征用林地的，经县级以上人民政府林业主管部门审核同意后，依照有关土地管理的法律、行政法规办理建设用地审批手续，并由用地单位依照国务院有关规定缴纳森林植被恢复费。森林植被恢复费专款专用，由林业主管部门依照有关规定统一安排植树造林，恢复森林植被，植树造林面积不得少于因占用、征用林地而减少的森林植被面积。上级林业主管部门应当定期督促、检查下级林业主管部门组织植树造林、恢复森林植被的情况。"

6. 植树造林制度

我国《森林法》第四章规定了植树造林制度的主要内容：第一，植树造林规划及其实施。各级人民政府应当制定植树造林规划并组织各行各业和城乡居民完成植树造林规划所确定的任务。第二，宜林荒山荒地的造林。宜林荒山荒地属于国家所有的，由林业主管部门和其他主管部门组织造林；属于集体所有的，由集体经济组织组织造林，国家所有和集体所有的宜林荒山荒地可以由集体或者个人承包造林。第三，各单位的植树造林责任。铁路公路两旁、江河两侧、湖泊水库周围，由各有关主管单位因地制宜地组织造林，工矿区、机关和学校用地、部队营区以及农场、牧场、渔场经营地区，由各单位负责造林。第四，营造林木的所有权。国有企业事业单位、机关、团体、部队营造的林木，由营造单位经营并按照国家规定支配林木收益；集体所有制单位营造的林木，归该单位所有。

7. 森林采伐限额和许可证制度

森林采伐限额和许可证制度是关系到林权收益能否得到真正实现的重要制度。我国《森林法》关于采伐限额和许可证制度的主要内容可以从以下四个方面加以理解：首先，制定森林年采伐限额，国家所有的森林和林木以国有林业企业事业单位、农场、厂矿为单位，集体所有的森林和林木、个人所有的林木以县为单位，制定年采伐限额，由省、自治区、直辖市林业主管部门汇总，经同级人民政府审核后，报国务院批准。其次，国家制定统一的年度木材生产计划，年度木材生产计划不得超过批准的年采伐限额。再次，采伐林木必须申请采伐许可证，按许可证的规定进行采伐，农村居民采伐自留地和房前屋后个人所有的零星林木除外。最后，按照许可证的规定采伐的木材从林区运出时，林业主管部门应当发给运输证件。

8. 森林防火制度

森林防火制度是森林资源保护的一项重要制度，由于我国制定了专门性的《森林防火条例》，因此我国《森林法》对森林防火的规定较为原则，主要的预防扑救规定包括：在森林防火期内，禁止在林区野外用火；因特殊情况需要用火的，必须经过县级人民政府或者县级人民政府授权的机关批准；在林区设置防火设施；若发生森林火灾，必须立即组织当地军民和有关部门扑救。

9. 森林病虫害防治制度

森林病虫害防治与森林防火一样，是森林保护的重要方面，关于森林病虫害的防治，我国《森林法》只在第二十二条规定："各级林业主管部门负责组织森林病虫害防治工作,林业主管部门负责规定林木种苗的检疫对象,划定疫区和保护区,对林木种苗进行检疫。"针对森林病虫害防治,我国也颁布了专门性的《森林病虫害防治条例》,但其颁布的年代较为久远,已经不能适应当前森林病虫害的防治需要。

10. 森林自然保护区制度

自然保护区是我国自然保护的最高形式,其对森林经营管理、森林保护、维持生态平衡都起到了至关重要的作用,我国《森林法》也将自然保护区作为森林保护的一项重要制度予以对待,其规定:"国务院林业主管部门和省、自治区、直辖市人民政府应当在不同自然地带的典型森林生态地区、珍贵动物和植物生长繁殖的林区、天然热带雨林区和具有特殊保护价值的其他天然林区划定自然保护区,加强保护管理。"

(三) 单行性森林立法的现状

我国的单行性森林立法主要包括森林行政法规和森林行政规章两个层面,这些单行性立法是对森林资源保护和利用中的个别性领域和制度的法律规制,对我国森林资源的保护起到了重要的作用。

1. 单行森林行政法规

目前,我国颁布的与森林资源保护和利用直接相关的行政法规有《森林防火条例》《退耕还林条例》《野生植物保护条例》《森林病虫害防治条例》《森林和野生动物类型自然保护区管理办法》《森林采伐更新管理办法》和《国务院关于开展全民义务植树运动的实施办法》。

《森林防火条例》于1988年颁布,并于2008年进行了修订,该条例对森林火灾的预防、扑救和灾后处置进行了全面规定,是我国森林防火最重要的直接依据。尤其是2008年进行修订后,我国在预防措施、火灾扑救的实施方面规定得更为系统和全面,其中考虑到了对由于高温、干旱等气候变化而造成的极端天气所引起的火灾的预防,应该说该条例是目前我国单行森林法规中较为先进和完善的一部法规。

《退耕还林条例》于2002年12月14日颁布,是对我国正在实施的六大林业工程之一的退耕还林工程的单独立法。该条例确定了我国退耕还林应遵循的基本原则,也确定了退耕还林的综合协调机构,同时对退耕还林规划和计划、管护与检查验收、资金和粮食补助、其他保障措施等作了详细规定。退耕还林是保障我国林地面积增加及森林覆盖率提高的一项重要措施，通过单独性立法对其进行法律规制也足见国家对其重要性的肯定。

《野生植物保护条例》于 1996 年 9 月 30 日颁布，该条例并不是对森林资源整体性的保护，而特指原生地天然生长的珍贵植物和原生地天然生长并具有重要经济、科学研究和文化价值的濒危、稀有植物，一般性的森林植物并不在其调整范围之内。

《森林病虫害防治条例》于 1989 年颁布，该条例主要从预防和除治两个方面对森林病虫害管理进行了规制，尽管这部条例是依据 1984 年的《森林法》制定的，至今一直未作过修订，但由于我国 1998 年的《森林法》中关于森林病虫害的防治较为笼统，所以该条例一直沿用至今。随着森林病虫害防治技术和措施的不断发展，以及引起森林病虫害的客观现象日益复杂，如气候变化导致的森林病虫害，该条例的一些措施已经不能发挥作用，对其进行修订是必然的趋势。

《森林和野生动物类型自然保护区管理办法》于 1985 年颁布，这是我国最早的一部关于自然保护区的立法，而且森林和野生动物类型的自然保护区是我国自然保护区中数量最多的一类保护区，这一办法对我国自然保护区的法律保护起到了重要的作用。目前该办法的实施受到了阻碍，该办法的立法依据是 1984 年的《森林法》，但目前调整自然保护区法律关系的综合性法规是 1994 年颁布的《自然保护区条例》，因此，该办法的立法依据本身进行了修订，而且其与自然保护区综合性立法之间的冲突使得其实施处于尴尬境地。

《森林采伐更新管理办法》是 1987 年颁布实施的，是对我国森林采伐制度的进一步细化。该办法对森林采伐的种类，采伐许可证的管理，用材林的主伐方式及其技术规程，水库和湖泊周围、江河和干渠两岸、铁路和公路干线两侧等特殊地带森林采伐的特殊要求，国营林业局和国营、集体林场采伐作业的技术规程，采伐更新后的检查验收等作出了明确具体的规定。同时，该办法还提出了优先发展人工更新、人工促进天然更新和天然更新相结合的森林更新原则，以及更新质量必须达到的具体标准。然而，目前对于我国森林采伐制度不合理性的质疑越发突出，且该办法的颁布时间也较为久远，其内容已经远远不能适应现代林业对采伐制度的需求。

《国务院关于开展全民义务植树运动的实施办法》是 1982 年国务院颁布的，其颁布的目的是为切实贯彻执行 1981 年第五届全国人民代表大会第四次会议通过的《关于开展全民义务植树运动的决议》,这是我国现行森林立法中颁布时间最早的一部行政法规。对于公民的植树义务,其规定,凡是中华人民共和国公民,男 11 岁至 60 岁,女 11 岁至 55 岁,除丧失劳动能力者外,均应承担义务植树任务,县级绿化委员会在分配义务植树任务时,要按照每人每年植树 3—5 棵的要求,或承担相应的整地、育苗、栽植和管护任务,因地制宜地进行灵活多样的安排。植树造林是我国《森林法》确立的一项基本法律制度,但该实施办法规定的公民植树义务并未在《森林法》中得到有效落实。因此,我国有必要出台《植树造林条例》以取代这一实施办法。

2. 单行性森林行政规章

目前,我国颁布施行的森林行政规章多达 30 余部,其中与森林资源保护和利用直接相关并与森林碳汇有关联的行政规章主要包括:《国有林场管理办法》《国家级森林公园管理办法》《森林资源监督工作管理办法》《突发林业有害生物事件处置办法》《占用征用林地审核审批管理办法》《林木和林地权属登记管理办法》《沿海国家特殊保护林带管理规定》和《林木林地权属争议处理办法》。

《国有林场管理办法》自 2011 年 11 月 14 日公布并开始实施,共六章,总计四十八条。该办法对国有林场的设立、变更与撤销,森林资源经营与保护,权利与义务,组织机构等内容进行了较为全面的规定。该办法是我国第一部关于国有林场管理的立法,有效填补了我国国有林场管理的法律空白,有利于推动国有林场管理的法制化和科学化,对国有林场建设管理具有里程碑式的深远意义。

《国家级森林公园管理办法》于 2011 年 5 月 20 日颁布,总计三十四条,对规范国家级森林公园管理、保护和合理利用森林风景资源和生物多样性、普及生态文化知识、发展森林生态旅游起到了有效的保障作用。

《森林资源监督工作管理办法》于 2007 年 9 月 28 日颁布,总计十八条。森林资源监督是国家林业局下派的森林资源监督专员办对驻在地区和单位的森林资源保护、利用和管理情况实施监督检查的行为,是林业行政执法的重要组成部分,是加强森林资源管理的重要措施。该管理办法确立了森林资源监督专员办的主要职责,以及其在履行职责时采取的措施手段,同时还规定了其与地方之间的主要工作机制等。

《突发林业有害生物事件处置办法》于 2005 年 5 月 23 日颁布，总计二十三条。该办法是对发生的爆发性、危险性或者大面积的林业有害生物危害事件所进行的法律调整，主要规定了突发林业有害生物事件的范围和分级、突发林业有害生物事件的应急预案，以及突发有害生物事件的防治等内容。

《占用征用林地审核审批管理办法》于 2001 年 1 月 4 日颁布，总计二十条。该办法主要适用于勘查、开采矿藏和进行各项建设工程时需要占用或者征用林地的审核，建设工程需要临时占用林地的审批，以及森林经营单位在所经营的林地范围内修筑直接为林业生产服务的工程设施需要占用林地的审批，其主要目的在于减少对林地的征用和占用，是林地保护的重要行政手段。

《林木和林地权属登记管理办法》于 2000 年 12 月 31 日颁布，总计二十三条。其目的是为了规范森林、林木和林地的所有权或者使用权登记工作，对林权登记的程序进行了系统的规定。

《沿海国家特殊保护林带管理规定》于 1996 年 11 月 13 日颁布，总计十六条。其目的是加强沿海国家特殊保护林带的保护管理，该规定对沿海国家特殊保护林带的范围划定以及在防火、病虫害防治、毁林、征用和占用林地等方面确立了保护性措施。

《林木林地权属争议处理办法》于 1996 年 10 月 14 日颁布，总计二十八条。其目的是解决因森林、林木、林地所有权或者使用权的归属而产生的争议。该办法确立了处理林权纠纷的基本原则，将林权证作为处理林权争议的主要依据，同时对林权纠纷的处理程序作了规定。

五、我国森林立法对森林碳汇功能保障的不足

以《森林法》为主的现行森林立法大多数是 20 世纪 90 年代中后期和 21 世纪初颁布施行的。从时间的维度来看，虽然在这一时期，气候变化已经为国际社会所关注，但这一国际性问题并未达到今日这样空前的高度和热度，森林碳汇更是伴随《京都议定书》的生效逐渐为国内公众所认知。因此，我国现行森林立法中并未体现林业应对气候变化的内容，其对森林碳汇功能的保障是严重不足的。

(一) 现行森林立法目的未能体现林业应对气候变化的内容

就我国 1998 年修订的《森林法》来看,其确实已开始关注到森林的生态效益,但其并不是真正从可持续发展的理念出发来确立立法目的和进行森林法律制度设计的。"现行的《森林法》虽然在某种程度上已经注意到了森林的多种功能,但其主张的则是以营林为基础的林业建设方针,侧重强调的仍然是木材生产和木材产品的产出,其立法目的中反映出来的立法思想是通过对森林资源的经营管理,源源不断地向社会提供木材和其他林副产品,至于森林的生态功能、森林生态建设中的主体地位以及森林可持续经营的发展战略等,尚未在现行法中得到体现"。[8] 从这一点上说,我国森林立法并没有改变传统林业的指导思想。

《森林法》在 1998 年修订之时正是《联合国气候变化框架公约》通过的第六年、生效的第四年,是《京都议定书》刚刚通过的第二年,《京都议定书》还处于未生效的状态,国际社会对气候变化中的林业碳汇议题谈判还未开始,京都规则的森林碳汇机制也未能够确立,国际和国内对于森林碳汇的研究更是寥寥无几。在这样的背景下,我国现行森林立法,尤其是《森林法》若想在 1998 年就融入"应对气候变化,保障森林碳汇功能"的价值理念是一个不可企及的立法任务。虽然我国《森林法》在立法目的中已经提到了森林调节气候的功能,但其出发点并不是应对气候变化,因此也就不可能体现森林碳汇在应对气候变化中的作用。而纵观我国其他的森林立法,其立法依据基本都是《森林法》,因此《森林法》没有体现出的立法目的,则其他单行性森林立法的立法目的也自然不可能有所突破,这一点从 2008 年修订的《森林防火条例》和最新颁布的《国有林场管理条例》中已经可以得到印证。

我国森林立法的立法目的应当与我国现阶段的林业发展战略相协调。进入 21 世纪后,国家对林业的发展战略进行了调整。2003 年,中共中央国务院发布《关于加快林业发展的决定》;2008 年,中共中央国务院又下发《关于全面推进集体林权制度改革的意见》,标志着我国林业进入跨越式发展阶段。林业应对气候变化的战略应当是林业的跨越式发展的一个重要体现,国务院 2007 年发布的《应对气候

---

[8] 王树义:《关于修改〈中华人民共和国森林法〉的研究报告》,《中外〈森林法〉比较研讨会材料汇编》
2006 年,第 34 页。

变化国家方案》将林业作为应对气候变化的重要领域,国家林业局2009年发布《应对气候变化林业行动计划》,2011年发布的《林业发展"十二五"规划》明确将林业的碳汇功能与生态、经济、社会、文化功能并列为林业五大功能。由此可见,林业应对气候变化及保障森林碳汇之功能是我国未来森林立法不能不体现于立法目的之中的指导思想之一。

(二) 单行性森林法规和规章的内容陈旧

在上文列出的15部单行性森林行政法规和行政规章中,在1998年《森林法》修订之前颁布的共有7部,占了近一半左右,其中20世纪80年代颁布的共有4部。这些立法的时间都较为久远,而且作为其主要立法依据的1984年《森林法》已经进行了修订,因此,这些立法的效力本身已经大大减弱。同时,20世纪80年代我国还处在计划经济向市场经济的过渡阶段,这些立法的内容中计划经济的色彩浓重,其中最具代表性的是《森林采伐更新管理办法》,这是一部典型的以行政管制措施为主的行政法规。在1998年《森林法》修订后的8部法规和规章中,有6部是行政规章,其法律位阶低,而且立法内容较为单薄,多数行政规章只有20个左右条文。

目前,我国没有一部针对应对气候变化增强森林碳汇功能的专门性立法,上述15部单行法规和规章虽然都与森林资源的保护和利用相关,但对于与增强森林碳汇功能密切相关的造林再造林、减少毁林和森林退化以及森林保护和森林可持续管理的立法只有《森林防火条例》《退耕还林条例》《森林病虫害防治条例》《森林和野生动物类型自然保护区管理办法》《国务院关于开展全民义务植树运动的实施办法》《国有林场管理办法》《突发林业有害生物事件处置办法》《占用征用林地审核审批管理办法》和《沿海国家特殊保护林带管理规定》。然而,这些法律和规章对森林资源的保护并不是从增加森林碳汇功能的角度出发进行立法的,因此其不能实现对森林碳汇功能的有效保障。

(三) 基本森林法律制度不利于森林碳汇功能的实现

法律制度是森林碳汇功能最基本的法律保障手段,我国《森林法》及其实施条例中确立的主要森林法律制度共有十项。法律制度是在立法目的的指引下进行确立和设计的,由于我国《森林法》的立法目的并未融入"应对气候变化,增加森林碳汇功能"的指导思想,因此,纵观这十项法律制度,他们也并不能对增强森林碳汇功能予以有效保障。

首先,碳汇林在我国的森林分类中找不到确切的法律地位。我国的森林分类经营制度中将森林划分为防护林、用材林、经济林、薪炭林和特种用途林,同时对每种林的具体指向进行了明确。而目前广泛进行的碳汇造林属于公益林的范畴,但我国公益林中包含的防护林和特种用途林中都没有碳汇林,因此,碳汇林将列入何种森林进行经营,根据现行森林法的规定不甚明确,这表明我国现行的森林分类经营制度对森林碳汇的保障是不足的。

其次,更适用于森林碳汇保障的市场机制在森林法律制度中运用不足。从目前京都规则的森林碳汇法律机制中可以看出,碳汇的市场交易是保障碳汇有效、持续供给的重要手段。在我国现行的森林法律制度中,与市场机制相关的手段有两个,一个是生态效益补偿制度,另一个是林权流转制度。对于森林生态效益补偿制度而言,由于我国《森林法》中未能将碳汇列入森林的一项生态功能,而且对森林生态效益补偿的范围也没有进行明确,因此,我们在现行的森林生态效益补偿中是没有考虑到森林碳汇功能的。对于林权流转制度而言,《森林法》规定的只是商品林林地使用权和林木所有权的流转,而碳汇林属于公益林,同时,森林碳汇交易的对象是森林碳汇折抵的温室气体减排量,并非是林地的使用权和林木所有权,因此,尽管《森林法》的林权流转制度引入了市场机制,但其并不适用于森林碳汇交易。

再次,植树造林制度仍需以增加森林碳汇功能为导向进行完善。目前,我国的植树造林制度虽然对各级人民政府和各相关单位的植树造林责任进行了规定,但没有明确碳汇造林在植树造林中的法律地位,应该将碳汇造林作为我国植树造林的重要组成部分纳入到我国植树造林的整体规划之中。

最后,现行森林法律制度中缺少森林可持续管理的制度。我国目前的森林法律制度与森林可持续管理的相关制度包括:林业规划制度、森林植被恢复费制度、森林采伐限额和许可证制度、森林防火制度、森林病虫害防治制度、森林自然保护区制度,在这些制度中仍留有一定的计划经济色彩。应对气候变化要求森林可持续管理必须从增加森林碳储量的角度出发,提高森林质量和森林经营效率,而就目前来看,上述制度与通过森林可持续管理以增加森林碳储量的要求还有一定差距。

本章小结

当前,我国并不承担国际上的减排义务,但我国自 2007 年发布《应对气候变化国家方案》以来,在应对气候变化方面采取的国内行动是积极主动的。2009 年,我国已向国际社会正式承诺将实行自主减排,并于 2016 年批准了《巴黎协定》。作为发展中国家,减排将对我国经济发展带来一定影响,因此,具有减排成本低、见效快特点的森林碳汇减排方式对于我国实现自主减排而言至关重要。我国当前实施的森林碳汇项目是以政策的形式推进的,《应对气候变化国家方案》中将林业列为减缓与适应的重要领域,国家林业局 2009 年又发布了《应对气候变化林业行动计划》,更明确地指明了林业在减缓与适应方面的具体措施。与此同时,我国关于碳汇造林试点的一系列政策的出台,使得我国在推进森林碳汇减排方面既有宏观的政策保障,又有微观的政策指导。然而,我国当前的森林碳汇政策仍以指导性为主,不具有强制约束力,从保障森林碳汇长期发展的健康有序来看,法律的保障是当仁不让的选择。纵观我国当前的森林立法,无论是森林保护方面的基本法——《森林法》,还是森林的单行性立法,其所确立的主要的森林法律制度对森林碳汇的保障都是不足的。以《森林法》为代表的我国现行森林立法大多数是 20 世纪 90 年代甚至更早时候颁布的,应对气候变化,保障森林碳汇功能是其制定时难以体现的立法指导思想,法律制度的设计自然也无法满足森林碳汇法律保障的需要。森林碳汇已被列为森林的五大功能之一,这为我国森林立法提出了新的客观要求,我国森林立法必须建立相应的保障机制,使森林碳汇减排在法制的轨道上前行。

第四章　我国碳交易与森林碳汇项目的实践

2011年11月,国家发改委下发《关于开展碳排放权交易试点工作的通知》,其中将北京、上海、天津、重庆、广东、湖北、深圳共"五市两省"确立为我国碳交易试点。然而,我国森林碳汇项目及其交易的实践要早于我国碳交易市场的建立。《京都议定书》的生效催生了国际森林碳汇市场,目前国际上共存在两种森林碳汇项目,一种是京都规则下清洁发展机制的造林再造林森林碳汇项目,另外一种是非京都规则森林碳汇项目。我国拥有全球第一个清洁发展机制造林再造林项目——广西珠江流域治理再造林项目,同时随着我国碳汇造林试点的启动,非京都规则森林碳汇项目也大量涌现,并且具有广阔的发展空间。我国碳交易试点的实践以及森林碳汇项目的实践,尤其是非京都规则森林碳汇项目的实践,为完善我国森林碳汇法律保障制度,包括基于森林碳汇的碳交易制度,提出了现实需求。

一、我国碳交易的实践现状与评析

(一)七个碳交易试点的交易实践

我国从开始进行碳排放权交易试点以来,目前的七个碳排放权交易试点交易的产品主要有两种,一种是碳排放配额,另一种是国家核证的自愿减排量(CCER)。"截至2015年年底,七个试点碳市场CCER累积交易量约为3,600万吨。截至2016年3月9日,七个试点碳市场的碳配额累积交易量约为4,854万吨,成交额达 13.8 亿元人民币。"[1]在七个试点中,湖北占 42.57%,重庆占 0.49%,上海占 8.82%,北京占 9.02%,广东占 14.35%,深圳占 22.12%,天津占 2.63%。从上述数据可以看出,湖北的碳交易市场是最活跃的,而成交量最少的则是重庆碳交易市场。七个试点省市在碳排放权交易涵盖的行业领域、配额方法和方式、交易品种和温室气体种类等方面的规定和做法也不尽一致,具体比较详见表 4-1。

以下将分别分析各碳排放权交易试点在交易品种类型、交易涵盖行业领域、交易配额的初始分配等方面的具体情况。[2]

上海市碳排放权交易试点于 2013 年 11 月 26 日正式启动,所设立的交易平台是上海环境能源交易所,上海碳排放权交易的具体品种有两种,即碳排放配额(SHEA)和 CCER。上海市碳排放权交易所涵盖包括钢铁、石化、化工、有色、电力、建材、纺织、造纸、橡胶、化纤等年碳排放量两万吨及以上的行业及航空、港口、机场、铁路、商业、宾馆、金融等非工业行业中年碳排放量一万吨及以上的企业。在碳排放配额的分配方面,上海碳排放权交易采取了历史排放法和基准线法。历史排放法配额分配主要参考试点企业在 2009 年至 2011 年间二氧化碳排放水平,一次性分配给试点企业 2013 年至 2015 年各年度的碳排放配额。在历史排放法的基础上,对部分有条件的行业企业考虑按行业基准线法进行碳排放配额的分配。在碳排放配额的初始分配方面,上海主要采用免费发放的方式,并规定在时机成熟后逐步推行拍卖等有偿分配方式。

北京市碳排放权交易试点于 2013 年 11 月 28 日正式启动实施,其主要交易平台是北京环境交易所,北京碳排放权交易的品种对象涵盖范围较广,包括碳排放配额和经审定的碳减排量,其中可使用的经审定的碳减排量又包括核证自愿减排量、节能项目碳减排量和林业碳汇项目碳减排量。其中,林业碳汇减排量是目前其他试点的碳交易市场中较少涉及到的。北京市碳排放权交易规定,参与碳交易的行

---

[1]中国碳排放交易网:《我国碳交易试点地区运行概况》,http://www.tanpaifang.com(2016 年 3 月 12 日访问)。

[2]中国碳排放交易网:《我国碳交易试点地区运行概况》,http://www.tanpaifang.com,(2016 年 3 月 12 日访问)。

业领域包括行政区域内的固定设施年二氧化碳直接排放与间接排放总量 1 万吨（含）以上，且在中国境内注册的企业、事业单位、国家机关及其他单位。在碳排放配额的分配方面，北京市主要采用历史排放方法，对于制造业、其他工业和服务业企业（单位），按照基于历史排放总量的配额核定方法分配碳排放配额，而对于供热企业（单位）和火力发电企业则应当按照基于历史排放强度的配额核定方法分配碳排放配额。

广东省碳排放权交易试点于 2013 年 12 月 19 日启动实施，其主要交易平台是广州碳排放权交易所。广东省碳排放权交易的品种类型有广东省碳排放权配额（GDEA）以及经交易主管部门批准的其他交易品种。在参与交易的行业领域方面，广东省主要将电力、石化、钢铁和水泥四个行业领域中年排放 2 万吨二氧化碳或年综合能源消费量 1 万吨标准煤及以上的企业纳入其中。在碳排放配额分配方面，广东省主要采用历史排放法和基准线法相结合的方式进行免费发放和有偿发放，其中免费发放比例占到 95％以上。

深圳市碳排放权交易于 2013 年 6 月 18 日启动实施，其主要交易平台是深圳排放权交易所，深圳碳排放权交易品种有三类：一是深圳碳排放配额（SZA），二是核证的自愿减排量，三是相关主管部门批准的其他碳排放权交易品种。从碳排放权交易参与的行业领域来看，主要有四种类型：第一类是任意一年的碳排放量达到 3000 吨二氧化碳当量以上的企业；第二类是大型公共建筑和建筑面积达到 1 万平方米以上的国家机关办公建筑的业主；第三类是自愿加入并经主管部门批准纳入碳排放控制管理的碳排放单位；第四类是市政府指定的其他碳排放单位。在碳排放配额的初始分配方面，深圳主要依据历史排放法采取无偿分配和有偿分配相结合的形式向参与主体进行发放，其中免费发放的比例应占到 90％。

天津市的碳排放权交易试点于 2013 年 12 月 26 日开始启动实施，其主要的交易平台是天津排放权交易所，天津碳排放权交易的品种类型较为简单，包括碳排放配额和 CCER 两种。从其所涵盖的行业领域来看，天津碳排放权交易试点主要将钢铁、化工、电力、热力、石化、油气开采等碳排放重点行业和民用建筑领域年碳排放量 2 万吨以上的企业纳入其中。在碳排放配额初始分配方面，主要采取历史排放以免费发放为主，以定价或拍卖为辅的方式。

湖北省碳排放权交易市场是于 2014 年 4 月 2 日开始启动实施的,其主要交易平台是湖北省碳排放权交易中心。湖北省碳排放权交易的品种主要包括湖北省碳排放权配额(HBEA)以及经湖北省内核证的自愿减排量,其中经核证的自愿减排量中包括经核证的林业碳汇减排量。从参与交易的行业领域来看,湖北省主要将电力、钢铁、水泥、化工等 12 个行业领域中在 2010 年和 2011 年任一年内综合能耗 6 万吨及以上的工业企业纳入其中。在碳排放配额的初始分配方面,湖北省在碳排放权交易试点阶段采用免费分配的方式将配额发放给企业。

重庆市碳排放权交易试点于 2014 年 6 月 19 日开始启动实施,其主要交易平台是重庆碳排放交易中心。重庆市碳排放权交易的品种类型包括重庆市碳排放配额、CCER 以及其他经批准的交易产品。从参与的行业领域来看,重庆市碳排放交易的行业主要有三种:第一种是在 2008 年至 2012 年内,任一年度排放量达到 2 万吨二氧化碳当量的工业企业;第二种是自愿加入并经主管部门批准纳入碳排放控制管理的碳排放单位;第三种是市政府指定的其他碳排放单位。在碳排放配额分配方面,主要采用历史排放方法,但也会考虑到产业减排潜力等因素,免费发放碳排放配额。

表 4 - 1 七个试点省市碳排放权交易概况

城市	设立时间	涵盖的行业领域	配额方法	配额方式	交易品种类型	温室气体种类
北京市	2013 年 11 月 28 日	电力、热力、水泥、石化、其他工业和服务业	历史法	无偿分配	碳排放配额、经审定的碳减排量,可使用的经审定的碳减排量包括核证自愿减排量、节能项目碳减排量、林业碳汇项目碳减排量	二氧化碳

城市	设立时间	涵盖的行业领域	配额方法	配额方式	交易品种类型	温室气体种类
上海市	2013 年 11 月 26 日	工业行业包括电力、钢铁、石化、化工、有色、建材、纺织、造纸、橡胶和化纤行业，非工业行业包括航空、机场、港口、商场、宾馆、商务办公建筑和铁路站点	历史法与基准线法相结合	无偿分配	碳排放配额（SHEA）和CCER	二氧化碳
天津市	2013 年 12 月 26 日	电力、水泥、钢铁、石化、油气开采	历史法与基准线法相结合	无偿分配为主，有偿分配为辅	碳排放配额和CCER	二氧化碳
重庆市	2014 年 6 月 19 日	工业企业	历史法与基准线法相结合	无偿分配	重庆市碳排放配额、CCER以及其他经批准的交易产品	二氧化碳、甲烷、氧化亚氮、氢氟烃、全氟化碳、六氟化硫
深圳市	2013 年 6 月 18 日	工业和建筑业	历史法与基准线法相结合	无偿分配为主，有偿分配为辅	深圳碳排放配额（SZA）、核证的自愿减排量以及相关主管部门批准的其他碳排放权交易品种	二氧化碳

城市	设立时间	涵盖的行业领域	配额方法	配额方式	交易品种类型	温室气体种类
湖北省	2014年4月2日	建材、化工、电力、冶金、食品饮料、石油、汽车及其他设备制造、化纤、医药、造纸等行业	历史法与基准线法相结合	无偿分配为主，有偿分配为辅	湖北省碳排放权配额(HBEA)以及经湖北省内核证的自愿减排量,其中经核证的自愿减排量中包括经核证的林业碳汇减排量	二氧化碳
广东省	2013年12月19日	电力、水泥、钢铁和石化行业	历史法与碳强度绩效奖励法相结合	无偿分配为主，有偿分配为辅	广东省碳排放权配额(GDEA)以及经交易主管部门批准的其他交易品种	二氧化碳

(二) 我国碳交易试点实践评析

1. 碳排放权交易的主体范围较窄

碳排放权交易主体是指有资格从事排放权交易的买卖各方。在理论上,企业、政府、社会组织和个人均可成为排放权交易主体。但实践中,企业是主要的交易主体,因为碳排放权交易的二级市场主要交易的是富余排放权配额,是企业在一级市场获得初始配额之后,消耗生产经营需要的排放权后所剩余的部分。从当前开展碳排放权交易的七个试点省市所覆盖的行业主体范围来看,各地方主要是将工业领域中的能源密集型行业列入了允许交易的主体范围,主要包括电力、钢铁、石化、水泥、化工、有色、冶金、建材、纺织、汽车及其他设备制造、医药、造纸、橡胶和化纤行业。而针对非工业行业领域的交易主体,只有北京、上海和深圳有所规定,北京允许服务业进行交易,而上海列明的非工业行业包括航空、机场、港口、商场、宾馆、商务办公建筑和铁路站点。深圳还将大型公共建筑和建筑面积达到1万平方米以上的国家机关办公建筑的业主列入交易主体范围中。尽管当前我国碳排放权交易主体所涵盖的行业领域已达到一定规模,但被列入行业领域的交易主体在年排放量上也有一定限制,例如,北京规定为行政区域内的固定设施年二氧化碳直接排放与间接排放总量1万吨(含)以上;上海市规定工业企业年碳排放量2万吨及以上,及非工业领域行业年碳排放量1万吨及以上的企业可以参与碳交易;广东省规定的是年排放2万吨二氧化碳或年综合能源消费量1万吨标准煤及以上的企业;深圳规定的是任意一年的碳排放量达到3000吨二氧化碳当量以上的企业;天津规定的是年碳排放量2万吨以上的企业;湖北省规定的是在2010年和2011年任一年内综合能耗6万吨及以上的工业企业;重庆规定的是任一年度排放量达到2万吨二氧化碳当量的工业企业。由此可见,我国碳排放权交易不仅在行业覆盖面上没有将温室气体排放的全部行业领域纳入其中,而且列入其中的行业也都根据历史排放法规定了必须达到一定的排放规模才能进行碳排放权交易。这使一些非工业领域碳排放主体参与度较小,这与我国当前碳排放权交易仍处于试点阶段有较大关系。但随着碳排放权交易全国性市场的建立,我国碳排放权交易主体范围须进一步扩大。碳排放权交易主体的扩大应遵从三个标准:一是扩大行业领域,不仅应进一步扩大工业行业领域,也要扩大非工业行业领域,包括垃圾处理业、农牧业、林业、商业服务行业以及政府行政领域。二是要是建立多元化的列入交易行业领域的主体排放标准,当前我国参与碳排放权交易的主体多以年温室气体排放总量为准,如年排放总量1万吨或2万吨温室气体,应当进一步降低年排放总量标准,允许更多年排放总量较低的企业参与其中,除此之外,也应在年排放总量基础上引入综合能耗标准。三是允许非排放主体的碳基金以及专项从事减排配额开发、采购、交易、经济业务的代理机构参与到碳排放权交易之中,但是对于这一类交易主体,应通过法律明确其进入碳排放权交易市场的条件,以维护碳排放权交易市场的交易秩序。

2. 碳排放权交易对象不统一

从当前国际上的实践与我国碳排放权交易的试点来看,碳排放权交易对象中包括两个部分,一是温室气体的种类,二是交易产品的类型。首先,从温室气体的种类来看,在目前我国碳排放权交易的试点实践中,北京、上海、天津、广东、深圳、湖北这六个试点省市都只有二氧化碳一种温室气体允许进行交易,只有重庆市规定包括二氧化碳、甲烷、氧化亚氮、氢氟烃、全氟化碳、六氟化硫在内的六种温室气体都可以进行交易。在引起气候变化的温室气体种类方面,《京都议定书》的附件中已明确规定了六种温室气体,包括甲烷、二氧化碳、氧化亚氮、全氟化碳、六氟化硫以及氢氟碳化物。国际上包括欧盟的碳交易市场中已经由初期的二氧化碳交易逐步过渡到六种温室气体交易。从这一点来看,除重庆市以外,我国其他试点省市允许交易的温室气体种类并没有完全与《京都议定书》列出的温室气体种类达到一致。未来随着我国碳排放权交易制度的不断完善以及全国碳市场的建立,我国允许交易的温室气体种类应与国际碳市场相衔接,应将《京都议定书》中列出的六种温室气体全部列入交易范围。

其次,从碳排放权交易的产品类型来看,目前我国碳排放权交易试点中规定的交易产品的类型主要包括两类:一类是碳排放配额,另一类是自愿减排量。在允许交易的经核证的自愿减排量方面,各试点省市也主要是针对工业领域的自愿减排量进行交易,而对其他领域的自愿减排量则认定得较少。只有北京将节能项目碳减排量、林业碳汇项目碳减排量以及湖北将林业碳汇减排量纳入了可以进行自愿减排的范围之内,而广东、深圳和重庆市所规定的经交易主管部门批准的其他交易品种在实践中并不明确,从而限制了碳排放权交易的品种类型。未来碳排放权交易产品的进一步拓展应重点从自愿交易的产品种类进行突破,应明确将农业、垃圾填埋、农田改造、林业碳汇、可再生能源等项目产生的减排量均作为我国法定的交易品种类型。同时,从国际碳交易市场看,应当将与碳交易相关的金融衍生品均列为可交易对象,包括碳期货、碳期权、碳结构性产品、碳保险、碳担保等,以解决碳金融项目的巨额资金需要,并规避未来发展前景中的不确定性。

3. 碳排放权配额分配方式较为单一

从当前我国碳排放权交易试点中对碳排放配额分配所采用的方法来看,主要采取的是历史排放法和基准线排放法。在七个试点中,只有北京单独采取了历史排放法,上海、天津、广东、深圳、湖北均采用了历史排放法与基准线排放法相结合的配额分配方法,而重庆市则采取历史法与碳强度绩效奖励法相结合的办法。而从配额的具体分配方式上,免费无偿发放是当前试点阶段各省市主要采用的配额分配方式,北京、上海、重庆都只是单一地采用了无偿分配的方式,天津、深圳、湖北、广东则采用了无偿分配为主,有偿分配为辅的配额分配方式,例如,深圳无偿分配给参与主体的配额应占到 90％，广东省免费发放给企业的配额占到 95％以上。天津、深圳、湖北、广东在有偿分配方面采取的方式主要是定价发放和拍卖发放两种，上海也规定待时机成熟后逐步推行拍卖等有偿分配方式。

"配额的一个优点是，它令排放数量有了更大的确定性，因为数量是由政府直接设定的。"[3]我国在碳排放权交易的试点阶段，碳排放配额的分配方式以免费无偿分配为主，这在碳排放权交易市场还不成熟时是很必要的。试点阶段采取无偿分配的主要原因是有偿分配会提高企业的生产成本，有些排放企业的承受能力有限，而企业成本的提高势必导致其市场竞争力下降，同时，在初期阶段采用无偿分配方式也利于为日后采取有偿分配积累经验。因此，从初期阶段看，不宜全面推广有偿分配。无偿分配虽能调动企业积极性，有利于碳排放权交易推行，但此种分配方式就是国家对企业的一种变相补贴。长期采纳这种分配方式会降低碳排放权配额的价格，也无法达到预期减排效果。从我国排放权交易市场长远发展来看，需逐步降低无偿分配比例，采取有偿分配方式。有偿分配方式包括固定价格出售及公开拍卖两种。固定价格出售更易于控制市场价格，但推行难度较大，要根据不同区域、行业等的具体情况制定不同价格。如果价格制定偏高，就不利于更多排放实体参与到排放权交易中；而价格制定偏低，则不能真实反映减排成本，企业会大量购进碳排放权配额而不去采取措施实施减排，从而达不到预期减排目标。与固定价格相比，公开拍卖的操作更高效简便。通过拍卖，可使碳排放权在市场机制中得到有效配置，并能真实反映环境资源价值。因此，从长远看，应采用免费分配、固定出价、拍卖取得相结合的分配方式，其中拍卖取得应是主要分配方式，免费分配应是三种方式中比例最低的一种分配方式。

二、京都规则森林碳汇项目的实践

京都规则森林碳汇项目是指清洁发展机制下的造林再造林项目，其项目规则的严格性使得全球在清洁发展机制执行理事会注册的造林再造林项目只有 15 个。目前中国已成功注册的清洁发展机制造林再造林项目有两个，即广西珠江流域治

---

〔3〕［英］尼古拉斯·斯特恩：《地球安全愿景》，武锡申译，社会科学文献出版社 2011 年版，第 129 页。

理再造林项目和四川西北部退化土地的造林再造林项目。此外,内蒙古敖汉旗防治荒漠化青年造林项目、广西西北部地区退化土地再造林项目和辽宁康平防治荒漠化小规模造林项目都已经得到国家发改委的批准,但目前还未在清洁发展机制执行理事会注册。

(一) 广西珠江流域治理再造林项目

广西珠江流域治理再造林项目[4]是由世界银行和广西壮族自治区林业局共同开发的项目,于 2006 年 11 月经清洁发展机制执行理事会批准,成为全球第一个被批准的清洁发展机制造林再造林项目。该项目的批准标志着京都规则森林碳汇项目进入实质性的运作阶段,并且它也确立了我国在京都规则森林碳汇项目市场中的领先地位。

1. 项目的目标

广西珠江流域治理再造林项目的目标是通过在珠江流域地区的再造林活动,探索和示范与清洁发展机制再造林碳汇项目有关的技术和方法,并促进当地农民增收、保护当地生物多样性和生态环境。项目将通过再造林吸收碳,出售碳汇以及木材和其他非木质林产品收益,增加当地农民和社区的收入。同时,在该地区恢复森林植被并吸收固定二氧化碳的同时,还将在生物多样性保护、水土保持及扶贫方面发挥重要作用。具体的目标包括:(1)通过流域的森林恢复活动以吸收二氧化碳,并对再造林活动产生的高质量的、可测定的、可监测的和可核查的温室气体汇清除进行试验和示范。(2)通过提高周边森林和自然保护区之间的连通性,增强生物多样性保护。(3)控制水土流失,改善当地生态环境。(4)通过再造林吸收碳,出售碳汇以及木材和其他非木质林产品(松脂)收益,增加当地农民和社区的收入。

2. 项目的地点和规模

项目地点选在广西苍梧县的 4 个乡镇的 13 个村和环江县 6 个乡镇的 14 个村,规模上打算一共营造 4000 公顷多功能防护林,其中苍梧县和环江县各 2000 公顷。其中,苍梧县的树种选择和模式包括 900 公顷大叶栎 + 马尾松混交林、600 公

---

〔4〕参见张小全等:《林业碳汇项目理论与实践》,中国林业出版社 2010 年版,第 265—269 页;李怒云:《中国林业碳汇》,中国林业出版社 2007 年版,第 127—131 页。

顷荷木＋马尾松混交林和 500 公顷桉树纯林;环江县的树种选择和模式包括 1050 公顷马尾松＋枫香混交林、450 公顷杉木＋枫香混交林和 500 公顷桉树纯林。

3. 项目实施主体和经营形式

项目的实施主体有苍梧县康源林场、苍梧县富源林场、环江县绿环林业开发有限公司、环江县兴环林业开发有限公司和 18 个农户小组及 12 个农户。项目的经营形式有以下三种:

(1) 单个农户造林:即当地有经济实力的农户自己筹措资金,承包当地村民小组集体拥有经营权的土地开展项目造林活动,林产品和碳汇的销售收入全部归农户和提供土地的村民小组集体所有。农户和提供土地的村集体的收益分配比例按双方签订的合同执行。

(2) 农户小组造林:即几个农户自愿组合起来筹措资金,承包当地村民小组集体拥有经营权的土地开展项目造林活动,林产品和碳汇销售收入全部归农户小组和提供土地的村民小组集体所有。农户联合体和提供土地的村集体的收益分配比例按双方签订的合同执行。

(3) 农民(村集体)与林场(公司)股份合作造林:即农民(村集体)提供土地,林场(公司)投资造林,提供技术、进行管理并承担自然和投资风险。农民(村集体)与林场(公司)签订合同以明确造林管理责任、投入和收益分成。收益分成比例为林产品净收入的 40% 和碳汇销售收入的 60% 归当地农民或村集体,林产品净收入的 60% 和碳汇销售收入的 40% 归当地林场(公司)。另外,林场(公司)将优先雇佣当地农民参与整地、造林和管护等活动,并支付农民劳动报酬。

4. 项目实施期限及工艺流程

项目的实施包括建设期和运行管理期。项目建设期为 2006 年至 2009 年,包括整地、育苗、造林、施肥、除草、抚育等。造林分两年完成,2006 年完成 1660 公顷,2007 年完成 2340 公顷。造林后连续抚育 3 年。运行管理期(计入期)为 30 年(2006—2035 年),包括森林病虫害防治、防火、护林、采伐、更新造林、管理、减排量监测等。

5. 项目总投资和筹资情况

清洁发展机制碳汇项目的总成本为 2270 万美元,其中建设投资 302 万美元,运营成本 1968 万美元。筹资渠道包括：(1)113 万美元来自广西地方商业银行长期贷款；(2)113 万美元配套资金，由广西壮族自治区政府提供；(3)470 万美元为参与项目的当地农产和林场(公司)的股本，主要来自现有和未来的木材、松脂和其他林产品销售收入。(4)1574 万美元为广西当地银行的短期贷款，为采伐和木材运输的流动资金。

6. 项目预计碳效益和环境效益

(1) 预计碳效益。在 2006 年至 2035 年的 30 年的固定计入期内，项目将累计产生 77 万余吨二氧化碳排放当量的人为净温室气体汇清除量，年均约 25795 吨二氧化碳排放当量。

(2) 环境效益。项目区是珍稀濒危野生动植物的重要栖息地，这使该项目产生重大的生物多样性保护效益，包括提供走廊带，通过促进基因流动提高物种种群的生存能力；恢复林带间的连通性，增加所有受保护森林的面积，帮助改良现未受保护物种的状况；种植马尾松和大叶栎以为灵长类和其他野生动物提供更多的果实、种子和树叶等食物；为社区提供薪柴，减少在自然保护区砍柴的压力，改善生物多样性保护；为一些鸟类、哺乳动物和蛇的迁移提供良好生境；通过生境修复，改进候鸟生境。环江县的项目地点是鸟类的迁徙过往地，一旦林木生长起来，将成为鸟类栖息或停留地。项目活动增加了当地社区群众的收入，减少了人为对生物多样性的破坏，包括自然保护区内偷猎、森林火灾、非法盗伐和非木质林产品采集。项目将控制水土流失，由于连续砍伐森林、能源采集和经常性的火烧，多数土地退化并遭受严重冲蚀，直接威胁附近农田以及下游河川，森林的恢复将改良该地区水土流失状况。

7. 项目预期社会经济效益

(1) 增加收入。大约 5000 个农户和 20000 个当地农民将受益于该项目。总收入预计达到 2110 万美元，包括大约 1560 万美元的就业收入、350 万美元的木材和非木林产品的销售收入以及 200 万美元的碳信用额度销售收入。与 2004 年相比，年人均收入将增加 34 美元或 23.8％。在环江县，清洁发展机制项目活动的实施对当地少数民族增加收入的意义更为显著，与 2004 年之前相比，年人均纯收入将增加 200％。苍梧县由于人口稠密，因此当地农民增加的收益就少得多。

（2）创造就业。该项目将创造 500 万个工日的临时就业机会，主要是栽植、除草、采伐和松脂收割所提供的劳动机会。项目计入期内将提供 40 个长期工作岗位。大多的就业机会将由参加该项目的当地农民承担。

（3）可持续的薪柴使用。当地社区的能源一定程度上依靠薪柴。清洁发展机制项目不仅不会限制薪柴的收集，而且还会提供更高质量的、更具持续性的能源给当地农民。除此之外，地方政府正在通过为当地建沼气的农民提供补贴，以示范推广生物质能源，这将减轻对薪炭柴采集的压力。

（4）提高社会凝聚力。单个农户和村民小组势单力薄，无法掌握投资、生产和市场一体化的链条。特别是对生产周期比粮食长的木材和非木质林产品，难度更大。此外，组织手段缺乏也使他们难以克服技术障碍。在清洁发展机制项目中，要求个体、社区、公司和政府之间密切协作，为加强沟通和网络建设起到作用，对少数民族和妇女而言更是如此。

（5）技术培训示范。通过清洁发展机制项目的实施，当地林业部门及公司和林场将为当地社区组织培训，帮助他们了解评估执行清洁发展机制项目活动中遇到的各种问题，包括良种和苗木选择、苗圃管理、整地、造林模式和病虫害综合防治等，提高农民的生产技能和文化素质。

（二）四川西北部退化土地的造林再造林项目

四川西北部退化土地的造林再造林项目[5]由保护国际、北京山水自然保护中心、美国大自然保护协会中国部和四川省林业厅共同开发。

1. 项目目标

通过在退化土地上的造林再造林，从大气中吸收二氧化碳，减缓气候变化；通过提高保护区周边森林生态系统景观的连通性，加强生物多样性保护；提高长江上游水土保持能力；增加当地社区收入。

2. 项目地点、规模和模式

本项目位于四川省西北部的北川县、理县、茂县、平武县和青川县境内，涉及 21 个乡镇的 28 个村，共 36 个地块。

---

〔5〕参见张小全等：《林业碳汇项目理论与实践》，中国林业出版社 2010 年版，第 271—272 页。

本项目将在项目区退化土地上营造人工林 2251.8 公顷,树种选择包括光皮桦、红桦、厚朴、麻栎、岷江柏、侧柏、杉木、油松、马尾松、川杨、落叶松、云杉。该项目按"气候、社区、生物多样性(CCB)标准"的要求进行设计,并获得 CCB 认证,从而使本项目发挥森林的多重效益。

3. 项目经营形式与投融资

本项目由当地农户和社区提供土地,由四川省大渡河造林局投资造林,提供技术支持、项目申报和森林管理,并承担投资风险。作为回报,当地农户或社区将得到 70% 的木材收入和 30% 的碳汇收入,并享有全部的非木质林产品收入。

在第一个计入期内,本造林再造林项目的成本约为 199 万美元,其中 89 万美元将向当地银行贷款,70 万美元为地方政府配套,39 万美元为项目参与方自筹。

4. 项目预期效益

(1) 碳汇效益。项目预计将在 2007 年至 2026 年的首个计入期内产生 46 万吨二氧化碳当量的人为净温室气体汇清除量,年均 23030 吨二氧化碳当量。

(2) 环境效益。通过增强森林的连通性,建立或增强保护区之间的廊道,促进基因流以增强野生动物生活力;森林面积的增加有助于加强受威胁物种的保护;为当地社区创造新的收入来源,这将有助于减少当地社区在保护区内进行的偷猎、薪柴采集、非法砍伐和非木质林产品采集等活动,从而降低当前保护区管理面临的最大威胁。此外,还可以控制水土流失、调节水文循环、调节当地气候降低干旱和洪涝风险。通过示范和经验交流,可以促进项目边界外的流域管理和生态系统保护。

(3) 社会经济效益。项目将使 3231 个农户的 12745 名农民从中受益。项目期间将累计创造收入 920 万美元,其中,610 万美元为劳务收入,250 万美元为出售木材和非木材林产品收入。年人均净收入将提高 24 美元,约为 2006 年水平的10.3%。该项目可创造 100 万个工日的短期工作机会,还将在计入期内创造 38 个长期工作机会,这些劳动力主要来自当地或周边农户和社区。

三、非京都规则森林碳汇项目的实践

非京都规则森林碳汇项目是相对于京都规则森林碳汇项目而言的。从通常意义上来说,非京都规则森林碳汇项目是指不受《京都议定书》规则的限制而开展的森林碳汇项目,一般是基于一些区域性气候变化政策的要求或者一些环境组织或企业、个人自愿参与而产生的森林碳汇项目。同时,与京都规则森林碳汇项目的主体必须由发达国家与发展中国家共同构成不同,非京都规则森林碳汇项目的实施既可以在不同国家、国际组织或机构之间展开,也可以在一个国家的不同经营实体之间展开。从我国现有的非京都规则森林碳汇项目来看,我国的非京都规则森林碳汇项目可以分为既存项目和潜在项目两种。既存的非京都规则项目中也包括两类:一类是我国与国际组织或机构合作进行的造林项目,例如在我国云南开展的中国西南山地森林多重效益项目;另一类则是由我国自行设计开展的造林项目,例如山西石壁山区造林项目以及我国南方开展的碳汇造林项目。潜在的非京都规则森林碳汇项目是由我国六大林业工程所带动的由大面积植树造林和加强森林管理所增加的碳汇,但由于这些碳汇尚未形成碳汇交易,因此被视为潜在的项目。[6] 对于潜在的非京都规则森林碳汇项目的界定应当注意两点:"首先,这些营造林活动的客观效果是吸收了作为温室气体之一的二氧化碳,发挥了森林吸收碳的生态功能,对气候变化的适应和减缓有贡献;其次,如果这些造林的固碳功能可以在计量和审定后实现碳交易,它就成了真正意义上的非京都规则碳汇项目。"[7] 由此可见,非京都规则森林碳汇项目较之京都规则森林碳汇项目更具有灵活性和开放性,有更广阔的市场。

(一)山西石壁山区造林项目

山西石壁山区造林项目是中国第一个由民营企业自发准备的林业碳汇项目。项目由山西太原仁隆企业发展集团有限公司自行开发,该集团是一个以生物高新技术和产业化经营为特征的民营企业,致力于现代农业、林业等相关领域的投资与开发。从 2004 年 10 月开始,在中国林业科学研究院专家的指导下,该公司决定在弃耕地、荒山和砂岩地上设计清洁发展机制造林项目。项目地点位于山西交城县洪相山区,为砂页岩剥蚀中度侵蚀区。全境基本没有林木覆盖,绝大部分地区为裸岩地及荒山或弃耕地。由于该地区多年来植被稀少、土壤瘠薄,且水土流失严重,

〔6〕颜士鹏:《我国"非京都规则"森林碳汇项目的法律规制》,《江西社会科学》2011 年第 8 期,第 174 页。
〔7〕李怒云:《中国林业碳汇》,中国林业出版社 2007 年版,第 9 页。

大量弃耕地和梯田塄堰连年失修,亟待进行治理。

项目拟通过培育以白皮松、元宝枫、侧柏、辽东栎为主的混交林 7000 公顷,开展包括土地整理在内的植被恢复活动。具体内容包括:防风固沙,防治水土流失,改善洪相山区及周边地区的生态环境;收获林产品和其他林副产品;将部分林木40 年所固定的 153 万吨二氧化碳通过碳交易的方式分期卖出,获取生态效益补偿。同时,与当地实施的生态移民相结合,发展生态立体种植、养殖,开发林产品加工,促进资源合理开发利用,实现区域经济的可持续发展。

如果项目得到实施,将为当地社区提供 2751 个临时劳动就业机会和 70 个固定劳动就业机会。11 个村约 3500 名农民将从中受益。此外,项目将有益于当地文化遗产的保护和促进旅游业的发展。项目建成后,能够帮助 700 余户农村家庭脱贫致富。

项目设计总投资为人民币 7355 万元。其中包括:建设成本 4075 万元(包括苗木、整地、栽植和造林后前 3 年的抚育管理费等);运营成本 2702 万元(包括栽植后第 4—20 年的管护抚育间伐费等);准备费用 165 万元;碳计量、监测、项目审定和注册、仪器设备等费用共 413 万元。在总投资中,公司自筹 3702 万元,申请银行长期贷款 2000 万元,希望碳汇购买方投入 1653 万元。[8]该项目目前已与英国正式达成协议,有望成为清洁发展机制下的造林再造林项目。

(二)诺华川西南林业碳汇、社区和生物多样性项目

诺华川西南林业碳汇、社区和生物多样性项目是瑞士制药企业诺华集团在全球实施的第三个、在中国实施的第一个利用森林碳汇抵消碳足迹的项目。诺华与四川省林业厅、四川省大渡河造林局、凉山州林业局、大自然保护协会(TNC)、北京山水自然保护中心等合作伙伴于 2010 年 12 月共同启动此项目。项目启动后,诺华与各合作伙伴进行了多次论证和实地考察,最终在四川省凉山彝族自治州的昭觉、越西、甘洛、美姑、雷波等五个县及申果庄、麻咪泽、马鞍山等三个大熊猫自然保护区确定了 63 个造林地块,覆盖约 4328 公顷植被已退化的山区土地。

2011 年 9 月 20 日,诺华川西南林业碳汇、社区和生物多样性项目的第一批约

---

〔8〕李怒云:《中国林业碳汇》,中国林业出版社 2007 年版,第 137—138 页。

1.2 万株树苗在四川省凉山彝族自治州昭觉县种植完成,标志着该项目正式进入实施阶段。在此后的 4 年中,项目将完成超过 1000 多万株树木的种植,造林面积达 4328 公顷。该项目预期在未来 30 年内吸收大气中的 120 万吨二氧化碳,这相当于 4 万辆小汽车一年所排放的二氧化碳量(50 公里/天),[9]所产生的森林碳汇将用来抵消诺华在其他地方产生的碳足迹。

该项目还将带来巨大的环境效益和社会经济效益。此次选择的造林地块均位于四川凉山彝族自治州范围内,凉山彝族自治州地处横断山区边缘,由于地表岩层破碎、山高坡陡、降雨集中等特殊的自然条件,加上长期陡坡开垦、过度放牧,该地区水土流失严重,而在这样的地区土地上恢复原生植被,能够减缓雨水的冲刷速度,从而有效降低土壤侵蚀,降低发生山体滑坡和洪涝灾害的风险,保护村庄和庄稼。

同时,该项目秉承"实现森林的可持续发展"的价值观。从长远来看,造林项目能够产生有价值的森林产品(例如间伐的木材、中药材、浆果、蘑菇、蜂蜜等),从而创造就业机会,增加当地社区,尤其是彝族社区的收入(来自林产品及非林产品);在造林阶段,当地村民将接受林地保护、造林、森林经营和管理等方面的培训,并通过森林管理和经营等活动获得短期或长期的就业机会,改善家庭经济状况。

(三) 中国绿色碳汇基金会开发的森林碳汇项目

2008 年,中国绿色碳汇基金会[10]发起的全国首批六个碳汇造林项目启动,分别为北京市房山区、甘肃省定西市安定区、甘肃省庆阳市国营合水林业总场、广东省龙川县、广东省汕头市潮阳区和浙江省临安市等碳汇造林项目。从 2011 年开始,中国绿色碳汇基金会又陆续开发了广东长隆碳汇造林项目、伊春市汤旺河森林经营增汇减排项目、青海省碳汇造林项目、香港马会东江源碳汇造林项目,加上首批开展的六个碳汇造林项目,目前中国绿色碳基金共开发了十个森林碳汇项目。[11]

---

[9] http://www.gongyishibao.com/News/201111/140227.aspx(2012 年 1 月 12 日访问)。

[10] 中国绿色碳汇基金会经国务院批准于 2010 年 7 月 19 日成立,是我国第一家以增汇减排和应对气候变化为目的的全国性公募基金会。该基金会由中石油和嘉汉林业等企业倡议建立,前身是 2007年成立的"中国绿色碳基金"。该基金会的设立为企业和公众搭建了一个通过林业措施储存碳信用、展示捐资方社会责任形象的平台。这个平台既能帮助企业自愿减排,树立良好的社会形象,为企业自身的长远发展做出贡献,又能增加森林植被,减缓气候变暖,维护国家生态安全。

[11] 参见中国绿色碳汇基金会:《中国林业碳汇项目实践》,http://www.thjj.org/act-1.html(2015 年10 月 25 日访问)。

1. 广东长隆碳汇造林项目

为积极响应广东省委、省政府绿化广东的号召，广东翠峰园林绿化有限公司在中国绿色碳汇基金会广东碳汇基金的支持下筹集资金，于 2011 年在广东省欠发达地区的宜林荒山实施碳汇造林项目，造林规模为 13000 亩（866.7ha），造林密度为每亩 74 株。其中，梅州市五华县 4000 亩（266.7ha）、兴宁市 4000 亩（266.7ha）、河源市紫金县 3000 亩（200.0ha）、东源县 2000 亩（133.3ha）。该项目在广东省林业厅的支持下，由中国绿色碳汇基金会资助并提供全面技术服务，根据国家发改委备案的方法学 AR - CM - 001 - V01《碳汇造林项目方法学》加以开发，并于 2014 年 3 月 30 日通过了国家发改委备案的自愿减排交易项目审定与核证机构中环联合（北京）认证中心有限公司（CEC）负责的独立审定。项目申请 CCER 的 20 年固定计入期的减排量，项目预计年减排量（净碳汇量）为 17,365 吨二氧化碳当量。项目计入期为 2011 年 01 月 01 日至 2030 年 12 月 31 日（含首尾两天，共计 20 年），计入期内的总减排量为 347,292 吨二氧化碳当量。2014 年 7 月 21 日，广东长隆碳汇造林项目通过国家发展改革委的审核，成功获得备案，成为全国第一个可进入碳市场交易的中国林业温室气体自愿减排（CCER）项目。该项目对推进可持续发展具有重要意义，具体体现在：（1）通过造林活动吸收、固定二氧化碳，产生可测量、可报告、可核查的温室气体排放减排量，发挥碳汇造林项目的试验和示范作用；（2）增强项目区森林生态系统的碳汇功能，加快森林恢复进程，控制水土流失，保护生物多样性，减缓全球气候变暖趋势；（3）增加当地农户收入，促进当地经济社会可持续发展。

2. 伊春市汤旺河林业局 2012 年森林经营增汇减排项目

该项目是中国绿色碳汇基金会提供支持的全国第一批以增汇减排、应对气候变化为重要目标的森林经营增汇减排试点项目，也是黑龙江省首个森林经营增汇减排试点项目。该项目于 2012 年启动，在伊春市汤旺河林业局白桦河林场和二清河林场开展森林增汇减排项目活动，项目面积 926 亩，项目期为 30 年（2012—2042 年），预估项目净碳汇量 6022 吨二氧化碳当量。通过华东林业产权交易所的碳汇托管平台，河南勇盛万家豆制品公司按 30 元/吨的价格签约认购了该项目的全部减排量，用于中和该企业生产过程造成的碳排放。该项目的实施有利于提高社会公众应对气候变化的意识与能力,具有保护生物多样性、提高森林质量、增强森林健康、改善生态环境、增加当地群众收入等多重效益。项目对增加生态产品生产能力、减缓气候变化以及建设生态文明和美丽伊春等具有重要意义。

3. 浙江临安毛竹林碳汇项目

该项目是中国绿色碳汇基金会支持的首批以积累碳汇、应对气候变化为目的的碳汇造林项目,也是全国首个竹子碳汇造林项目。项目于 2008 年启动,通过在临安市藻溪镇严家村和松溪村营造 700 亩毛竹碳汇林,探索可持续的方法经营毛竹林,在保持竹林经济效益的同时,充分发挥竹子在应对气候变化中的功能和作用,对促进农民增收、保护生态环境、恢复自然景观和建设美丽乡村起到了积极的示范作用。

4. 北京市房山区碳汇造林项目

该项目是中国绿色碳汇基金会支持的首批以积累碳汇、应对气候变化为目的的碳汇造林项目,也是北京市首个碳汇造林项目。该项目于 2007 年启动,在房山区青龙湖镇口头村营造碳汇林 2000 亩。根据北京市以发挥生态效益为主的林业建设定位,造林设计采取了以乡土树种侧柏、油松、元宝枫、火炬树、刺槐、黄栌、山桃、山杏、山皂角等为主的树种配置,使项目具有显著的社会和生态效益。项目的实施除产生预期的碳汇量以外,还将为当地群众提供良好的生态旅游场所,并对传播绿色低碳理念、提高公民应对气候变化的意识与能力、促进当地生态环境改善、保护生物多样性等具有重要意义,为促进当地社会经济的可持续发展做出了积极贡献。

5. 青海省 2012 年碳汇造林项目

该项目是中国绿色碳汇基金会支持的、位于"中国水塔"青海省的第一个以积累碳汇、应对气候变化为主要目标的碳汇造林项目,也是青海省首个碳汇造林项目。该项目于 2012 年启动,造林总面积 20512 亩,其中大通县 2870 亩,互助县 6820 亩,湟源县 2100 亩,湟中县 6422 亩,循化县 2300 亩。根据适地适树的原则,造林设计选择了抗逆性强的乡土树种青海云杉作为造林树种。项目具有显著的社会效益和生态效益。在未来 30 年内,项目的实施除产生预期的 20.58 万吨碳汇量以外,还将为当地群众提供就业机会、良好的生存环境和自然景观,并对传播绿色低碳理念、提高公众应对气候变化的意识与能力、涵养水源、保持水土、改善环境、保护生物多样性等具有重要意义,为促进当地社会经济的可持续发展做出积极贡献。

6. 广东省龙川县碳汇造林项目

该项目是中国绿色碳汇基金会支持的首批以积累碳汇、应对气候变化为目的的碳汇造林项目,也是广东省第一批碳汇造林项目。项目于 2008 年启动,在龙川县登云镇双桥村、佗城镇东瑶村公益林区造林 3000 亩。按照适地适树原则,选择红椎、火力楠、荷木和黎蒴四种适应性强、耐干旱贫瘠、生长快的乡土阔叶树种进行造林。在未来 20 年内,项目的实施除产生净碳汇量 57254 吨外,还有利于涵养水源、保持水土、净化空气、保护生物多样性等,将产生良好的社会效益、生态效益以及一定的经济效益。该项目在带动当地群众积极参加龙川生态县建设的同时,增加了农民的就业机会和经济收入,促进了龙川经济社会可持续发展。

7. 广东省汕头市潮阳区碳汇造林项目

该项目是中国绿色碳汇基金会支持的首批以积累碳汇、应对气候变化为目的的碳汇造林项目,也是广东省第一批碳汇项目。项目于 2008 年启动,在汕头市潮阳区西胪镇龙溪村、内輋村公益林区造林 3000 亩,按照适地适树原则选择生长较快、适应性强的台湾相思、木荷、山杜英、桉树等四个树种营造碳汇林。在未来 20 年计入期内,预估净碳汇量 60610 吨二氧化碳当量。项目的实施除产生碳汇效益外,还具有较好的保护生物多样性和改善环境的效果和一定的经济效益,有利于减缓和适应气候变化。该项目对当地森林植被恢复和自然景观修复、促进当地群众就业和增加经济收入、改善居住条件,以及推动广东省以碳汇为主的生态服务市场发育起到了积极的示范作用。

8. 甘肃省定西市安定区碳汇造林项目

该项目是中国绿色碳汇基金会支持的首批以积累碳汇、应对气候变化为目的的碳汇造林项目。该项目于 2008 年启动,造林面积 2000 亩,在安定区李家堡镇栽植耐干旱的侧柏、文冠果和山毛桃等乡土树种,形成混交林。项目的实施在产生 4300 吨预期碳汇量的基础上,将为降雨量低、土壤保水性能差的西北困难地区的造林提供示范,发挥显著的社会效益和生态效益。将宜林荒山、荒坡转变为有林地的土地利用活动有利于提高土地生产力、增加社区群众收入、促进生物多样性保护、改善生存环境,为减缓与适应气候变化做出积极贡献。

9. **甘肃省庆阳市国营合水林业总场碳汇造林项目**

该项目是中国绿色碳汇基金会支持的首批以积累碳汇、应对气候变化为目的的碳汇造林项目。项目于 2008 年启动实施,在庆阳市国营合水林业总场大山门作业区固城营林区内以人工植苗的方式营造油松、沙棘混交林 2000 亩。该项目的实施除产生预期的碳汇量以外,还将对探索贫困国营林场的解困、增加周边农民就业机会和经济收入,以及发挥森林的生态和经济效益起到积极的示范作用。

10. **香港马会东江源碳汇造林项目**

为保护东江源头的生态环境、积极应对气候变化,促进经济社会可持续发展,香港马会主动履行社会责任,于 2013 年和 2014 年分别向中国绿色碳汇基金会捐资 262 万元人民币和 289 万元人民币,在香港的饮用水源地——东江源头广东省龙川县实施规模为 4000 亩的碳汇造林项目。该项目选用红锥、黎蒴、荷木、枫香等适合当地生长的乡土阔叶树种作为造林树种,营造树种多样性高、生态效益好的混交林。该项目既符合促进香港特别行政区可持续水源供给的要求,又符合中共十八大提出的促进低碳发展、建设生态文明和建设美丽中国的精神。项目还可以通过碳汇造林来植树播绿和吸收二氧化碳,中和马会经营活动过程中的部分碳排放,也为改善东江水质、增加农民收入、应对全球气候变化和促进可持续发展做出了积极努力。

此外,我国正在实施的非京都规则森林碳汇项目还包括在 2007 年前后于云南省临沧市双江自治县、临翔区、耿马自治县等地实施的膏桐(即小油桐、麻风树)碳汇项目,该项目由加拿大嘉汉林业投资有限公司全额投资再造林。2010 年,随着我国碳汇造林试点的启动,越来越多的非京都规则森林碳汇项目将出现,这为我国非京都规则森林碳汇项目的法律规制提出了挑战。

(四)中国非京都规则森林碳汇交易的实践

目前,中国非京都规则森林碳汇交易的包括两种情况,一种是森林碳汇的自愿交易,另一种则是在碳交易试点平台基于减排配额的森林碳汇交易。前者多是基于企业承担的社会责任而开展的交易,后者则是有国家强制减排配额而开展的交易;前者的交易具有较强的灵活性,而后者则需要交易试点的发展与改革部门签证,规则更加严格。

2008 年,由中国绿色碳汇基金会发起的在全国首批实施的六个碳汇造林项目(北京市房山区、甘肃省定西市安定区、甘肃省庆阳市国营合水林业总场、广东省龙川县、广东省汕头市潮阳区和浙江省临安市等碳汇造林项目)启动,按照合同约定,实施方要按照碳汇造林的相关规定进行造林、抚育管理。国家林业局碳汇管理办公室将组织专家进行碳汇计量、核查、监测,并对项目进行跟踪管理、总结经验,为建立与国际接轨并具有中国特色的中国林业碳汇项目建设标准和计量方法奠定基础。项目计入期均为 20 年,经审定的净碳汇量共为 148572 吨。2011 年 11 月 1日,中国绿色碳汇基金会与华东林业产权交易所合作开展的全国林业碳汇交易试点在浙江义乌启动,阿里巴巴、歌山建设等 10 家企业与华东林业产权交易所签约,认购了 14.8 万吨林业碳汇指标,华东林业产权交易所为上述认购企业发放了林业碳汇交易凭证。这是我国第一批林业碳汇指标认购交易,标志着中国国内非京都规则森林碳汇市场的开启。此后,中国绿色碳基金又陆续开发了广东长隆碳汇造林项目、伊春市汤旺河森林经营增汇减排项目、青海省碳汇造林项目和香港马会东江源碳汇造林项目,加上首批开展的六个碳汇造林项目,目前,中国绿色碳基金共开发了十个森林碳汇项目。

上述我国开展的非京都规则森林碳汇项目其碳汇交易主要是基于企业的自愿交易,不属于我国碳交易市场中基于配额的交易,并且其交易均不是在我国碳交易的七个试点平台完成的。在我国七个碳交易试点省市中,第一个基于减排配额的森林碳汇交易是于 2015 年在北京环境交易所完成的。2014 年 12 月 18 日,京冀正式启动跨区域碳排放权交易试点建设,明确了跨区域碳排放权交易市场的体系构架,利用北京现有的基础和政策体系,推动市场建设,优先开发林业碳汇项目。北京环境交易所的首个森林碳汇交易项目是由丰宁满族自治县的潮滦源园林绿化工程有限公司开发的承德市丰宁千松坝林场碳汇造林一期项目。经审定,该项目在第一个监测期内核证的碳减排量为 160571 吨二氧化碳。北京市发改委按照相关规定,预先签发了 60%,即 96342 吨二氧化碳。随即,丰宁满族自治县的潮滦源园林绿化工程有限公司将千松坝林场碳汇造林一期项目的核证减排量在北京环境交易所挂牌交易,当天成交 3450 吨,成交额 131100 元。之后,北京东方石油化工有限公司测算其当年最大限度可使用 5 万吨林业碳汇代替碳排放配额用于履约,亦购买了该项目的 5 万吨核证减排量用于履约。截至 2015 年 10 月 20 日,北京碳市场已累计实现京冀碳汇交易 7 万吨,为林业碳汇项目业主创造收益超过 250 万元。[12] 我国基于减排配额的森林碳汇交易在北京市环境交易所的完成,标志着我国七个碳交易试点首次开始尝试森林碳汇交易,也预示着我国森林碳汇交易将更多的从自愿交易转为配额交易,同时也代表着我国碳交易市场中森林碳汇交易的比重将会逐步提高,森林碳汇交易将会在我国更多的碳交易平台上展开,并将会进一步丰富我国碳交易的种类、对象和产品。

四、森林碳汇项目实践的评析

(一)我国非京都规则森林碳汇项目将具有广阔的发展空间

当前,我国非京都规则森林碳汇项目的发展空间巨大,这一方面源于京都规则森林碳汇项目的准入严格性反而促进了非京都规则森林碳汇项目市场的发展,而另一方面则源于我国自主减排的目标将极大程度地带动非京都规则森林碳汇项目的发展。

1. 京都规则的严格性带给非京都规则森林碳汇项目巨大空间

根据《京都议定书》等一系列国际法律文件的规定,第一承诺期内的造林再造林项目中的"造林"是指在 50 年以上的无林地进行造林;"再造林"是指在曾经为有林地,而后退化为无林地的地点进行造林,并且这些地点在 1989 年 12 月 31 日必须是无林地。同时,京都规则森林碳汇项目的实施规则严格复杂,需要制定方法学、证明额外性、避免碳泄漏等,每个项目都需要经过严格的设计、审定、计量和核证,项目要经过参与国政府和主管机构批准,还要由联合国清洁发展机制执行理事会派指定的审核机构进行核证,最后由联合国清洁发展机制执行理事会批准才可进行真正的交易。而且,《波恩政治协定》为附件一国家利用林业碳汇项目获取减排量设定了上限,即在第一承诺期内,附件一国家每年从清洁发展机制森林碳汇项目中获得的减排抵消额不得超过其基准年(1990 年)排放量的 1%。由于京都规则

---

[12] 参见《京冀碳汇交易已达 7 万吨为林业碳汇项目创收百万》,http://news. xinhuanet.com/energy/ 2015-10/28/c_128367540. htm(2015 年 12 月 10 访问)。

森林碳汇项目只限定在京都承诺期内实施,而其在后京都时代能否成为强制性的合格减排项目还不得而知。京都规则森林碳汇项目审核的严格性和可实现抵消减排数量的有限性极大地限制了京都规则森林碳汇项目的数量,因此,"单纯依靠'京都规则'碳市场的森林碳汇交易来解决林业的生态补偿问题是不现实的"[13]。从目前的国际森林碳汇市场来看,非京都规则森林碳汇项目的数量要远远高于京都规则森林碳汇项目的数量,而且通过非京都规则森林碳汇项目实施减排亦将是后京都时代的重要途径。

2. 我国自主减排的目标加剧了非京都规则森林碳汇项目的发展

作为发展中国家,我国目前虽然不承担《京都议定书》规定的控制或减排温室气体的义务,但现实是我国已成为在总量上超越美国的第一大温室气体排放国,面临承担减排义务的压力越来越大。为此,2009 年 11 月,国务院常务会议提出 2020 年单位 GDP 的二氧化碳排放比 2005 年下降 40％至 45％,并作为约束性指标纳入国民经济和社会发展中长期规划。在随后的哥本哈根会议上,我国也向世界表明了中国自主减排的立场。面对这样一个自主减排的目标,必须有一整套的减排措施跟进,而通过森林碳汇进行减排历来是我国应对气候变化战略中的重要组成部分。我国在 2009 年 9 月的联合国气候变化峰会上就曾提出将大力增加森林资源,增加森林碳汇,争取我国森林面积到 2020 年比 2005 年增加 4000 万公顷,森林蓄积量增加 13 亿立方米。随后,11 月的国务院常务会议也提出,通过植树造林和加强森林管理,到 2020 年森林面积比 2005 年增加 4000 万公顷,森林蓄积量比 2005 年增加 13 亿立方米,2010 年发布的《全国林地保护利用规划纲要(2010—2020)》也再次确认了这一目标。2016 年生效的《巴黎协定》意味着我国 2020 年后将进入自主承诺减排时期。作为一项减排成本低且不影响经济发展,又同时兼具多种环境效益和社会经济效益的减排手段而言,国内非京都规则森林碳汇项目将成为我国实现自主减排目标的重要措施之一。

(二)森林碳汇项目应体现环境、经济和社会多重效益

森林碳汇项目的实施标志着林业减缓气候变化的对策已由理论探讨阶段过渡

---

[13] 王见等:《我国"非京都规则"森林碳汇市场构建研究》,《中国林业经济》2008 年第 3 期,第 28 页。

到具体实施阶段。森林碳汇项目的本质是通过市场化的手段来解决森林生态效益价值化的问题。根据目前国际上的不成文标准,一个碳汇项目是否能成功通过核准和认证,主要是看其效益的多样性,即除了有汇能力减缓气候变化外,还要有促进社区发展、保护生物多样性等可持续发展方面的重大效益。因此,碳汇项目的效益应当包括环境效益、经济效益与社会效益三大方面,每种效益又包含各种的具体效益指标[14]。

1. 森林碳汇项目的环境效益

环境效益包括气候效应、生物多样性、水质、土壤、植被地上和地下生物量及碳泄漏。气候效应包括空气质量、空气中汇能力动态、气温的动态变化,主要通过监测大气中的二氧化碳变化与气温动态数据来分析、评价森林碳汇能力;生物多样性中森林贮碳功能的大小除与树种、年龄、密度等因子有关外,还在很大程度上取决于林分的质量与结构。因此,生物多样性保护的内容应包含恢复或维持当地的物种群落,包括恢复或维持他们的基因变异和生活习性,以及恢复或维持当地生物之间的联系及保护或改善水资源,同时测定本地种和外来种的数量及外来种对本地环境的影响程度;水质包括测定水的污染度、营养成分、水温与富营养化程度;在土壤方面,土壤是重要的汇,目前土地利用的变化是温室气体排放的主要原因之一,土地的过度利用与退化导致土壤向大气释放大量的二氧化碳,使主要的"汇"功能发挥了"源"功能,同时要测定与监测土壤中的有机成分含量及碳汇能力;植被地上和地下生物量的测定;碳泄漏是指在项目执行过程中在项目区域之外产生的温室气体的变化,项目活动可能会导致碳转移排放(碳排放增加)和碳汇的减少。

2. 森林碳汇项目的经济效益

经济效益包括投入、收益、科技的改进及 GDP 的增长。投入与收益评估包括:气候的变化导致了贫困的增加和生物多样性的损失,贫困使得当地居民采用不可持续的方式过度攫取资源、严重破坏环境;评估森林碳汇项目的投入与收益的关系;科技的改进,包括引进的先进技术、工艺等。GDP 的增长则主要是考量实施林业碳汇项目与 GDP 增长的关系。

---

[14] 参见 http://www.carbontree.com.cn/NewsShow.asp? Bid=5681(2012 年 2 月 1 日访问)。

3. 森林碳汇项目的社会效益

社会效益主要考虑项目实施对就业情况、人居环境质量、公民参与意识及社会可持续发展能力的影响。其中，就业情况包括提供的就业机会、吸纳的就业对象和范围；人居环境质量需要测定与监测人居环境的空气质量和水质变化情况；公民的参与意识包括公民参与项目管理活动、接受培训的范围及宣传意识等；最终才评估社会可持续发展能力。

(三) 非京都规则森林碳汇交易需要法律保障

目前，国际上存在两种碳市场，一种是强制碳交易市场，另一种则是自愿碳交易市场。强制碳交易市场也可称为配额交易市场，是为那些有法律强制规定温室气体减排指标的国家或企业提供碳交易配额的市场；自愿碳交易市场是不受法律约束力的，企业出于社会责任、品牌建设、社会效益等目的进行自愿交易的碳市场。目前，国际上主要的碳交易市场包括：欧盟排放贸易体系，其是全球最大的温室气体排放贸易市场；芝加哥气候交易所，其是全球第一个也是北美地区唯一的一个自愿参与温室气体减排量交易并对减排量承担法律约束力的组织和市场交易平台；澳大利亚新南威尔士温室气体减排市场，其是在澳大利亚政府强制下的州级温室气体减排市场等。从森林碳汇项目的类别看，京都规则的森林碳汇交易属于强制碳交易市场，而非京都规则的森林碳汇交易则属于自愿交易市场。但从国际碳市场中的森林碳汇交易情况来看，森林碳汇交易在强制碳交易市场中所占的比例较低，但在自愿市场中所占的比例则要高出很多。对于我国而言，由于中国并不存在国际上的减排任务，全国性的碳交易市场尚处于基础建设时期，这反而使我国的自愿碳交易市场处于较为活跃的状态。

森林碳汇交易是市场机制进入林业领域的最好平台，应对气候变化需要市场机制发挥作用。但当前非京都规则森林碳汇项目的碳汇交易属于自愿市场层面的交易，自愿市场在碳汇交易上的缺陷在于碳汇需求的不足，这会使一些项目产生的碳汇量不能被交易，从而不能通过市场机制实现对森林碳汇的补偿。我国已经提出要在2017年后建立碳排放权交易制度，而基于森林碳汇的碳排放权交易应该是我国碳排放权交易制度的重要组成部分，由于京都规则森林碳汇项目的碳汇交易不能适用于国内的碳排放权交易，国内基于森林碳汇的碳排放权交易主要是指非京都规则森林碳汇交易,因此,从法律层面规范非京都规则森林碳汇交易是当前非京都规则森林碳汇项目法律规制的重要内容。

(四) 非京都规则森林碳汇项目的实施标准需要规范

尽管森林都具有碳汇的功能,但并不是所有的森林都能成为碳汇项目的对象,非京都规则森林碳汇项目的开展必须依据一定的标准。从当前的国际和国内非京都规则森林碳汇项目发展的现状来看,非京都规则森林碳汇项目既没有统一的国际标准,亦没有国内标准可循,有些项目是根据国际上已被认可的一些标准设计实施的,而有些项目的标准则是自行审定的,项目标准的不统一性和不确定性将会使一些不合格的项目混杂其中,不利于非京都规则森林碳汇项目市场的健康有序发展。因此,确立项目的准入标准是目前我国建设非京都规则森林碳汇项目的又一重要问题。

1. 国际非京都规则森林碳汇项目标准的种类

目前,国际上对非京都规则森林碳汇项目的标准有以下几种:第一,京都规则森林碳汇项目标准。该标准是森林碳汇项目现有标准中最完善的一种,当然也是最严格的一种,其除了作为京都强制市场的项目标准外,也可以作为自愿市场中开展森林碳汇项目选择的标准,是否选择则取决于项目主体的意愿。第二,农业、林业和其他土地利用项目自愿碳标准(AFOLU自愿碳标准)。"该标准开发了一套描述农业、林业和其他土地利用项目等项目类型所特有的问题和风险的规则"[15],项目类型包括造林再造林和植被恢复、农地管理、改善森林管理以及减少毁林排放四种。第三,气候、社区和生物多样性标准(CCBS标准)。该标准是一种项目设计标准,主要是针对与土地利用有关的缓解气候变化的项目而制定的,项目类型有天然林或次生林保护、再造林或植被恢复、农田防护林营建、新耕作技术的引进、新木材采伐及加工处理技术的引进(例如,减少采伐影响)、减少农地耕作以及改善家畜管理等。[16]第四,生存计划方案。该标准强调采用促进可持续发展、改善农村生计和生态系统的小规模的土地利用,包括在发展中国家实施的恢复森林、森林保护

---

〔15〕武曙红等:《国际自愿碳汇市场的补偿标准》,《林业科学》2009年第3期,第136页。
〔16〕武曙红等:《国际自愿碳汇市场的补偿标准》,《林业科学》2009年第3期,第137页。

和管理、经济林种植、水土保持以及提高园艺技术等项目类型。[17] 除了上述几种被广泛认可的标准以外,还有很多项目根据实际情况采用了自行开发的标准。这些项目规则虽然各有利弊,但对我国非京都规则森林碳汇项目的标准选择是非常有帮助的。

2. 我国非京都规则森林碳汇项目标准适用的三种选择

我国非京都规则森林碳汇项目标准的选择应当充分考虑到当前非京都规则森林碳汇项目的减排具有自愿性这样一个基本点,因此,项目标准的选择应具有一定的灵活性,过于统一反而不利于项目的开展,因而,承认国际认可标准和自行开发标准的有效性是必要的。但同时也应当考虑到,有些国际认可的标准可能不适合我国某些非京都规则森林碳汇项目的具体情况,在适用上会受到限制,而有些自行开发的标准又可能难以保证项目质量,因此,在承认国际认可标准和自行开发标准的有效性的同时,我国仍然有必要制定与国际接轨的非京都规则森林碳汇项目的最低准入标准。基于此,我国非京都规则森林碳汇项目的准入标准可以有三种选择[18]:

第一,适用国际认可的项目标准。我国和其他国家、国际组织或机构合作的非京都规则森林碳汇项目,一般是由外方投资建设的,因此,在标准的选择上更倾向于国际认可的项目标准,例如 AFOLU 自愿碳标准、CCBS 标准等,而对于我国自主开发的森林碳汇项目也可以选择国际认可的项目标准。选择国际认可的标准的优势在于其取得的碳信用额度能够得到国际社会的承认,可以进行再次转让。为此,我国应当确立适合非京都规则森林碳汇项目的国际认可项目标准名录。

第二,适用自行开发的项目标准,但应当符合我国制定的非京都规则森林碳汇项目的最低准入标准。自行开发的标准的优势在于能够针对项目的实际进行量体裁衣,但"自行开发的标准难以评价,因为他们与已经建立的标准相比可能是相当宽松的也可能是更严格的,需要交易双方自行进行评估"[19]。鉴于自行开发标准

---

〔17〕武曙红等:《国际自愿碳汇市场的补偿标准》,《林业科学》2009 年第 3 期,第 138 页。

〔18〕顾士鹏:《我国"非京都规则"森林碳汇项目的法律规制》,《江西社会科学》2011 年第 8 期,第 176 页。

〔19〕李怒云:《中国林业碳汇》,中国林业出版社 2007 年版,第 174 页

有过于宽松的可能性,从保证项目质量的角度出发,其应当符合我国制定的非京都规则森林碳汇项目的最低准入标准。

第三,适用我国制定的与国际接轨的非京都规则森林碳汇项目最低准入标准。我国制定的最低准入标准主要适用于当前我国自主开发的森林碳汇项目。之所以强调与国际接轨,原因在于需要保证我国自主开发的非京都规则森林碳汇项目保持一定的国际竞争力,而强调最低准入的原因在于目前我国自主开发的森林碳汇项目没有统一的国内标准,《京都议定书》的生效使森林碳汇市场逐渐火热,面对发展初期的森林碳汇市场,如果没有最低的准入标准,那么鱼龙混杂的状况就在所难免。我国在制定与国际接轨的非京都规则森林碳汇项目最低准入标准的时候,应当借鉴国际社会广泛认可的标准在设计上所考虑的因素,即项目的合格性、方法学、项目开始日期和碳信用计入日期、项目的审定、碳信用的核查以及项目的注册等。

项目的合格性主要用来衡量项目所包含的效益。尽管森林碳汇项目的最主要目的是固碳增汇,但国际上通常在项目设计时并不将此作为唯一合格的指标,在这一点上,我国应从生态、经济和社会的可持续发展角度出发,在固碳增汇的基础上同时考虑社区发展、生物多样性保护、水土保持与荒漠化防治等多重效益的实现,只有包含多重效益并且内涵丰富的碳汇项目,才更具市场吸引力和竞争力。方法学是对项目的基线、额外性、持久性、碳泄漏等一系列技术性问题的方案设计。对于方法学的规定,我国应当采取两种做法:一是建立我国认定的方法学名录,只要项目采用的是名录上的方法学则应予以承认;二是对于新的方法学则应由两个具有资质的独立审定机构同时批准(一个可以由项目开发商指定,另一个则由我国的项目主管机构指定),以保证项目的质量。对于项目开始的日期和碳信用计入日期则应视具体项目的不同,在项目设计文件中作出明确规定。项目的审定应当由独立的实体机构来执行,但其必须是取得国家资质认定的机构。独立的实体机构对项目的审定应当包括项目设计的目标、内容、方法学、监测计划、碳储量的计算、投资预算、项目的预期效益等内容,并出具通过或不通过的审定报告。在项目审定通过以后,还应当建立项目的定期监测制度,以保证项目的良好执行。项目的核查机构可以与项目的审定机构为同一机构,其对项目实际产生的碳信用额度出具核查报告,作为碳汇交易的法律凭证。审定通过的非京都规则森林碳汇项目应当获得国家主管机关的批准并进行相应的注册，以使项目的开展具有合法性。

本章小结

在国际社会上，由于清洁发展机制造林再造林森林碳汇项目的设计、审批和交易具有极其严格的规则，因此其数量并不多，而非京都规则森林碳汇项目由于其不受严格京都规则的限制，并且具有一定灵活性，因而其具有广阔的发展空间。森林碳汇项目除固碳释氧外，一般都兼具多重的经济、社会和环境效益，如生物多样性保护、生态环境改善、提供就业机会和增加社区收入等。同时，较之工业减排而言，其不影响本国经济的发展速度，是未来应对气候变化的主要措施之一。

我国目前的森林资源基础比较适宜森林碳汇项目的开展，我国目前已有 2 个森林碳汇项目在清洁发展机制执行理事会进行了注册，此外还有 3 个未注册的清洁发展机制项目。随着国家碳汇造林试点的启动，我国非京都规则森林碳汇项目将迎来新的发展机遇，这对实现我国承诺的自主减排目标无疑将具有极大的推动作用，但其发展中所蕴含的一系列问题也将同时出现。当前困扰非京都规则森林碳汇项目发展的障碍有两个方面：一是由于我国目前没有真正将森林碳汇交易纳入全国碳排放权交易体系之中，因此，非京都规则森林碳汇项目的碳汇交易不能得到有效保障；二是非京都规则森林碳汇项目的标准不够统一，不能完全与国际上的森林碳汇项目接轨。这两点是当前非京都规则森林碳汇项目对法律保障提出的最具现实性的需求。

第五章 我国森林碳汇法律保障机制的构建

从国际气候谈判中最初对"造林、再造林"森林碳汇机制所持的谨慎态度到《巴黎协定》对 REDD＋森林碳汇机制所持的开放态度表明,后京都时代森林碳汇依然是应对气候变化的重要举措。构建我国森林碳汇法律保障机制的目的,一方面是与国际森林碳汇规则接轨,另一方面则是保障我国非京都规则森林碳汇项目以及我国潜在的森林碳汇效益的有效供给。从国际法的角度来看,虽然当前京都规则对清洁发展机制的造林再造林项目规定了相当严格的项目准入条件,但其主要是从项目的合格性和碳汇交易的角度出发制定规则,对项目在运行中的森林经营的保障则较少涉及。对于后京都时代 REDD＋机制森林碳汇项目将以何种方式和规则实施,目前国际上还没有制定出完整的规则。为此,为保证造林再造林项目和 REDD＋机制森林碳汇项目在我国的有效实施,我国国内法应当在国际法的框架之下提供与之接轨的法律制度。从国内森林碳汇发展的潜在空间来看,我国非京都规则森林碳汇项目发展迅速,且我国未以项目形式出现的森林资源所形成的碳汇效益显著。尽管当前我国森林碳汇的相关政策对启动和推进森林碳汇减排有积极作用,但很多政策是指导性的政策,没有强制约束力,而且具有一定的过渡性,稳定性不足。为此,从国内森林碳汇减排的长远目标和效益来看,仍需通过具有强制力的法律措施对森林碳汇减排提供有效保障,以保证我国所承诺的自愿减排目标的实现,这既是应对气候变化本身的需求,也是我国展现国际大国形象的需求。因此,当前我国森林碳汇法律保障机制的构建,一方面要对既有的森林法律制度对森林碳汇需要的适应性进行完善,另一方面也需要提出基于森林碳汇的新的森林法律制度。

一、基于造林、再造林森林碳汇的法律保障制度

造林、再造林从林学领域的角度出发属于森林培育所研究的范畴,简言之,其是指根据造林学的原理和技术以营造和培育林木的过程。造林、再造林是保障森林碳汇良好态势的主要活动,是森林碳汇的最基本保障。从法律制度的选择上来看,基于森林培育的森林碳汇法律保障制度亦应围绕着造林和再造林活动加以设计,最主要的制度包括植树造林制度、封山育林制度和退耕还林制度。

(一) 植树造林制度

植树造林是新造或更新森林的生产活动,它是培育森林的一个基本环节,是提高森林覆盖率和增加森林面积的最基本保障,因此其也是保障森林碳汇增加的最基本措施。我国《森林法》第四章已经将植树造林确立为我国的一项基本森林法律制度,明确指出各级人民政府应当组织各行各业和城乡居民完成植树造林规划所确定的任务。此外,我国在 1982 年颁布的《国务院关于开展全民义务植树运动的实施办法》中规定,年满 11 周岁的公民除老弱病残者外,应因地制宜,每人每年植树 3 至 5 棵,或者完成相应劳动量的育苗、管护和其他绿化任务。但公民的这种植树义务在《森林法》的第十一条中只进行了原则性的宣示,同时,《国务院关于开展全民义务植树运动的实施办法》颁布年代久远,其规定已不能完全适应现代林业对植树造林的要求,使得公民的这项法定义务不具有强制性,从而在执行中大打折扣。

在保障森林碳汇方面,基于目前我国植树造林制度的现状,其完善应当从以下几个方面进行:一是要编制科学的造林规划和具体行动计划,明确植树造林的长期目标和短期任务,并将植树造林的目标和任务层层分解,各地方政府应当根据当地的实际情况制定符合地方实际的政策,以保证植树造林规划的执行。二是要强化地方政府的植树造林责任,细化地方政府及相关部门、单位和组织的植树造林权利和义务,并规定未完成植树造林的法律责任。三是实行植树造林目标责任考核评价制度,将植树造林目标的完成情况作为对地方人民政府及其负责人进行考核评价的内容。四是建立植树造林奖励制度,对每年在完成植树造林任务方面表现突出的地方政府、单位和个人给予相应的奖励,鼓励更多的社会主体投入植树造林

工作之中。五是创新植树造林的资金投入方式,建立政府资金投入为主体,社会资金、个人资金和外商资金投入为补充的多元化、多层次、多渠道资金投入机制,真正实现全社会办林业的宗旨。六是创新植树造林的模式。首先,可以将植树造林以森林碳汇项目的形式,面向社会进行招标,引进有实力、有经验的专业公司实现规模造林;其次,应当将植树造林与新农村建设、土地整理、农业综合开发、河道整治等基础设施建设结合起来,深挖造林潜力;再次,可以将植树造林与现有林地经营权流转结合起来,将农民个人林权以及土地承包权一并流转给植树造林企业,让农民获得林权转让收益的同时,企业再根据自身发展计划逐步完成林木更新,实现企业经济效益、农户收益以及造林生态效益的多赢效果。七是通过《森林法》对公民植树造林的法定义务进行细化,"对于不能完成义务植树的公民,可以交纳义务植树金,由有能力完成的人代为植树"[1],并使其成为公民一项具有可执行性的法定义务。

(二) 封山育林制度

封山育林是利用森林的更新能力,在自然条件适宜的山区实行定期封山,禁止垦荒、放牧、砍柴等人为的破坏活动,从而恢复森林植被的一种育林方式。我国《森林法》第八条第一款中将封山育林确立为我国保护森林资源的一项有效措施,第二十八条又规定:"新造幼林地和其他必须封山育林的地方,由当地人民政府组织封山育林。"实质上,我国《森林法》并没有将封山育林作为一项基本制度确立下来,对封山育林的对象、方式和时间等均未作规定,因此,地方人民政府在划定封山育林区域的时候缺少统一标准,随意性较大。封山育林是中国传统的森林培育方法,简便易行,经济有效,是迅速恢复森林的重要方法之一。鉴于封山育林在增加森林面积和提高森林覆盖率方面的重要作用,为了减少气候变化造成的森林退化,降低森林在气候变化方面的脆弱性以及增加森林碳汇,我国《森林法》应将封山育林作为一项基本的森林保护法律制度确立下来,因此,应当从以下几方面完善封山育林制度:

第一,编制封山育林规划。封山育林规划应当考虑当地的山林权属和群众副业生产及开展多种经营的需要,在此基础上制定封山育林标准,划定封山育林范

---

〔1〕颜士鹏:《论应对气候变化的适应性森林立法》,《法学杂志》2010 年第 6 期。

围,确立封山育林的育林目标、封禁和开山的方法等。

第二,明确封山育林的方式和期限。封山育林应当根据当地地理位置、劳动力、林分状况以及群众的实际需要,灵活采用全封、半封、轮封等不同模式,以封为主,封育结合。同时,应当根据封山育林规划中所确定的育林目标,针对不同的封山育林区域制定不同的封山育林期限。

第三,明确封山育林期间的管护责任。应当根据封山育林的林地所有权和使用权明确封山育林的管护责任,与封山育林所在地的村委会或农户签订护林合约。在封山过程中,应清除抑制幼树生长发育的杂草、灌木,对疏林进行补植,对密林进行抚育间伐,并对森林火灾和病虫害进行防治。

第四,规定封山育林区内的禁止性、限制性活动。封山育林期间应当明确禁止或者限制从事开荒、砍柴、烧荒、采石、开矿、放牧或者其他不利于林木生长的人畜活动。

(三) 退耕还林制度

退耕还林是从保护和改善生态环境的目的出发,将易造成水土流失的坡耕地有计划、有步骤地停止耕种,按照适地适树的原则,因地制宜的植树造林,以恢复森林植被。我国《森林法》中并未对退耕还林予以法律规制,而《森林法实施条例》第二十二条也只是规定,25 度以上的坡耕地应当按照当地人民政府制定的规划,逐步退耕、植树和种草。2002 年 12 月,国务院颁布的《退耕还林条例》使退耕还林工程走上了法制化管理的轨道。退耕还林是继天然林资源保护工程之后,我国生态建设的又一历史性举措。

退耕还林工程与京都规则森林碳汇造林、再造林项目在林地的要求上有着较为一致的内涵。退耕还林工程的区域一般属于生态环境较为脆弱的区域,同时,其中大部分区域都属于对原有林地或退化的林地进行开垦后的耕地,因此,退耕还林建设包括两个方面的内容:一是坡耕地退耕还林,二是宜林荒山荒地造林。从另一个角度来看,退耕还林是将现有耕地还原为其本来林地面貌的过程,是在无林地或者曾经的有林地上开展造林的过程。而根据京都规则森林碳汇造林、再造林项目的要求,造林的林地是指在 50 年以上的无林地进行造林,而再造林是指在曾经为有林地后退化成无林地的土地之上进行的造林。因而,从对造林林地的要求这一方面看来,退耕还林具有碳汇造林的巨大潜力。

通过退耕还林工程进行的造林能够大范围增加我国的森林面积,并提高森林碳汇的储量。为保障退耕还林的效果,《退耕还林条例》中采取了诸多措施,其中包括:制定和实施退耕还林规划、年度计划和实施方案;县级人民政府或者其委托的乡级人民政府应当与有退耕还林任务的土地承包经营权人签订退耕还林合同;建立退耕还林植被管护制度;为退耕还林提供技术指导和技术服务;实行退耕还林资金和粮食补贴制度,向土地承包经营权人提供粮食补助、种苗造林补助费和生活补助费;落实退耕还林后的林地承包经营权和林木所有权等。

二、基于减少毁林和森林退化森林碳汇的法律保障制度

从森林生态学的角度而言,减少毁林和森林退化是预防和控制人为或自然灾害对森林的危害,保证树木健康生长,避免或减少森林资源损失的重要措施。能够引起森林毁坏的事件包括林地转为非林地、森林火灾、森林病虫害、灾害性天气以及其他的人为毁林事件,因此减少毁林和森林退化所采取的具体措施也是针对于此。减少毁林和森林退化一方面可以通过保护措施增加森林面积,提高森林质量,从而增加森林碳汇储量;另一方面可以通过保护措施减少森林灾害和毁林事件的发生,从而减少森林碳源的排放。《哥本哈根协议》中已明确指出,减少由毁林和森林退化造成的碳排放和增加森林碳汇在应对气候变化中至关重要。

(一) 林地保护制度

林地是国家重要的自然资源和战略资源,是森林赖以生存与发展的根基,林地与森林林木的关系是"皮之不存,毛将焉附"。国务院曾明确要求"把林地与耕地放在同等重要的位置,高度重视林地保护"。根据第七次全国森林资源清查数据表明,在清查5年间隔期内,因毁林开垦、自然灾害、工程建设等所导致的林地转为非林地的面积达832万公顷,其中近85%逆转为其他农用地。有林地逆转为非林地的面积为377万公顷,相当于同期全国造林面积的十分之一。我国《森林法》中对林地的保护规定较为单薄,只有在第十八条中规定,"进行勘查、开采矿藏和各项建设工程,应当不占或者少占林地;必须占用或者征用林地的,经县级以上人民政府林业主管部门审核同意后,依照有关土地管理的法律、行政法规办理建设用地审批

手续,并由用地单位依照国务院有关规定缴纳森林植被恢复费。"《森林法》的这一规定显然不能对林地进行全方位的保护,因此,我国林地保护制度的完善应当从以下几个方面着手:

第一,编制林地保护利用规划。应当分级编制国家级、省级、市县级三个层次的林地保护利用规划,下一级规划应根据上一级规划编制,并与同级土地利用总体规划相衔接,层层落实林地保护利用的各项目标、任务、措施和管理政策。省级林地保护利用规划要重点确定本行政区域林地保护利用的目标、指标、任务和政策措施;市县级林地保护利用规划要划定林地范围,进行功能区划设计,突出空间性、结构性和操作性,制定林地保护利用的具体措施。科学合理的林地保护利用规划是完善林地保护制度的首要任务。

第二,严格林地用途管制。包括严格限制林地转为建设用地,严格控制林地转为其他农用地,严格保护公益林地,加大对临时占用林地和毁林地的修复力度,规范林地流转管理,流转后不得改变规划林地用途。

第三,确立林地分级管理制度。首先,科学划分林地保护等级,根据生态脆弱性、生态区位重要性以及林地生产力等指标,对林地进行系统评价定级,划定为Ⅰ级、Ⅱ级、Ⅲ级和Ⅳ级共四个保护等级。其次,实施林地分级保护管理,根据林地的保护等级,分别制定相应的保护、利用和管理措施。

第四,建立林地补充制度。首先,应当有计划地增加林地资源。一方面是通过落实国家退耕还林政策,将生态重要区域的陡坡耕地和生态脆弱区域的沙化耕地还原为林地;另一方面是对于石漠化严重地区、退化土地等,将其中符合植被恢复条件的恢复为林地。其次,要对宜林闲置地进行整治,对政府收回的闲置土地中原属于林地的,应当优先用于林业生产经营活动,对废弃工矿、废弃山区村庄及村中空闲地的整治应按照宜林则林的原则,优先用于植树造林。

第五,制定征占用林地项目禁限目录。应当在国家发布的《限制用地项目目录》和《禁止用地项目目录》的基础上,定期细化制定、颁布、实施禁止和限制使用林地项目目录。

(二) 森林防火制度

近年来,气候变化对森林火灾的影响日益凸显,气候变化引起干旱天气的强度和频率增加,森林可燃物积累多,林火风险不断增加,"气候变化引起的植被组成或树种分布区域的变化对森林可燃物有显著影响,从而影响林火发生频率和火烧强度"[2],使得防火期明显延长,林火发生地理分布区明显扩大。森林火灾对森林资源造成的损失是毁灭性的,历史上的多次森林火灾已经验证了这一点,而且森林火灾会导致森林储存的二氧化碳瞬间排放到大气之中,从而使森林碳汇多年的成果化为乌有,就这一点而言,森林防火是防止森林从碳汇向碳源转换的重要的森林保护措施。

森林防火是我国的一项基本森林法律制度,为此,我国早在 1988 年就颁布了专门的《森林防火条例》,并于 2008 年进行了修订。目前,我国的《森林防火条例》在总则中明确了森林防火的管理体制,建立了行政首长负责制,明确了森林防火的责任主体,建立了森林防火的联防机制。在森林火灾的预防方面,《森林防火条例》规定的具体措施包括:制定森林火险区划等级标准;编制森林防火规划和森林火灾应急预案;实行相关单位参与的航空护林协作机制;完善森林防火指挥信息系统;规定森林防火期,并明确森林防火期内禁止野外用火活动,设置森林防火警示宣传标志,进行森林防火安全宣传以及进入森林防火区的各种机动车辆应当按照规定安装防火装置和配备灭火器材;在森林火灾扑救方面,《森林防火条例》规定的具体措施包括:建立森林防火值班制度;实行森林火灾报告制度;实行森林防火指挥机构统一组织和指挥森林火灾的扑救;成立专业火灾扑救队伍为主,群众扑救队伍为辅的扑救森林火灾的力量。总体而言,我国《森林防火条例》已经确立了相对完善的森林防火制度,从而对我国通过森林防火这一途径增加森林碳汇和减少森林碳排放起到了较好的法律保障作用。

(三) 森林病虫害防治制度

森林病虫害是由于森林受到其他生物的侵袭而使得森林生长的正常生理程序受到干扰,树木的组织结构受到破坏,甚至引起树木的死亡,从而造成森林资源破坏的现象。气候变暖是加重森林病虫害的原因之一,气候变暖会扩大有害生物的

---

〔2〕中国绿化基金会,联合国环境规划署,大自然保护协会编著:《林业应对气候变化之公众参与:幸福家园·西部绿化行动》,中国轻工业出版社 2011 年版,第 17 页。

分布范围,使得"原来不适应某些病虫繁衍的高纬度和高海拔地区,受低温和霜冻的限制,病虫害较少发生,但随着温度的升高,可爆发新的病虫灾害"〔3〕。当前,由于气候变暖,森林病虫害表现出了发生期提前、世代数增加、发生周期缩短、发生范围和危害程度加大,以及外来入侵病虫害的扩展等特点。

森林病虫害带来的森林资源损失不可低估,其不仅会引起森林面积的减少,也会降低森林的质量,还会引起森林的退化,最后使森林应对气候变化的能力不断减弱,这些都是影响森林碳汇的直接因素,因而森林病虫害的防治与森林碳汇有着紧密与直接的关联。我国《森林病虫害防治条例》确立的具体森林病虫害防治措施包括:实行"谁经营,谁防治"的责任制度;对林木种苗和木材、竹材进行产地和调运检疫;对入境林木种苗和木材、竹材的检疫;定期发布森林病虫害长、中、短期趋势预报和防治方案;制定主要森林病虫害的测报对象及测报办法;实施以营林措施为主,生物、化学和物理防治相结合的综合治理措施;保障森林病虫害防治的基础设施建设;实行森林病虫害发生报告制度;建立交界地区的联防联治机制;保障森林病虫害所需的防治药剂、器械、油料等优先供应;明确森林病虫害防治费用;在重点林区逐步实行森林病虫害保险制度等。

(四) 人为毁林的预防和惩处制度

如果说森林防火和森林病虫害防治是侧重于对因自然原因而导致的森林资源损害的森林保护措施,那么防止人为毁林侧重的就是对由于人为原因而导致的森林资源损失的森林保护措施。从当前国际气候谈判林业议题中涉及的毁林来看,毁林主要指森林向其他土地利用的转化或林木冠层覆盖度长期或永久降低到一定阈值以下。毁林不仅会引起森林自身的碳排放,其同时引起的土地利用变化还将导致森林土壤有机碳的大量排放。减少毁林是抗击全球变暖的关键手段之一,也是保护森林的重要措施之一,当前造成毁林的人为原因主要来自滥砍滥伐、毁林开荒、毁林放牧等行为。政府间气候变化专门委员会第四次评估报告指出,因毁林等活动造成的温室气体排放约占全球总排放的 17%,为第二大排放源。

---

〔3〕中国绿化基金会,联合国环境规划署,大自然保护协会编著:《林业应对气候变化之公众参与:幸福家园·西部绿化行动》,中国轻工业出版社 2011 年版,第 18 页。

我国的相关森林立法中并没有直接确立人为毁林的预防和惩处制度,对于毁林主要是基于法律责任的追究,但这只能作为事后的追责,并不能从本质上防止毁林的发生。人为毁林的预防和惩处制度综合起来可以从四个方面予以完善[4]:一是确立教育培训制度,在许多情况下,拯救森林需要对当地居民进行教育和培训,因为他们的生计与森林本身或毁林有着直接联系,保护意识的建立是防止毁林的思想性前提。二是确立资金补贴制度,在森林资源保护区域和毁林严重地区给予当地居民资金补贴,这是解决当地居民依靠森林作为主要生计手段的重要措施,只有基本生活能够切实得到保障,居民才能真正从毁林中解放出来。三是以碳汇项目的形式实施综合性森林保护,为当地社区的居民提供就业机会,增加收入来源。四是加大毁林的法律责任,追究法律责任是对毁林的最后保障和救济,我国《森林法》中关于因盗伐、滥伐林木导致的毁林的法律责任分为两种情形:其一是要求其补种一定数量的树木,并处以罚款;其二是构成犯罪的需承担相应的刑事责任。从司法实践来看,当前的法律责任不足以弥补毁林的损失,需要进一步引入资格刑和提高罚金刑,从而使法律责任能够给予毁林者足够的威慑。

三、基于可持续管理森林碳汇的法律保障制度

森林可持续管理的目的是通过合理经营与科学管理,使森林能够最大限度地发挥经济效益、社会效益和生态效益,而这些效益主要体现在森林能够为人类提供的产品和服务方面。1992 年的《关于森林问题的原则声明》原则 2(b)指出,森林资源和森林土地应以可持续的方式管理,以满足这一代人和子孙后代在社会、经济、文化和精神方面的需要。这些需要是森林产品和服务,例如木材和木材产品、水、粮食、饲料、医药、燃料、住宿、就业、娱乐、野生动物住区、风景多样性、碳的汇和库以及其他森林产品。可见,《关于森林问题的原则声明》中已经明确,利用森林的碳汇和碳库是森林可持续经营管理的一个重要方面。因此,从森林碳汇的角度出发,森林的可持续管理的目标就是保证森林碳汇效益在当代和未来世代的最大产出,

---

〔4〕颜士鹏:《气候变化视角下森林碳汇法律保障的制度选择》,《中国地质大学学报(社会科学版)》2011 年第 3 期,第 45 页。

而这一目标的实现则必须得益于分类经营、林业规划、森林采伐、森林保险和森林认证等法律制度所提供的保障。

(一) 森林分类经营制度

森林分类经营是根据森林的经营目的和主要利用方式不同,将森林进行分类,并实行相应的经营管理措施,以实现森林经营的目的,森林分类经营是森林可持续经营管理的基础环节。一般而言,森林分类经营理论将森林划分为两大类——公益林和商品林。由于公益林和商品林的属性不同,因此对其采用的经营模式亦不相同,公益林的经营管理侧重于生态效益的供给,属于公共物品的范畴,国家应是公益林的经营主体,其经营应当不以营利为目的。与公益林不同,商品林的经营突出的是森林的经济价值,其主要目的在于提供木材和非木质林产品,营利性是商品林的首要特征,其经营主体可以是广泛的社会主体。

我国现行《森林法》并未直接采用公益林和商品林这一分类方法,而是将森林分为防护林、用材林、经济林、薪炭林和特种用途林共五类。事实上,这样一种分类也建立在公益林与商品林的基础之上,但做出这种细化的分类反而束缚了森林的分类经营,至少其不利于法律对碳汇林经营的保障。伴随着国际和国内森林碳汇造林的迅速发展,碳汇林不能归入现行森林分类中的任何一类,这对碳汇林的经营管理是不利的。现实中,碳汇造林除具有吸收二氧化碳和减缓气候变化的主要目的之外,还会考虑到生物多样性和生态环境改善等多重目标,具有很强的公益性,显然,碳汇林是典型的公益林范畴。从森林属性的角度而言,公益林与商品林的分类更为科学,更有利于森林发挥其生态功能、经济功能和社会功能。在此基础上,可以在公益林与商品林之下进行更为具体的分类,同时,国家应分别出台《公益林管理办法》和《商品林管理办法》,国家对公益林经营按照公益事业进行管理,以政府投资为主进行建设,并对经营者给予经济补偿,而对商品林经营则按照基础产业进行管理,主要由市场配置资源,政府在财政、税收等方面给予扶持,保证森林分类经营目的的实现。

(二) 林业规划制度

林业规划是对一定时期内林业发展的总体部署,其应当包括林业发展的目标、指导思想、具体措施、保障机制等内容。目前我国《森林法》中规定的林业规划仅有林业长远规划,其具体内容也只包括林业发展目标、林种比例、林地保护利用规划、植树造林规划四个方面,从这一点上看,林业长远规划是一个综合性的林业发展规划,但我国还会根据每个国民经济社会发展的五年规划制定林业发展的五年规划。从我国当前制定的林业发展"十三五"规划来看,其主要内容包括但不限于《森林法》中所规定的林业长远规划的内容。同时,由于《森林法》未明确长远规划的期限,那么《森林法》中的林业长远规划与我国林业发展的五年规划是否为同一规划不甚明确。因此,我国《森林法》应当明确我国的林业长远规划为十年以上规划,并明确五年规划与长远规划的关系,这一方面符合林业发展需适时调整规划但又不能变动过于频繁的需要,另一方面也与我国国民经济社会发展规划的五年为一单位的做法相一致。

由于林业长远规划是综合性的林业规划,我国《森林法》还应当明确在林业长远规划的基础上应当编制林业专项规划。事实上,我国已有专项的林业规划,如《全国林地保护利用规划纲要》和《全国造林绿化规划纲要》,但林业专项规划的法律地位在《森林法》中并没有确立。从林业应对气候变化的角度讲,我国的林业专项规划之中应包括林业应对气候变化的规划,在规划中明确我国发展碳汇造林的发展目标、优先发展区域、具体措施等。林业应对气候变化的专项规划对碳汇林的可持续经营管理至关重要,碳汇林的经营者应当根据专项规划编制其碳汇林经营方案,对于最终能否实现碳汇林的可持续经营管理而言,森林经营方案将在其中起到决定方向的作用。

(三) 森林采伐制度

森林采伐是森林经营管理中的主体环节,传统意义上的森林采伐是从伐区中获取木材的生产作业,我国现行的森林采伐制度也是基于这样一个出发点而设计的。根据我国《森林法》的规定,我国森林采伐制度的主要内容包括:国家根据用材林的消耗量低于生长量的原则严格控制森林年采伐量;采伐森林必须遵守有关采伐方式的规定;采伐林木必须申请林木采伐许可证;林木采伐必须按许可证的范围进行采伐;采伐林木的单位和个人必须完成规定的更新造林任务;从林区运出木材必须持有木材运输证件等。事实上,我国现行的森林采伐制度并未与我国的森林分类经营制度相对应,并未区分不同种类的森林而对采伐进行不同的制度设计,而是将所有类型的森林纳入到同一种采伐模式的管理之中,这种不区分森林类型之属性的一刀切式的做法有违森林采伐的规律,因此"一直维系着整个林业体制运行的限额采伐制度在现实中带来的消极甚至反面作用已远远大于其对森林资源的保护意义"[5]。

采伐权是实现林木所有权价值的最本质的要求,我国森林采伐制度的完善方向应当与森林分类经营制度相适应,亦应当区分公益林采伐和商品林采伐的不同,实现森林采伐制度类型化。对于以提供木材生产为主的商品林采伐而言,应当在国家限额与许可的基础上逐步放开采伐许可的限制,根据森林经营者所经营森林的实际情况有针对性地发放采伐许可证,以保证林木所有者收益权的实现。对于公益林的采伐则应当取消限额和许可证,将采伐权赋予公益林经营者,一般而言,公益林的采伐是以抚育间伐为主,对抚育间伐材的指标控制反而限制了公益林生态效益的发挥,林业主管部门应对公益林的抚育间伐进行有效监督。

由于碳汇林与提供木材生产的商品林在培育目标的方向上迥然不同,碳汇林并不以提供木材为主,而是侧重于减缓气候变化的生态功能,属于公益林的范畴,因此,我国现行森林采伐制度不能完全适用于碳汇林经营中的采伐。碳汇林的采伐不同于商品林的主伐材,其采伐的目的是为了保证非采伐林木更好地生长,因此亦应当实行抚育采伐,"即根据碳汇林林分发育、自然稀疏规律,在碳汇林中适时伐出部分树木,调整树种组成和林分密度,改善森林环境条件,促进保留木健康生长,保障森林碳汇最大效益的一种采伐措施"[6]。对于碳汇林的经营者而言,林木采伐权并非是其在碳汇林经营过程中主要关注的方面,也并不是碳汇林实现收益权的本质要求,采伐只能作为增汇的一种辅助措施,但如果因为采伐限额和许可证的限制而致使这种增汇的辅助措施影响了碳汇林的主要经营目的,那这就是得不偿失。

(四) 森林保险制度

气候变化对森林生态系统的不利影响之一就是森林灾害发生频率的增加,其

---

[5] 张红霄:《关于〈森林法〉修改的若干建议》,《中外〈森林法〉比较研讨会材料汇编》2006年,第43页。
[6] 颜士鹏:《气候变化视角下森林碳汇法律保障的制度选择》,《中国地质大学学报(社会科学版)》2011年第3期,第47页。

中以森林火灾和森林病虫害最为突出,例如,2008 年的雨雪冰冻灾害涉及全国 19 个省、直辖市、自治区,造成大量农户的合计上亿公顷林地遭受损失,许多林农难以恢复林业生产。长期以来,"我国森林风险主要通过政府加强管理来化解,但随着气候变化对森林系统影响的加大以及市场经济的深入,以行政手段化解森林风险的有效性将逐渐弱化"[7]。森林保险是一种以森林林木为保险标的,对保险期限内可能遭受的自然灾害或意外事故所造成的经济损失提供经济保障的保险。森林保险是一种基于市场手段化解森林风险的手段,其成本较低且管理有效,对于森林可持续经营将起到重要的保障作用。我国的《森林防火条例》和《森林病虫害防治条例》中都原则性地提到了森林保险制度,但专门性的《森林保险条例》却一直未见出台。目前我国进行林权改革的一些地区已经开始推行森林保险制度,但这一制度还相当不完善,我国应当在《森林法》中将森林保险制度作为一项基本森林法律制度确立下来,同时出台森林保险的单行立法。目前,我国森林保险制度的建立应当解决以下几方面问题:

首先,我国的森林保险应当采用政策性保险商业化运营的模式。森林保险作为一种特殊的化解林业风险的经济制度,为林业生产者提供了有效的风险保障,但是森林保险高赔付、高风险、高亏损的特点决定了森林保险不能像一般商业保险那样经营。我国政策性森林保险制度必须着眼于我国国情和林业、保险业发展的客观实际,立足现有的保险资源,以政府支持为前提,由政府制定统一的森林保险条款,为森林保险业务提供适合的财政支持。政府应当选择信誉度高、管理能力强,并有着专业人才及丰富实践经验的商业保险机构,批准其开设森林保险业务,政府对森林保险保费及经营森林保险产生的业务管理费进行补贴,并在税收方面给予优惠,针对不同地区、不同险种,适用不同的补贴措施,充分考虑当地的实际经济情况,制定不同的补贴标准。被政府批准经营森林保险业务的保险机构在政府相关部门的监管下,不以营利为目的开展森林保险业务,使保费控制在森林经营者能够支付的范围内,提高投保积极性,从而促进森林保险的快速与稳定发展。

---

〔7〕颜士鹏:《论应对气候变化的适应性森林立法》,《法学杂志》2010 年第 6 期,第 19 页。

其次,采取强制性保险与自愿保险相结合的投保方式。森林保险的准公共物品属性导致森林经营者自愿投保的参保率过低,并且易引发逆向选择风险,高风险的投保人积极参保,低风险的投保人将放弃投保,森林保险此时不是被分散而是被集中。因此,森林保险实施之初应实行强制保险与自愿保险相结合的投保方式。对于公益林而言,其外部性较强,关系到国家和地区的生态效益,同时,对于一些国家重要的商品木材林基地,公益林承担着为国家建设持续不断地提供木材产品的重要责任,这两类森林林木应当采取强制性的森林保险。而其他类型的森林林木则由森林经营者自愿进行投保。对于碳汇林而言,由于其承担的是应对气候变化的重要使命,因而应列入强制保险的范围。

再次,建立森林保险再保险机制。再保险是指保险人将其承担的部分或全部保险责任分散和转嫁给其他保险人的一种风险分散机制。有了再保险支持,保险公司的责任风险在很大程度上得到了分担,特别是在发生巨灾损失的时候,保险公司避免了因巨额赔付而造成的严重亏损,保证了森林保险业务开展的持续性,并且使森林经营者的赔偿金进一步得到保障。因此,建立再保险机制是森林保险业务发展的重要环节。各国在开展森林保险时都由国家成立或扶持相关的森林再保险公司,通过再保险的形式来分散森林保险经营者的风险。我国森林保险的再保险机制尚未建立,再保险机制的缺失不利于我国森林再保险基金的积累,继而影响到我国森林巨灾风险的分摊以及森林保险市场的有效供给。当前应借助于现有的中国再保险公司,建立政策性森林保险的再保险机制,同时应委托现有的中再集团承担森林再保险经营,严格按照再保险的市场机制运营开展服务,并由政府对其森林保险再保险业务进行监督管理和提供财政支持,对保险公司经营森林再保险业务的管理费用和营业费用给予一定的补贴,并根据业务进展情况,按照保费总额逐渐增加支持比例,以此来分散森林保险责任。

(五) 森林认证制度

森林认证是20世纪90年代逐渐兴起的促进森林可持续经营的一种市场机制。森林认证作为一种市场机制,是通过对森林经营活动进行独立评估,将满足森林可持续经营原则的森林及林产品进行认证后准入木材生产和林产品贸易中,以保证从森林经营到林产品贸易的所有环节均符合环境保护和可持续发展的要求。[8] 通俗地讲,森林认证就是由一个独立的第三方来对森林的经营管理方式进行评估并签发一个书面证书的过程。[9] 森林认证包括两个基本内容,即森林经营认证和产销监管链认证。森林经营认证是根据制定出的一系列原则、标准和指标,按照规定的和公认的程序对森林经营业绩进行认证,而产销监管链认证是对木材加工企业的各个生产环节,即从原木运输、加工、流通直至最终消费者的整个链,进行认证。

森林认证的主要目的首先就是提高森林的经营水平,实现森林的可持续经营。目前,我国森林经营单位仍然是根据主管部门批准的森林经营方案来经营的,森林经营单位在引入森林可持续经营机制方面仍然缺乏技术支撑及有效的指导和监督。森林认证将以我国的森林保护和可持续经营的标准与指标为技术支撑,监督和检验森林经营单位的森林经营实践,促进森林的可持续经营。开展森林认证的经营单位必须按照可持续经营标准和指标体系经营森林,从而必然将促进森林经营技术和管理方式发生转变,这对于解决我国当前森林经营水平不高、森林生产率低的问题具有重要意义。森林认证不仅要求森林经营活动是可持续的,而且要符合环境要求。它可确保森林经营活动不破坏环境,并能维持整个森林的生态环境。这将有利于保护我国日益恶化的森林生态环境,有利于保护濒危物种、生物多样性及其生存环境。[10]

森林认证是对森林经营进行证明的过程,内容涉及森林经营的经济可行性、生态环境和生物多样性保护以及社区经济的持续发展。目前所实施的森林碳汇项目,无论是京都规则的森林碳汇项目还是非京都规则的森林碳汇项目,其在项目目标的设计中都在增加碳汇的基础上将经济、社会及环境的可持续发展纳入到了项目的整体考量之中。这与森林认证的内容是相吻合的。在森林碳汇方面实行的森林认证既包括对经营碳汇林的森林经营单位进行认证,也包括对碳汇林所提供的林产品进行认证。通过认证即表明碳汇林的经营单位在提供碳汇产品、碳汇服务

---

〔8〕李瑞林:《十二五"开局,中国森林认证迸发强大活力》,《中国绿色时报》(2011年3月10日)。

〔9〕侯月丽:《从法律的视角看森林认证》,http://www.riel.whu.edu.cn/article.asp? id=26597(2011年2月5日访问)。

〔10〕侯月丽:《从法律的视角看森林认证》,http://www.riel.whu.edu.cn/article.asp? id=26597(2011年2月5日访问)。

和相关林产品方面采取了更有效的可持续经营管理手段,进而引导有意购买碳信用额度和林产品的单位和个人与其优先进行交易。同时,通过认证的碳汇林经营单位因其可持续经营管理的良好信誉还能够获得更多的与森林碳汇项目开发单位合作的机会,形成良性的循环。目前世界上较有影响的森林认证体系主要有四个:森林管理委员会体系(FSC)、森林认证认可计划(PEFC)、可持续林业倡议体系(SFI)和加拿大标准化协会体系(CSA)。我国的部分林区虽然已经开始参与森林认证,但我国并没有通过立法形式来确认森林认证制度。因此,将森林认证确立为我国森林可持续经营管理的一项基本制度也是我国森林立法的一个重要方面。

四、基于经济激励的森林碳汇法律保障制度

(一)基于森林碳汇的碳排放权交易法律制度

森林的碳汇功能具有典型的外部性特征,这种外部性问题的最有效解决方式即是通过市场手段对森林提供的这种应对气候变化的公共产品予以补偿,但是对于森林碳汇本身来讲,自发的市场手段是缺失的。因此,通过基于森林碳汇的碳排放权交易制度的安排来设计其交易规则,是市场机制进入林业领域的最好平台。虽然京都规则下的森林碳汇交易为各国建立基于森林碳汇的碳排放权交易制度提供了可借鉴的模式,但是京都规则下的森林碳汇交易范围狭窄、项目注册难度较大、交易成本较高,这些并不利于森林碳汇交易市场的发展,因而建立国内的森林碳汇交易制度显得尤为重要。从我国国内前期所开展的碳排放权交易试点来看,森林碳汇交易是以自愿交易的形式开展的,并未纳入到基于配额的交易体系之中,而2017年末发布的《全国碳排放权交易市场建设方案(发电行业)》中,初期的交易产品是配额,森林碳汇仍不属于配额交易体系之中。对于森林碳汇交易来说,仅仅停留在自愿交易层面是远远不够的,我国的森林碳汇交易既应包括自愿交易也应当包括基于配额的交易。因此,将森林碳汇作为一种交易产品纳入到我国的碳排放权交易体系中,应当从森林碳汇交易的法律地位、森林碳汇交易的主体、森林碳汇交易的限额控制以及完善的森林碳汇审定与核查制度等几方面予以考量。

1. 确认森林碳汇是合法的减排交易方式

尽管《公约》和《京都议定书》都确认了"吸收汇"在应对气候变化中的战略地

位,但是其作为第一承诺期的合法减排方式却备受争议,直到各方在《波恩政治协议》中同意以清洁发展机制下的造林、再造林项目进行森林碳汇交易,这从一个方面说明,通过森林碳汇交易进行减排只有在法律赋予其减排交易的合法地位后才能进入碳排放权交易领域之中。我国当前规制碳排放权交易的主要行政规章《碳排放权交易管理暂行办法》和《温室气体自愿减排交易管理暂行办法》虽然没有排除森林碳汇交易,但也都没有明确确立森林碳汇交易的法律地位。《国家林业局关于推进林业碳汇交易工作的指导意见》中虽然指出了我国的森林碳汇交易包括CDM 林业碳汇项目交易、林业自愿交易和碳排放权交易下的林业碳汇交易,但该指导意见属于国家林业局的规范性文件,并不是从立法层面进行的确认和规制。从实践来说,我国碳排放权交易的试点省市中,只有北京和湖北在交易产品中允许林业碳汇减排量进行交易,其他试点省市均未将林业碳汇交易纳入其中。

　　我国森林碳汇进入全国碳排放权交易体系之中,其首要任务是通过立法确认森林碳汇是诸多减排方式中的合法方式之一,同时对允许通过森林碳汇项目产生的减排量折抵部分减排指标加以确认,这就为森林碳汇进入碳排放权交易设置了合法的地位和效力。将森林碳汇减排交易确认为合法的减排交易方式,"一方面,是全社会对森林碳汇服务的需求转化为'经济人'的个人需求;另一方面,使森林碳汇服务的公共产权既可以量化到个人又可以转让"[11]。如果森林碳汇不能成为合法的减排交易方式,其产生的直接后果将是森林碳汇的市场需求不足,同时也会使得森林碳汇这种应对气候变化的公共产品的外部性问题不能得以解决,因为"当碳政策有利于林地价值增加时,人们将用森林替代其他的土地利用方式"[12]。从国际层面讲,我国虽然在 2020 年以前不承担国际上的强制减排义务,但我国已经加入了《巴黎协定》,并启动了全国的碳排放权交易市场,森林碳汇在我国的自主贡献减排中也将发挥重要作用,如果不将森林碳汇交易纳入到碳排放权交易体系之中,森林碳汇的自愿减排市场是难以保证的,这会使我国 2020 年后的自主贡献减排受

---

[11] 崔长彬:《低碳经济模式下中国碳排放权交易机制研究》,河北师范大学硕士学位论文 2009 年,第44 页。

[12] STAINBACK G A,JANAKI R A. Economic analysis of slash pine forest carbon sequestration in the southern U. S. [J]. Journal of Forest Economics,2002,8(2).

到较大的限制。将森林碳汇确定为碳排放权交易中的合法交易方式之一,能够切实解决森林碳汇需求不足的问题。这是将企业对森林碳汇潜在需求变为现实需求的首要前提,也是我国自主贡献减排的重要保证。

另外一个值得注意的问题是,森林碳汇交易不应当成为碳排放权交易中的主体交易方式,而应作为碳排放权交易中的一种补充性质的交易。这主要源于两方面的考虑,一方面是由森林碳汇减排的自身性质所决定的,森林碳汇减排由于在计量方面存在不确定性的因素,从而使得其减排效果不像工业减排的效果那样直接和明显,而且承认森林碳汇减排,本身就会削弱工业减排的实质减排量;另一方面,《京都议定书》所确立的履约三机制都是作为国内减排的补充手段出现的,而且京都规则下的森林碳汇交易又是作为清洁发展机制下的项目形式出现的,因而为使我国的碳排放权交易制度能与国际接轨,森林碳汇交易应该作为碳排放权交易的补充形式出现。

2. 确定森林碳汇交易的法定交易主体

碳排放权交易的一般主体应包括出让主体和受让主体,出让主体应该是符合国家法律规定,依法取得特定的碳排放权配额并拥有富余碳排放权许可证的那些企业,而受让主体则应当是具有减排需求,但自身无法完成或不愿通过技术创新实现减排目标的企业。森林碳汇交易的主体与一般的碳排放权交易主体有所区别,在森林碳汇交易中,交易主体双方表现为减排企业与森林碳汇经营者的直接交易,其出让主体是森林碳汇的经营者,而受让主体则是需要减排或有强制性减排指标的企业。一般的碳排放权交易主体双方都是具有减排义务的企业,而森林碳汇交易的主体一方是有减排义务的企业,而另一方则是森林碳汇的提供者,其自身并没有减排义务。

我国当前森林碳汇的自愿交易都是以项目的形式开展的,作为森林碳汇交易中的出让主体通常表现为项目主体,即碳汇造林的所有者。而之所以仅限定为碳汇造林的项目主体,这与国际上最早开展森林碳汇交易是以 CDM 机制下的造林再造林项目为核心有很大的关联。从未来发展来看,碳汇造林的项目主体仍将是森林碳汇交易中的主要出让主体。但随着当前国际上 REDD + 机制的出现,以及《巴黎协定》中确立下来的森林减缓与适应的综合机制,因森林保护及森林可持续经营管理被核证的森林碳汇量,未来也可以纳入森林碳汇交易之中,因此,碳汇交易中的出让主体也应当包括森林保护及森林可持续经营管理的主体。

从森林碳汇交易的受让主体来看,不应在法律上设置限制,有减排配额的企业以及自愿减排的企业都应当可以参与到森林碳汇交易中来,但对于参与配额减排的行业应有一个渐进的过程。从当前减排配额的企业来看,我国国内目前的碳排放权交易还处于市场基础建设期,参与配额碳排放权交易的主体仅限于发电行业,而这与国际上碳排放权交易市场的发展轨迹基本是吻合的。从全球已经建立的碳排放权交易市场来看,初期进入碳排放权交易市场的都是以行业为标准来确定企业的减排义务。例如,2001 年 10 月,欧盟委员会公布了"关于建立欧盟温室气体排放权交易制度框架的指令",指令规定,2005 年将引进交易制度,对象产业包括发电、炼油、钢铁、建材以及纸浆等 5 个行业;2003 年 1 月,美国"芝加哥气候交易所"正式挂牌营业,首批 14 名成员来自汽车、化工、电力、电子、制药和半导体等多个行业。[13] 但是随着碳排放权交易市场的不断成熟,我国未来碳排放交易的主体所来自的行业领域亦应当不断扩大,使更多高能耗、高排放的行业主体进入到配额交易体系中,进而成为森林碳汇交易中的受让主体。

3. 实行森林碳汇交易的限额控制

实行森林碳汇交易的限额控制,是在碳排放权交易总量控制之下进行设定的。环境容量是排放权交易制度建立的重要环节,在碳排放交易制度中的环境容量是指允许企业向大气中排放的温室气体的总量。根据《公约》的目标,这一环境容量可以表述为"将大气中温室气体的浓度稳定在防止气候系统受到危险的人为干扰的水平上",这一目标看似完美,实则不易操作。从操作层面讲,要进行碳排放权交易,必须有碳排放的总量控制,而总量控制应该是可以量化的。根据总量对各个企业和各个地方分配强制减排量,有了总量控制才能有成本和价格,企业才能将其取得的合法的富余减排量进行转让,才能通过最低的成本减少二氧化碳的排放并进行市场交易。

在森林碳汇交易中必须重视公平原则和碳汇平衡原则的体现,"这两个原则是

---

〔13〕林云华:《国际气候合作与排放权交易制度研究》,华中科技大学博士学位论文 2006 年,第 125 页。

碳汇问题从谈判之初,到逐步确立以及在实际操作过程中的一个重要的政策基础"[14]。森林碳汇交易在未来纳入碳排放权交易体系之中时,必须明确在每个减排企业碳排放权配额的总量确定的前提下,为每个配额减排企业设定允许进行交易的森林碳汇减排核证量的上限,这个上限所设置的比例则不宜过大。一是森林碳汇减排的自身定位即是工业减排的补充机制,因此注定其交易总量是有限的;二是防止部分企业忽视实际减排而采用大量碳汇交易的方式完成减排义务,以削弱减排效果;三是国际上承认的森林碳汇减排量有上限规定,从 CDM 机制下的造林再造林项目来看,允许发达国家进行森林碳汇交易的量只允许占到每年减排量的1%,为了将来我国的碳信用能得到国际的承认,目前还不宜将比例设置得较高;四是我国全国性的碳排放权交易市场尚处于基础建设期,森林碳汇交易尚未进入到基于配额的碳排放权交易体系之中,未来将允许其进入配额交易体系中,但总量上必须进行考虑。

4. 建立完善的森林碳汇审定与核查制度

森林碳汇项目产生的减排量若需进入碳交易市场,还必须经过有资质的第三方机构进行审定与核查。林业碳汇项目的审定与核查是在项目参与方或实施主体完成计量和监测并递交计量和监测报告后,由第三方碳汇核证机构对计量和监测的精度、可靠性、透明性、保守性、质量保证和质量控制程序以及碳储量变化测定的不确定性进行的独立评估,进而根据评估结果对碳汇项目进行核实确认并根据评级标准给出碳汇项项目评级。[15] 从国际上来看,清洁发展机制的森林碳汇项目审定与核查均是由清洁发展机制理事会指定的第三方机构进行的。第三方具有独立的法律地位,这可以对森林碳汇计量与监测的准确性及可信度进行客观的考量,为森林碳汇的市场化交易提供重要的基础性依据。2017 年 12 月,国家发改委颁布的《全国碳排放权交易市场建设方案(发电行业)》中明确规定了碳排放监测、报告与核查制度,并指出符合有关条件的核查机构,依据相关规定和技术规范,受委托开展碳排放相关数据核查,并出具独立核查报告,确保核查报告真实、可信。但从

---

〔14〕李怒云,宋维明:《气候变化与中国林业碳汇政策研究综述》,《林业经济》2006 年第 5 期。
〔15〕于天飞,李怒云等:《中国林业碳汇审定与核查体系的构建》,载《世界林业研究》2011 年第 5 期。

我国当前的相关政策文件来看,对核查机构的条件要求尚缺少明确的规范,这是未来我国在核查机构资质建设方面急需解决的问题。

完善的森林碳汇审定与核查制度还应当明确审定与核查的具体范围,其主要应当包括两个层面:一是项目合格性的审定;二是对项目所产生的净碳汇量的核查。"项目土地合格性的核查是开展碳汇核查的前提条件,主要检查计量和监测报告是否按照《碳汇造林技术规定(试行)》对土地的合格性进行核查以及报告中内容是否有遗漏,对不符合碳汇要求的项目不能进行核查。"[16]从这一点上来看,项目的合格性审定是项目净碳汇量核查的前提性条件。森林碳汇项目所产生的净碳汇量核查主要应当考量三个方面的因素,首先是项目的计量方法选取是否准确,应当看该方法是否属于国际和国内主流的和优先推荐的计量方法;其次是森林碳汇项目实施中的碳泄漏是否计算在内;最后是项目实施的时间周期与计算结果的准确性。只有经过有资质的第三方机构审定与核查的森林净碳汇量才能得到项目主管机关的核准并进入到市场中进行交易。

森林碳汇审定与核查第三方机构资质的认定与范围的确定,都必须有健全完善的法律法规与标准进行支撑。然而,目前我国在这方面的建设显得相当薄弱,我国目前规范森林碳汇审定与核查的政策文件主要有《国家林业局林业碳汇计量与监测管理暂行办法》《造林项目碳汇计量与监测指南》《碳汇造林技术规定(试行)》《碳汇造林检查验收办法(试行)》《LY/T1607-2003 造林作业设计规程》等,这些文件均是国家林业局颁发的规范性文件,效力等级较低,从森林碳汇项目的长期性来看,这些政策性文件的保障性显然不足,因此需要进一步从立法层面完善我国森林碳汇审定与核查制度,这也是我国森林碳汇交易急需从政策推进向立法转化的一个重要方面。

(二)基于森林碳汇的生态补偿法律制度

当前国际上的森林碳汇减排都是基于项目的形式开展的,但由于我国国内的森林碳汇交易市场尚未成熟,碳排放权交易试点中能够开展森林碳汇交易的目前仅有北京环境交易所,因此,我国当前的自愿性非京都规则森林碳汇项目的碳汇交易无法得到有效保证。同时,我国还存在大量潜在的森林碳汇项目,对于这些潜在

---

[16] 于天飞,李怒云等:《中国林业碳汇审定与核查体系的构建》,载《世界林业研究》2011 年第 5 期。

的森林碳汇项目所产生的碳汇效益,目前还不能被交易,但其在应对气候变化中也确实发挥着重要作用,因此在碳汇交易适用不能的情况下,还应当完善我国的森林生态效益补偿制度,以对这些自愿性非京都规则森林碳汇项目和潜在的森林碳汇项目所产生的碳汇效益进行补偿。

1. 现有生态补偿法律框架对森林碳汇补偿的局限

我国的森林生态效益补偿制度最早是在 1998 年修订的《森林法》中确立下来的。《森林法》第八条中规定:"国家设立森林生态效益补偿基金,用于提供生态效益的防护林和特种用途林的森林资源、林木的营造、抚育、保护和管理。"根据《森林法》的这一规定,2007 年财政部和国家林业局联合发布新的《中央财政森林生态效益补偿基金管理办法》,具体细化了森林生态效益补偿制度。首先,明确了生态效益补偿的对象是承担公益林保护管理的单位或公益林经营者和所有者,具体包括国有林场、自然保护区、乡村集体组织、林农个人等。其次,明确了补偿范围是重点公益林林地,而根据国家林业局和财政部联合颁布的《重点公益林区划界定办法》,重点公益林是指生态区位极为重要或生态状况极为脆弱,对国土生态安全、生物多样性保护和经济社会可持续发展具有重要作用,以提供森林生态和社会服务产品为主要经营目的的重点防护林和特种用途林。最后,明确了中央财政补偿基金是森林生态效益补偿基金的重要来源,中央财政补偿基金平均标准为每年每亩 5 元,用于重点公益林的营造、抚育、保护和管理。

2007 年《中央财政森林生态效益补偿基金管理办法》的颁布使得我国确立起了以中央财政补偿为主体的森林生态效益补偿制度。但是我国目前所确立的森林生态效益补偿制度在应对森林碳汇补偿方面还有一些局限。[17]

首先,补偿的范围过窄。我国目前的森林生态效益补偿范围只限于生态区位极为重要或生态状况极为脆弱的重点防护林和特种用途林。我国公益林分布较广,而这些公益林都是潜在的森林碳汇项目,如果森林生态效益补偿只限于重点公益林,那么大部分潜在的森林碳汇项目所属的非重点公益林则不能得到国家的补偿,而这些区域的公益林又都发挥着碳汇的功能。此外,天然林保护工程区内的重

---

〔17〕 颜士鹏:《基于森林碳汇的生态补偿法律机制之构建》,《鄱阳湖学刊》2010 年第 4 期,第 59 页。

点公益林也均未列入补偿范围,很显然,补偿范围过窄将限制潜在的森林碳汇项目在我国的发展,进而会影响森林碳汇的功能。

其次,补偿资金来源渠道单一。我国的森林生态效益补偿资金以中央财政补偿基金为主要来源,同时辅以地方财政补偿。从我国目前的林业发展状况来看,维护公益林生态效益的成本相对较高,单靠国家财政有限的投入是远远不够的。同时,从森林碳汇的长远发展角度出发,形成碳汇交易市场化和国家补偿并存发展的格局是一种必然趋势。因此,应当在"受益者负担原则"的指导下,实现良性的、多渠道的资金补偿机制。

再次,补偿标准偏低。同其他的减排方式相比,通过森林碳汇的减排是成本最低的方式之一,但现在的每年每亩补偿 5 元钱的标准还是远远不能达到森林碳汇的成本。森林每增加一立方米木材,就能吸收 1.83 吨二氧化碳,而每吨二氧化碳在国际市场上能够交易到 30 美元左右。显然,国家对公益林的补偿标准与国际市场的碳交易价格之间存在相当大的差距。同时,与经营商品林相比,由于国家集体林权制度改革政策的出台,农民经营林业的积极性普遍提高,商品林的发展呈现出一片繁荣的态势,农民经营商品林获得的收入较以前有大幅度增加,而经营重点公益林得到的补偿基金远低于商品林获得的收入。总体而言,补偿标准偏低严重影响了公益林经营者的积极性。

最后,补偿标准未实行分类。不同地域、区位、种类和质量的公益林,其管护成本和生态价值是不相同的,他们之间存在的差异具体表现在以下几个方面:一是区域重要性有差异;二是管护成本有差异;三是不同类型公益林经营投入有差异;四是不同经营主体在投入水平上也会存在差异。[18] 就森林碳汇而言,不同树种的碳吸收能力具有一定差异性,甚至差异较大,即使在同一气候区,不同树种的碳吸收水平也有高有低,而相同树种在同一气候区的不同地带,甚至在不同地貌类型中的碳吸收水平也存在差异。同一树种采取不同的管护经营措施,其碳汇的能力也不尽相同。因此,一刀切的补偿标准对于不同的碳汇林而言,既不能体现其在应对

---

〔18〕参见戴广翠等:《关于完善森林生态效益补偿政策的几点建议》,http//jjyj. forestry. gov. cn 国家林业局经济研究中心(2009 年 04 月 03 日访问)。

气候变化中的生态价值,也有违公平原则。

2. 森林碳汇生态补偿机制的框架

(1) 国家补偿

我国发展森林碳汇的前景是十分乐观的,第七次全国森林资源清查结果显示,全国森林植被总碳储量为 78.11 亿吨,这标志着我国非京都规则森林碳汇的发展空间十分巨大,未来对非京都规则森林碳汇的补偿将是我国重点关注的领域之一。"在现有政策制度框架下,碳汇产品由于稀缺性和作为公共产品的外部性特征,其价值的实现既要求市场化来保证,又不能通过市场的自身运行得到完全实现,从这个意义上,要弥补市场失灵对碳汇产品价值实现带来的损失,政府的外部调节就显得十分重要"。[19] 因此,国家补偿依然是森林碳汇生态补偿的最主要形式。在现有的森林生态效益补偿的法律框架下,作为森林碳汇的国家补偿应主要解决以下几个方面的问题[20]:

第一,放宽国家森林生态补偿的范围,对全部公益林都予以生态补偿。从理论上说,能够形成森林碳汇的都属于公益林,因为商品林面临着采伐等问题,会导致碳排放。公益林因形成碳汇都会起到减缓气候变化的作用,部分公益林会以森林碳汇交易的方式实现部分或全部补偿,而没有形成交易的公益林(事实上这部分公益林在我国所占比重很大)所提供的森林碳汇则必须由国家予以补偿。如果只对国家划定的重点公益林进行补偿,那么势必会造成其他公益林管护激励机制的缺失,丧失部分森林碳汇功能。

第二,提高森林生态补偿的标准。我国森林生态补偿标准偏低已经在社会各界中达成共识,尤其在当今国际和国内减排的大环境下,碳交易的价格大有逐步升高之趋势,如果通过生态补偿所提供的激励不足,那么也势必会影响森林碳汇的增加。我国在补偿标准的确定上,应当提高现有的标准,适当考虑碳交易的市场价格,并对不同树种在不同气候区的森林碳汇实行分类补偿。

第三,拓宽补偿资金的来源渠道。仅仅依靠中央财政转移支付,既会增加国家

[19] 李怒云编著:《中国林业碳汇》,中国林业出版社 2007 年版,第 17 页。
[20] 颜士鹏:《基于森林碳汇的生态补偿法律机制之构建》,《鄱阳湖学刊》2010 年第 4 期,第 60 页。

财政的负担,也不能形成良性的激励机制,国家应当建立起财政转移支付、征收碳税、森林资源使用费、设立专项森林碳汇基金等多种来源渠道的资金机制。除此之外,国家还可以通过一些森林碳汇的政策补偿来激励森林碳汇的经营者,如生态建设和保护投资政策、税收优惠政策、扶贫和发展援助政策、经济合作政策等。

（2）地方补偿

森林生态效益的地方补偿与国家补偿类似,是通过地方财政转移支付的方式对森林生态效益进行的补偿。截至 2006 年底,全国共有 25 个省(市、区)建立了地方森林生态效益补偿制度,地方财政转移支付是地方生态补偿资金的主要来源。据调研,广东、浙江、北京、福建、江西、广西、云南等 7 个省(市、区)均在省级政府财政预算设立地方补偿基金。[21] 地方森林生态效益补偿制度建立的目的,一方面是弥补中央财政森林生态效益补偿基金不足,如广东省和浙江省在中央财政森林生态效益补偿基金标准每年每亩补偿 5 元的基础上,又增加了 3 元,达到每年每亩补偿 8 元的标准;北京市山区公益林补偿,平均每亩每年达到 21 元。另一方面在于对未划入国家重点公益林的地方公益林进行补偿,而且地方的生态补偿资金也主要是用于这一方面。就目前森林碳汇发展的状况而言,对于诸多不在国家补偿范围内的碳汇公益林,地方补偿是最主要的补偿方式。

（3）社会补偿

森林碳汇的社会补偿主要指社会主体出于自愿减排或进行森林保护的目的,通过直接向森林碳汇经营者进行捐助或者通过基金募集而对森林碳汇进行的补偿。社会补偿并不是森林生态效益补偿中的主要形式,其资金来源一般包括两种:一是直接捐助,包括接受国际组织、外国政府、单位及个人的捐助;二是设立某种形式的社会基金。2010 年成立的中国绿色碳汇基金就吸收了大量环境组织、企业、个人等主体自愿投资造林或进行森林保护和管理的资金。从一定角度上来看,每个人都在引起全球变暖,森林碳汇的社会补偿是每个社会主体在全球变暖的情况下对森林碳汇进行补偿的最好方式,是树立良好社会形象以及展示社会责任的最好途径。

---

〔21〕戴广翠等:《关于完善森林生态效益补偿政策的几点建议》,http//jjyj. forestry. gov. cn 国家林业局经济研究中心(2009 年 04 月 03 日访问)。

本章小结

国际法中虽然确立了森林碳汇在应对气候变化中的战略地位,也从碳汇交易的层面规定了森林碳汇项目实施的具体规则,但是从系统性的角度出发,森林碳汇涉及从生产、计量、评价、交易到管理的诸多方面,"需要建立健全适合中国碳汇项目实践的技术支持体系、市场运行体系和政策保障体系"[22],而法律制度的完善是政策保障体系中的重要建设领域,因此,在国际法的宏观框架之下,国内法应当对森林碳汇提供切实的法律保障。

在森林碳汇的诸多保障手段中,法律手段显然是最具强制性且最具效力的保障手段。森林碳汇的法律保障实质上是通过法律制度的设计以保障森林能够最大程度地吸收二氧化碳,即最大可能的增加森林碳汇。而这就必须对森林碳汇所涉及的全过程或涉及的全部活动予以法律规制。由于森林碳汇是基于森林的生物学特性而发生作用的,因此,从林学的角度出发,森林碳汇涉及的具体领域包括三个方面:一是森林培育,即造林、再造林等活动,造林、再造林是《京都议定书》框架下第一承诺期唯一合格的 CDM 森林碳汇项目;二是基于减少毁林和森林退化的森林保护,即防止毁林和森林退化,主要包括林地保护,以及防止森林火灾、病虫害和人为毁林等活动,减少毁林和森林退化是《巴厘行动计划》中确定下来的林业应对气候变化的主要措施,是后京都时代森林碳汇的重要领域;三是森林的可持续经营管理,即森林的分类经营、林业规划以及森林保险、认证、林木采伐等活动,森林的可持续经营管理是《哥本哈根协议》确立的 REDD+ 机制的重要内容,也是森林碳汇的一个重要方面。除此之外,包括森林碳汇交易和碳汇生态补偿在内的经济激励机制在森林碳汇的供给保障方面也是不可或缺的。上述的几个方面但凡有一个出现问题都会影响森林碳汇的效能,降低森林碳汇的能力。在对保障森林碳汇的法律制度之选择上,应当遵从森林生态学的规律,从森林碳汇的内在机理出发,面向森林碳汇涉及的具体方面来构建相关的法律制度,如果偏离这一基础,那么法律制度将不足以对森林碳汇形成有效的保障。

---

〔22〕李怒云编著:《中国林业碳汇》,中国林业出版社 2007 年版,第 81 页。

结语：森林碳汇视角下我国《森林法》的修改方向

从 CDM 造林再造林碳汇机制到 REDD＋林业碳汇机制，应对气候变化的森林碳汇活动已从最初单一的造林再造林活动发展到包括减少毁林和森林退化、森林保护、森林可持续经营管理等在内的多重林业活动，国际气候谈判中对林业应对气候变化的地位愈发重视。我国已经出台相关的林业政策以应对气候变化，但仅仅停留在政策层面还远远不够，通过法律的手段保障森林碳汇功能是最终的选择，而其中最重要的法律必然是《森林法》。国际森林碳汇法律机制为我国《森林法》的修改提出了新的客观要求，我国《森林法》应当对此作出回应。

一、立法目的从经济价值理念向生态碳汇价值理念的转向

立法目的是一部法律的灵魂，法律内容的架构都应当受立法目的之指引，并围绕其展开。由于我国现行《森林法》是在 1998 年修订的，就当时的立法背景来看，在立法目的中体现应对气候变化、增加森林碳汇是其不能达到的立法高度，这也就注定了我国《森林法》在应对气候变化、保障森林碳汇功能方面的先天不足。

注重森林的经济效益一直是人类长期利用森林资源的主要目的，这也在相当长的时间内导致了对森林的掠夺性开发，进而造成了毁林和森林退化的日益严重。我国的林业发展也曾经走过类似的道路，这从我国森林立法的演变中可以寻找到其轨迹。在中华人民共和国成立以后的一个相当长的时期内，我国传统林业的观点认为，林业主要是以生产木材为主的产业，与林业相对应的《森林法》也是以保障木材生产为主的行业法，这在我国 1979 年的《森林法（试行）》和 1984 年的《森林

法》中都有明显的痕迹。1998 年修订后的《森林法》尽管"在立法目的条款中强调了国土绿化、发挥森林蓄水保土、调节气候、改善环境的生态功能,并引入了森林资源有偿使用和森林生态效益补偿等新制度,但从整体上看,其仍然建立在传统林业的理论基础之上,体现出以木材和其他林产品的生产为中心,注重森林显性经济效益的特征"[1]。因而,我国现行《森林法》在立法目的上仍然是以经济价值理念为主导,兼顾森林的生态效益。

在全球气候变化的大背景下,林业应对气候变化的地位突显,我国已经将森林的碳汇功能与森林的经济、生态、社会、文化功能并列为森林的五大功能。《森林法》是规范森林保护和利用的基本法律,应当保障森林五大功能的协调一致,从这一点上讲,我国《森林法》的修改必须反映出森林功能发生的变化,而首先要作出回应的应当是对立法目的修改。《森林法》的立法目的中必须明确体现林业应对气候变化保障森林碳汇的价值理念,并在基本原则与法律制度的设计中体现这一全新的价值理念。

二、基本原则从营林利用向可持续森林管理的转向

纵观我国《森林法》的规定,对于基本原则的确立是缺失的,只有在《森林法》的第五条规定了我国林业建设的方针,即以营林为基础,普遍护林,大力造林,采育结合,永续利用。从这一林业建设的方针来看,其与《森林法》的立法目的是一致的,所体现的也仍然是传统林业的发展思想,与现代林业发展所倡导的可持续森林管理还有较大差距。

可持续森林管理是当今国际社会对林业发展提出的全新发展思想,2008 年联合国森林论坛第八次会议通过的《关于所有类型森林的无法律约束力文书》的宗旨之一就是加强所有级别的政治承诺和行动,以有效实行所有类型森林的可持续管理,实现共同的全球森林目标。[2] 同时,《关于所有类型森林的无法律约束力文

---

[1] 周训芳:《林业的历史性转变与森林法的修改》,《现代法学》2004 年第 5 期,第 70 页。
[2] 围绕可持续森林管理,《关于所有类型森林的无法律约束力文书》确立了四项全球森林目标:(1) 通过可持续森林管理,包括保护、恢复、植树造林和重新造林,以及更加努力地防止森林退化,扭转世界各地森林覆盖丧失的趋势;(2)增强森林的经济、社会和环境效益,方法包括改善依靠森林为生者的生计;(3)大幅增加世界各地保护林区和其他可持续管理林区的面积以及可持续管理林区森林产品所占比例;(4)扭转在可持续森林管理方面官方发展援助减少的趋势,从各种来源大幅增加新的和额外的金融资源,用于实行可持续森林管理。

书》确定了七个可持续森林管理的要点作为可持续森林管理的参照框架：森林资源的范围；森林生物多样性；森林健康和活力；森林资源的生产功能；森林资源的保护功能；森林的社会经济功能；法律、政策和机构框架。事实上，可持续森林管理框架中的法律、政策和机构框架是对前六项内容的制度保障，也说明了森林法律将可持续森林管理作为基本原则的具体内涵。

在国际现代林业发展思想的影响下，国际林业碳汇机制已经融入了可持续森林管理的内容，尤其是 REDD + 机制，其已将可持续森林管理作为增加森林碳汇的一个重要方面。因此，我国《森林法》无论是基于体现国际现代林业发展思想的需求，还是出于与国际森林碳汇法律机制协调的考虑，都应当将可持续森林管理作为我国森林保护与利用的一项基本原则在《森林法》中确立下来，以弥补我国《森林法》基本原则的缺失。

三、法律制度从直接管制向市场与管制相结合的转向

不管是 CDM 造林再造林碳汇机制还是 REDD + 森林碳汇机制，他们都是基于市场手段应对气候变化的一种机制，发展中国家通过造林再造林、减少毁林和森林退化、森林保护、森林可持续管理等活动不断增加森林碳汇储量，其可核查的碳信用指标可以在国际碳市场上与具有强制减排指标的发达国家进行交易并从中获得资金，以实现森林生态功能的市场补偿。一方面，发展中国家可以通过交易得到林业发展所需的资金保证，并实现森林的多重效益；另一方面，发达国家可以用较低成本取得碳信用，实现减排任务，这对于双方而言是一种双赢。国际森林碳汇法律机制证明，森林在向社会提供生态服务这种公益性极强的公共物品时可以引入市场手段，而且这种市场手段会取得很好的效果。

长期以来，我国林业资源的配置一直以政府为主导，这与我国《森林法》最早颁布于计划经济时代有关，《森林法》中确立的森林管理的基本制度都带有极强的行政管制色彩。虽然 1998 年修订的《森林法》开始探索市场手段在森林保护与利用中的运用，引入了森林生态补偿和林权流转的规定，但总体上看，"现行《森林法》基

本上还是一部关于植树造林、森林经营、采伐和运输管理的法律"[3]。然而,林业资源是兼具生态、经济、社会、碳汇、文化五种功能在内的特殊资源,长期的政府主导使林业资源的流动性受到极大限制,不能有效发挥林业资源的多重效益。从环境法的发展大趋势看,经济激励手段在环境法中的运用越来越广泛,森林法作为环境法的一个分支,其发展不可能背离环境法的发展大趋势而独自前行。与此同时,国际森林碳汇机制为我国《森林法》引入市场机制提供了可资借鉴的模式,因此,我国森林法律制度的安排应体现政府与市场双重主导的有机结合,在已有的行之有效的行政管制类法律制度的基础上将以市场为基础的森林碳汇交易制度、森林保险制度和森林认证制度在我国《森林法》中确立下来,同时完善森林生态效益补偿制度和林权流转制度,使我国《森林法》建立起行政管制与经济激励相结合的混合制度体系,以确保我国森林法律制度与国际社会应对气候变化手段的协调一致,为气候变化提供切实的法律保障。

自 1998 年《森林法》修订以来,至今已有将近 20 个年头,这期间我国的林业发展战略作出了重大调整。一方面,国内的集体林权制度改革全面推开;另一方面,林业应对气候变化的战略地位被确立了下来。在这样的大背景下,我国《森林法》的再次修订工作已经启动。再次修订的《森林法》应将林权改革与应对气候变化这两者统筹考虑,不能忽视其中的任何一个方面,既应当将我国林权改革取得的成果加以巩固,为我国的林权改革保驾护航,也应当将林业应对气候变化的重要举措加以确立,为应对气候变化提供坚实的法律保障。

---

[3] 周训芳:《林业的历史性转变与森林法的修改》,《现代法学》2004 年第 5 期。

参考文献

［1］IPCC.气候变化 2007：综合报告. http://www. ipcc. ch/.

［2］IPCC.气候变化 2007：减缓气候变化. http://www. ipcc. ch/.

［3］IPCC.气候变化 2007：影响、适应和脆弱性. http://www. ipcc. ch/.

［4］IPCC.气候变化 2007：自然科学基础. http://www. ipcc. ch/.

［5］IPCC.气候变化 2014：综合报告. http://www. ipcc. ch/.

［6］IPCC.气候变化 2014：减缓气候变化. http://www. ipcc. ch/.

［7］IPCC.气候变化 2014：影响、适应和脆弱性. http://www. ipcc. ch/.

［8］IPCC.气候变化 2013：自然科学基础. http://www. ipcc. ch/.

［9］中国绿化基金会、联合国环境规划署、大自然保护协会.林业应对气候变化之公众参与：幸福家园·西部绿化行动［M］.北京：中国轻工业出版社 2011 版.

［10］龙江英等.气候变化下的林业碳汇与石漠化治理——贵州清洁发展机制碳汇造林项目的实践与探索［M］.成都：西南交通大学出版社 2011 版.

［11］余光英.中国碳汇林业：可持续发展及博弈机制研究［M］.北京：科学出版社 2011 年 8 月版.

［12］李传轩等.气候变化与环境法：理论与实践［M］.北京：法律出版社 2011 版.

［13］曹荣湘.全球大变暖：气候经济、政治与伦理［M］.北京：社会科学文献出版社 2010 版.

［14］宋维明等.低碳经济与林业发展概论［M］.北京：中国林业出版社 2010 版.

［15］张小全等.林业碳汇项目理论与实践［M］.北京：中国林业出版社 2010 版.

［16］李海奎等.中国森林植被生物量和碳储量评估［M］.北京：中国林业出版社 2010 版.

［17］张焕波.中国、美国和欧盟气候政策分析［M］.北京：社会科学文献出版社 2010 版.

［18］郭冬梅.应对气候变化法律制度研究［M］.北京：法律出版社 2010 版.

［19］陈鹤.气候危机与中国应对——全球暖化背景下的中国气候软战略［M］.北京：人民出版社 2010 版.

［20］刘俊昌等.世界国有林管理研究［M］.北京：中国林业出版社 2010 版.

［21］曾少军.碳减排：中国经验——基于清洁发展机制的考察［M］.北京：社会科学文献出版社 2010 版.

［22］刘卫东等. 我国低碳经济发展框架与科学基础［M］. 北京：商务印书馆 2010 年 5 月版.

［23］唐颖侠. 国际气候变化条约的遵守机制研究［M］. 北京：人民出版社 2009 版.

［24］朱留财等. 2012 年后联合国气候变化框架公约履约资金机制初步研究［M］. 北京：经济科学出版社 2009 版.

［25］樊宝敏. 中国林业思想与政策史［M］. 北京：科学出版社 2009 年 3 月版.

［26］韩良. 国际温室气体排放权交易法律问题研究［M］. 北京：中国法制出版社 2009 年 10 月版.

［27］李怒云. 中国林业碳汇［M］. 北京：中国林业出版社 2007 版.

［28］杨兴.《气候变化框架公约》研究——国际法与比较法的视角［M］. 北京：中国法制出版社 2007 年 9 月版.

［29］程鹏等. 现代林业理论与应用［M］. 合肥：中国科学技术大学出版社 2007 版.

［30］曾玉林. 中国林业社会化——趋势、机理与制度创新［M］. 北京：知识产权出版社 2007 版.

［31］姜冬梅等. 应对气候变化［M］. 北京：中国环境科学出版社 2007 版.

［32］李育材. 中国的退耕还林工程［M］. 北京：中国林业出版社 2005 版.

［33］魏殿生. 载造林绿化与气候变化：碳汇问题研究［M］. 北京：中国林业出版社 2003 版.

［34］贺庆棠. 中国森林气象学［M］. 北京：中国林业出版社 2001 版.

［35］(美)埃里克·波斯纳等. 气候变化的正义［M］. 李智等译. 北京：社会科学文献出版社 2011 版.

［36］(美)威廉·诺德豪斯. 均衡问题：全球变暖的政策选择［M］. 王少国译. 北京：社会科学文献出版社 2011 版.

［37］(英)尼古拉斯·斯特恩. 地球安全愿景：治理气候变化. 创造繁荣进步新时代［M］. 武锡申译. 北京：社会科学文献出版社 2011 版.

［38］(英)奈杰尔·劳森. 呼唤理性：全球变暖的冷思考［M］. 戴黍等译. 北京：社会科学文献出版社 2011 版.

［39］(英)迈克尔·S. 诺斯科特. 气候伦理［M］. 左高山等译. 北京：社会科学文献出版社 2010 版.

［40］世界气候研究计划. 世界气候研究计划成就：气候适应、减缓和风险管理的科学知识［M］. 李建平等译. 北京：气象出版社 2010 版.

［41］World Bank. 国际贸易与气候变化——经济、法律和制度分析［M］. 廖政译. 北京：高等教育出版社 2010 版.

［42］(英)安东尼·吉登斯. 气候变化的政治［M］. 曹荣湘译. 北京：社会科学文献出版社 2009 版.

［43］(澳)大卫·希尔曼等. 气候变化的挑战与民主的失灵［M］. 武锡申等译. 北京：社会科学文献出版社 2009 版.

［44］(美)Z. 威利等. 清洁农作和林作在低碳经济中的作用——如何确立、测量和核证温室气体抵消量［M］. 林而达等译. 北京：科学出版社 2009 版.

［45］N. H. Ravindranath 等. 林业碳汇计量［M］. 李怒云译. 北京：中国林业出版社

2009 版.

[46] (美)戈登·B.伯南. 延晓冬等译. 生态气候学：概念与应用[M]. 北京：气象出版社
    2009 版.

[47] (法)亚历山大·基斯：国际环境法[M]. 张若思译. 北京：法律出版社 2000 版.

[48] 经济合作与发展组织. 国际经济手段和气候变化[M]. 曹东等译. 北京：中国环境科学
    出版社 1996 版.

[49] 包茂红. 森林与发展：菲律宾森林滥伐研究[M]. 北京：中国环境科学出版社 2008 年
    1 月版.

[50] 刘俊昌等. 现代林业生态工程管理模式研究[M]. 北京：中国林业出版社 2008 年 6
    月版.

[51] 于海燕. 世界社会林业发展概论[M]. 北京：中国科学技术出版社 2007 版.

[52] 雷加富. 中国森林生态系统经营——实现林业可持续发展的战略途径[M]. 北京：中
    国林业出版社 2007 年 9 月版.

[53] 颜士鹏. 我国非京都规则森林碳汇项目的法律规制[J]. 江西社会科学 2011(8)：173—
    177.

[54] 颜士鹏. 应对气候变化森林碳汇国际法律机制的演进及其发展趋势[J]. 法学评论
    2011(4)：127—133.

[55] 颜士鹏. 气候变化视角下森林碳汇法律保障的制度选择[J]. 中国地质大学学报(社会
    科学版)2011(3)：42—48.

[56] 颜士鹏. 论应对气候变化的适应性森林立法[J]. 法学杂志 2010(6)：17—19.

[57] 颜士鹏. 基于森林碳汇的生态补偿法律机制之构建[J]. 鄱阳湖学刊 2010(4)：57—61.

[58] 颜士鹏,邹丽梅. 基于森林碳汇的碳排放权交易法律制度之建构[J]. 郑州大学学报
    (社会科学版)2014(1)：48—51.

[59] 颜士鹏. 森林碳汇国际法律机制与中国森林立法之协调[J]. 政法论丛. 2015(4)：
    84—91.

[60] 郭晓蕾等. REDD+机制的研究进展及对我国的影响[J]. 当代生态农业 2011(1)：
    104—107.

[61] 李瑞林. "十二五"开局,中国森林认证迸发强大活力[J]. 中国绿色时报(2011-3-
    10).

[62] 李怒云等. 发展碳汇林业 应对气候变化——中国碳汇林业的实践与管理[J]. 中国
    水土保持科学 2010(2)：13—16.

[63] 李怒云等. 林业减缓气候变化的国际进程、政策机制及对策研究[J]. 林业经济 2010
    (3)：22—25.

[64] 李怒云. 解读"碳汇林业"[J]. 中国发展 2009(2)：15—16.

[65] 李怒云等. 气候变化与碳汇林业概述[J]. 开发研究 2009(3)：95—97.

[66] 李怒云等. 气候变化与中国林业碳汇政策研究综述[J]. 林业经济 2006(5)：60—64.

[67] 孔凡斌. 林业应对全球气候变化问题研究进展及我国政策机制研究方向[J]. 农业经
    济问题 2010(7)：105—109.

[68] 王战男. 应对气候变化的中国林业发展的对策建议[J]. 内蒙古林业调查设计 2010
    (1)：6—10.

［69］武曙红等.自愿林业碳市场对 CDM 林业碳市场的影响［J］.林业科学 2010（2）：142—146.

［70］毕欣欣等.减少发展中国家毁林及森林退化排放（REDD）的各方观点及对策建议［J］.气候变化研究进展 2010（1）：65—69.

［71］林德荣等.减少毁林和森林退化引起的排放：一个综述视角的分析［J］.世界林业研究 2010（2）：1—4.

［72］曾文革等.林业碳汇国际法规则的谈判及我国的应对［J］.江西社会科学 2010（11）：153—158.

［73］张玉良.森林碳汇与林业应对气候变化的思考［J］.安徽林业 2010（4）：23—24.

［74］彭喜阳等.关于建立我国森林碳汇市场体系基本框架的构想［J］.生态经济 2009（8）：184—187.

［75］谢朝柱等.高度关注应对气候变化中的森林——展望中国林业发展的新使命［J］.北京林业大学学报 2009（3）：34—36.

［76］程鹏.关于林业项目应对气候变化途径的探讨［J］.安徽林业 2009（5）：10—11.

［77］吴水荣等.国际气候变化涉林议题谈判进展及对案建议［J］.林业经济 2009（10）：29—34.

［78］杨锋伟.林业行业应对气候变化的措施和成效［J］.气象与减灾研究 2009（3）：8—14.

［79］王祝雄.林业应对气候变化作用和意义重大［J］.今日国土 2009（7）：13—17.

［80］曹明德.气候变化的法律应对［J］.政法论坛 2009（4）：158—167.

［81］朱建华等.气候变化对中国林业的影响与应对策略［J］.林业经济 2009（11）：78—83.

［82］朱建华等.气候变化与森林生态系统：影响、脆弱性与适应性［J］.林业科学 2007（11）：138—145.

［83］薄燕等.全球气候变化治理中的中国与欧盟［J］.现代国际关系 2009（2）：44—50.

［84］王金南等.应对气候变化的中国碳税政策研究［J］.中国环境科学 2009（1）：101—105.

［85］袁梅等.减少毁林及森林退化造成的碳排放（REDD）机制研究的国际进展［J］.林业经济 2009（10）：23—28.

［86］张梓太等.论中国应对气候变化之适应性立法［J］.环球法律评论 2008（5）：57—63.

［87］陈冬.美国气候变化诉讼研究［J］.环境保护 2008（6）：69—71.

［88］黄东.森林碳汇：后京都时代减排的重要途径［J］.林业经济 2008（10）：27—31.

［89］王见等.我国非京都规则森林碳汇市场构建研究［J］.中国林业经济 2008（3）.第28页.

［90］李育材.大力增加林业碳汇积极应对气候变化［J］.中国绿色时报 2008（8）：1—4.

［91］杨邦杰.发展碳汇林业应对气候变化［J］.光明日报 2008（7）：1—3.

［92］吕景辉.国内森林碳汇研究概述［J］.内蒙古林业科技 2008（2）：43—47.

［93］胡鞍钢等.应对全球气候变化：中国的贡献——兼评托尼·布莱尔《打破气候变化僵局：低碳未来的全球协议》报告［J］.当代亚太 2008（4）：7—25.

［94］张维成等.基于全球气候变化谈判的森林碳汇研究［J］.林业调查规划 2007（5）：18—22.

［95］王树义.关于修改《中华人民共和国森林法》的研究报告［J］.中外《森林法》比较研讨会材料汇编 2006 年：31—41.

[96] 张红霄.关于《森林法》修改的若干建议[J].中外《森林法》比较研讨会材料汇编 2006：42—50.

[97] 魏殿生.关注林业碳汇应对气候变化[J].中国林业 2006(1)：25—27.

[98] 叶绍明.国内外林业碳汇项目最新进展及对策探讨[J].林业经济 2006(4)：64—68.

[99] 李可.中国森林立法史与《森林法》之修改[J].浙江林学院学报 2005(1)：114—118.

[100] 李可.《森林法》修改的方向、基调、任务、原则及具体内容[J].中国环境资源法学 2004 年年会论文集：142—150.

[101] 周训芳.林业的历史性转变与森林法的修改[J].现代法学 2004(5)：70—73.

[102] 秦天宝等.关于气候变化的《波恩协定》及其前景展望[J].世界环境 2002(1)：22—24.

[103] 吴水荣.REDD 将成为 2012 年后气候框架的重要组成部分[J].http://www. lknet. ac. cn/.

[104] 侯月丽.从法律的视角看森林认证[J].http://www. riel. whu. edu. cn/.

[105] 刘雪莲.《京都议定书》的森林碳汇及其在中国实施的法律制度的完善[J].新疆大学学报 2011(5)：39—43.

[106] 张华明等.清洁发展机制下中国森林碳汇政策创新机制研究[J].生态经济 2011(11)：74—77.

[107] 崔长彬.低碳经济模式下中国碳排放权交易机制研究.河北师范大学硕士学位论文 2009.

[108] 林云华.国际气候合作与排放权交易制度研究.华中科技大学博士学位论文 2006.

[109] 周隽等.全球气候变化与森林碳汇研究概述[J].陕西林业科技 2011(2)：47—52.

[110] 荆珍.森林碳汇市场改革的法律思考——以气候融资为视角[J].特区经济 2011(4)：152—154.

[111] 张华明,赵庆建.清洁发展机制下中国森林碳汇政策创新机制研究[J],生态经济 2011(11)：74—77.

[112] 周晴,展洪德.林业碳汇项目的法视角解读[J],生态经济 2011(1)：322—325＋337.

[113] 邹丽梅.林业碳汇交易的法律规制[J],安徽农业科学 2012(17)：9353—9355.

[114] 胡玉可,田治威.中国林业碳汇交易发展范式及化解途径[J],求索 2012(11)：23—25.

[115] 史玉成,叶琼.应对气候变化森林碳汇法律制度的构建和完善[J],兰州交通大学学报 2012(5)：51—55.

[116] 肖艳,李晓雪.新西兰碳排放交易体系及其对我国的启示[J],北京林业大学学报 2012(3)：62—68.

[117] 陈英.林业碳汇金融监管法律制度之构建[J],中国政法大学学报 2012(5)：133—137＋160.

[118] 陈英.林业碳汇项目中的生物多样性法律保护对策[J],甘肃政法学院学报 2012(4)：127—132.

[119] 石媛媛.论林业碳汇的市场交易机制[J],科技与企业 2013(20)：103—104.

[120] 樊喜斌.清洁发展机造林/再造林项目现状、问题与对策研究[J],林业经济 2013(6)：78—82.

[121] 任洋.中国林业碳汇法律机制实证研究[J],经济研究导刊 2014(22):308—310.

[122] 陆霁.国内外林业碳汇产权比较研究[J],林业经济 2014(2):43—47.

[123] 宋淑英,诸江.完善我国森林增汇法律制度的思考——从《森林法》的修改谈起[J],企业导报 2014(17):82—84.

[124] 黄宰胜,陈钦.基于碳汇视角的碳汇林业发展对策分析[J],林业经济 2015(11):86—89.

[125] 陈娟丽.我国林业碳汇存在的障碍及法律对策[J],西北农林科技大学学报 2015(5):154—160.

[126] 何桂梅等.关于推进我国林业碳汇交易发展的思考[J],林业经济 2015(7):86—93.

[127] 王宏巍,李顺龙.我国林业碳汇交易法律制度问题及对策[J],东北林业大学学报 2015(6):158—160.

[128] 张冬梅.林业碳汇权融资担保的法律思考[J],福建师范大学学报 2015(1):10—17 + 166.

[129] 邓雅芬.林业碳汇交易平台的法律定位及其完善[J],长江大学学报 2016(3):34—39.

[130] 刘先辉.论气候变化背景下森林碳汇法律制度的构建[J],郑州大学学报 2016(1):26—30 + 158.

[131] 王岩,王岳.应对气候变化背景下的我国林业碳汇市场现状、问题及对策[J],北方农业学报 2017(5):78—82.

[132] 陈熹,刘滨,周剑.国际气候变化法中 REDD + 机制的发展——兼对《巴黎协定》第 5 条解析[J],北京林业大学学报 2017(1):31—36.

[133] 邵莉莉.从 REDD + 到可持续森林管理的国际法律立场及策略——以《巴黎气候协议》为背景[J],世界林业研究 2017(1):86—89.

[134] 李怒云.林业应对气候变化与碳汇交易[J],国土绿化 2017(1):11—13.

[135] 曹先磊,程宝栋.中国林业碳汇核证减排量项目市场发展的现状、问题与建议[J],环境保护 2018(15):27—34.

[136] 郗希,李超.新型森林碳汇二氧化碳排放权交易机制的设计[J],经济研究参考 2018(19):25—35.

[137] Danae Maniatis. Options for sampling and stratification for national forest inventories to implement REDD + under the UNFCCC [J]. Maniatis and Mollicone Carbon Balance and Management 2010(5):1 - 14.

[138] Paul Dargusch, K. Lawrence • J. Herbohn • Medrilzam. A Small-Scale Forestry Perspective on Constraints to Including REDD in International Carbon Markets [J]. Small-scale Forestry 2010(9):485 - 499.

[139] Mark Purdon. The clean development mechanism and community forests in Sub-Saharan Africa:reconsidering Kyoto's "moral position" on biocarbon sinks in the carbon market [J]. Environ Dev Sustain 2010(12):1025 - 1050.

[140] Heike Schroeder. Agency in international climate negotiations:the case of indigenous peoples and avoided deforestation [J]. In Environ Agreements 2010(10):317 - 332.

[141] Jim Gockowski • Denis Sonwa. Cocoa Intensification Scenarios and Their Predicted

Impact on CO2 Emissions, Biodiversity Conservation, and Rural Livelihoods in the Guinea Rain Forest of West Africa [J]. Environmental Management 2011(48): 307 – 321.

[142] Philip M. Fearnside. Carbon benefits from Amazonian forest reserves: leakageaccounting and the value of time [J]. Mitig Adapt Strateg Glob Change 2009 (14): 557 – 567.

[143] Denis J. Sonwa, Sarah Walker, Robert Nasi • Markku Kanninen. Potential synergies of the main current forestry efforts and climate change mitigation in Central Africa [J]. Sustain Sci 2011(6): 59 – 67.

[144] Julian C. Fox. Aboveground Forest Carbon Dynamics in Papua New Guinea: Isolating the Influence of Selective-Harvesting and El Nino [J]. Ecosystems 2011 (14): 1276 – 1288.

[145] Matthew Linkie, Ente Rood, Robert J. Smith. Modelling the effectiveness of enforcement strategies for avoiding tropical deforestation in Kerinci Seblat National Park, Sumatra [J]. Biodivers Conserv 2010(19): 973 – 984.

[146] Rodel D. Lasco • Remedios S. Evangelista • Florencia B. Pulhin. Potential of Community-Based Forest Management to Mitigate Climate Change in the Philippines [J]. Small-scale Forestry 2010(9): 429 – 423.

[147] Esteve Corbera, Manuel Estrada, Katrina Brown. Reducing greenhouse gas emissions from deforestation and forest degradation in developing countries: revisiting the assumptions [J]. Climatic Change 2010(100): 355 – 388.

[148] Lorena Soto-Pinto, Manuel Anzueto, Jorge Mendoza, Guillermo Jimenez Ferrer • Ben de Jong. Carbon sequestration through agroforestry in indigenous communities of Chiapas, Mexico [J]. Agroforest Syst 2010(78): 39 – 51.

[149] R. Martello, P. Dargusch, Medrilizam. A Systems Analysis of Factors Affecting Leakage in Reduced Emissions From Deforestation and Degradation Projects in Tropical Forests in Developing Nations [J]. Small-scale Forestry 2010 (9): 501 – 516.

[150] N. H. Ravindranath and Jayanta Sathaye: Climate Change and Developing Countries. Kluwer Academic Publishers 2002.

[151] Kullman L. 2002. Rapid recent range-margin rise of tree and shrub species in the Swedish Scandes. Journal of Ecology.

[152] Rosenzweig C, Casassa G, Karoly D J, et al. 2007. Assessment of observed changes and responses in natural and managed systems. Climate Change 2007: Impacts, Adaptation and Vulnerability. Contribution of Working Group II to the fourth Assessment Report of the Intergovernmental Panel on Climate Change, Parry M L, Canziani O F, Palutikof J P, et al, Eds, Cambridge, UK, Cambridge University Press.

[153] Battisti A, Statsmy M, Schopf A, et al. 2005. Expansion of geographical range in the pine processionary month caused by increased winter temperature. Ecological

Application, 15: 2084 - 2094.

[154] Nabuurs, G J, Masera O, Andrasko K, et al. 2007. Forestry. In Climate Change2007: Mitigation. Contribution of Working Group III to the Fourth Assessment Report of the Intergovernmental Panel on Climate Change [Metz B, Daviidson O R, Bosch P R, et al (eds)],Cambridge University Press, Cambridge, United Kingdom and New York,Ny, USA.

[155] Greg Kahn. The Fate of the Kyoto Protocol Under the Bush Administration. see Berkeley Journal of International Law. Vol. 21: 58.

[156] STAINBACK G A. JANAKI R A. Economic analysis of slash pine forest carbon sequestration in the southern U. S. [J]. Journal of Forest Economics. 2002.8(2).

[157] Richard G. Dudley, A little REDD model to quickly compare possible baseline and policy scenarios for reducing emissions from deforestation and forest degradation ,24 November 2009# Springer Science Business Media B. V. 2009.

[158] Stibniati Atmadja & Louis Verchot, A review of the state of research, policies and strategies in addressing leakage from reducing emissions from deforestation and forest degradation (REDD +), 5 October 2011, Springer Science Business Media B. V. 2011.

[159] Margaret M. Skutsch, Michael K. McCall. Reassessing REDD: governance,maand the hype cycleAn editorial commen [J]. Climatic Change 2010(100): 395 - 402.

[160] Edward Elgar. Luca Tacconi,Sango Mahanty and Helen Suich(eds):
Payments for environmental services, forest conservation and climate change: livelihoods in the REDD [J]. Int Environ Agreements 2011(11): 381 - 383.

[161] Michael Obersteiner. On fair, effective and efficient REDD mechanism design [J]. Carbon Balance and Management 2009(4): 1 - 11.

[162] Richard G. Dudley. A little REDD model to quickly compare possible baseline and policy scenarios for reducing emission from deforestation and forest degradation [J]. Mitig Adapt Strateg Glob Change 2010(15): 53 - 69.

[163] Charlotte Streck. Reducing emissions from deforestation and forest degradation: national implementation of REDD schemes An Editorial Comment [J]. Climatic Change 2010(100): 389 - 394.

[164] Charlotte Anne Nakakaawa & Paul O. Vedeld • Jens B. Aune. Spatial and temporal land use and carbon stock changes in Uganda: implications for a future REDD strategy [J]. Mitig Adapt Strateg Glob Change2011(16): 25 - 62.

图书在版编目(CIP)数据

应对气候变化的森林碳汇法律保障制度研究/颜士鹏著.
—上海:上海三联书店,2019.6
(上大法学文库)
ISBN 978-7-5426-5785-5

Ⅰ.①应⋯　Ⅱ.①颜⋯　Ⅲ.①森林-二氧化碳-资源利用-
森林法-研究-中国　Ⅳ.①D922.634

中国版本图书馆 CIP 数据核字(2016)第 317394 号

应对气候变化的森林碳汇法律保障制度研究

著　　者 / 颜士鹏

责任编辑 / 殷亚平　宋寅悦
特约编辑 / 郑秀艳
装帧设计 / 一本好书
监　　制 / 姚　军
责任校对 / 张大伟

出版发行 / 上海三联书店
　　　　　(200030)中国上海市漕溪北路 331 号 A 座 6 楼
邮购电话 / 021-22895540
印　　刷 / 上海肖华印务有限公司

版　　次 / 2019 年 6 月第 1 版
印　　次 / 2019 年 6 月第 1 次印刷
开　　本 / 710×1000　1/16
字　　数 / 250 千字
印　　张 / 12.25
书　　号 / ISBN 978-7-5426-5785-5/D·347
定　　价 / 52.00 元

敬启读者,如发现本书有印装质量问题,请与印刷厂联系 021-66012351